Léonie D'Aunet

Voyage d'une femme au Spitzberg

(1854)

KarYair Voyage

Texte Intégral

ISBN 979-10-95581-32-1

Préface.

Brest, le 14 juin 1839. Depuis les quais, la foule amassée salue le départ de la corvette scientifique *La Recherche*, qui doit rallier la Scandinavie et le Grand Nord. À son bord, sous la direction du lieutenant de vaisseau Fabvre, Joseph Paul Gaimard est chargé de mener à bien la mission qu'il a lui-même organisée. C'est pour lui la quatrième à bord de ce vaisseau, déjà affrété en 1835, 1836 et 1838 à destination de l'Atlantique nord, initialement dans le but de retrouver l'expédition de Jules Poret de Blosseville, disparu à l'été 1933 alors qu'il reconnaissait les côtes inexplorées du Groenland à bord de *La Lilloise*.

Ce dernier, malgré son jeune âge, a déjà participé au tour du monde de *La Coquille* (août 1822 – avril 1825), commandé par Louis Isidore Duperrey et un certain Jules Dumont d'Urville, alors engagé comme second, mais qui fait aussi office de botaniste et d'entomologiste sur cette expédition. De Blosseville a alors tout juste vingt ans, et la mission est un véritable succès : un des rares tours du monde de l'époque à ne relever ni avarie ni perte humaine, sa moisson scientifique est considérable et encore aujourd'hui inestimable. Durant ce voyage, les relevés des côtes de Blosseville, ses sondages et ses observations naturalistes ont attiré l'attention des plus grands scientifiques : Cuvier et Arago notamment, qui le charge de travaux sur le magnétisme terrestre et sur les courants lors de son départ pour la Chine et les Indes en 1827.

Mais le jeune officier rêve du Nord et d'exploration arctique, sur les traces de Ross et Parry[1]. Malgré ses démarches, il n'obtiendra pourtant pas le droit de monter une expédition, et devra se contenter du commandement de *La Lilloise*, petit brick de huit canons chargé de la protection des navires français dans les eaux de pêche islandaises. Parti en 1833 pour les eaux froides du nord, il prend toutefois la liberté de cingler vers le Groenland pour y mener la reconnaissance de ses côtes, alors complètement inconnues si l'on excepte quelques relevés de Scoresby en 1822[2].

Le 29 juillet 1833, de Blosseville quitte les côtes islandaises pour celles du Groenland. Son but : topographier la côte sous la zone déjà levée par Scoresby. Son vaisseau, trop haut de voilure pour son tonnage, n'est guère adapté à la navigation dans les eaux froides et tourmentées, au milieu des glaces. Il le sait, et ne prévoit pas de mettre pied à terre, se contenant d'un relevé à vue depuis le large. À son retour en Islande, début août, il adresse par voie de poste un courrier ainsi que ses carnets à son frère. Lors de la séance du Bureau des Longitudes du mercredi 21 août 1833, François Arago communique les résultats de Blosseville, notamment ceux sur l'intensité et l'inclinaison magnétique. Il lit également le courrier dans lequel celui-ci annonçait, le 5 août, vouloir repartir « avec prudence » afin de terminer ses observations. Ce seront les dernières nouvelles reçues, et l'on ne reverra plus les soixante-quinze membres d'équipage de *La Lilloise*.

Gaimard, lui, a également tenté le tour du monde : deux fois, mais sans jamais l'achever. La première fois sous les ordres de Louis de Freycinet, à bord de l'*Uranie*,

[1] William Edward Parry (1790 – 1855) et James Clark Ross (1800 – 1862). Partis en 1819 à la recherche du fameux passage du Nord-Ouest, ils ne dépasseront pas les 112° ouest. Suivront trois autres expéditions, en 1821, 1824 et 1827, cette dernière ayant pour but le pôle Nord, qu'ils n'atteindront pas.

[2] William Scoresby (1789 – 1857. Explorateur et scientifique britannique, il cartographie avec précision les côtes orientales du Groenland entre les latitudes 69° 30' et 72° 30'.

en qualité de médecin de 3e classe, second-chirurgien et naturaliste[3] ; de septembre 1817 à février 1820, où dans la nuit du 14 au 15 le vaisseau fait naufrage dans un fjord des Malouines orientales après avoir heurté un écueil émergé. Aux côtés de Dumont d'Urville la seconde, lorsqu'en avril 1826 il est engagé comme médecin-chef et naturaliste à bord de l'*Astrolabe*. Cette fois, malade, il est débarqué en novembre 1828 sur l'île Bourbon avant de regagner la métropole à bord de *La Bayonnaise*, en avril 1829. Il aura tout de même eu le temps de recueillir de nombreux spécimens naturalistes pour les collections des musées de France ; et sera le premier à ramener des vestiges de l'expédition de La Pérouse, depuis Mannicolo (aujourd'hui Vanikoro, îles Salomon), où il séjourna six jours en mars 1828 après que Dumont d'Urville décidât d'y mouiller suite à des rumeurs recueillies par le marchand irlandais Peter Drillon auprès des habitants.

Mais c'est en qualité de président de la Commission scientifique d'Islande et du Groenland, titre reçu en 1829, qu'il se joint en 1835 à la mission de recherche de *La Lilloise* menée par un capitaine d'expérience[4]. Il espère ainsi en profiter pour explorer l'Atlantique nord et ramener des observations et spécimens. Le 1er juillet, il est débarqué en Islande, qu'il explore en compagnie du géologue Eugène Robert jusqu'au 19 août. Tous deux visitent Reykjavik, alors tout juste un village de pêcheurs, parcourent les fjords, entreprennent l'ascension du Snæfellsjökull[5], se rendent sur le site de Thingvellir[6]… Au retour en

[3] Duperrey fait alors partie de l'équipage en tant qu'hydrographe.

[4] François Thomas Tréhouart de Beaulieu (1798 - 1873) est officier de marine, et fait ses premières armes à la bataille de Navarin en 1827, aux côtés des Russes et des Britanniques contre les Ottomans. En 1845, sur le fleuve Parana en Argentine, il dirigera l'escadre française lors de la bataille d'Obligado, dans le but d'établir une domination commerciale franco-anglaise en Amérique du Sud après l'annexion par les États-Unis du Texas qui les privent de nombreuses ressources du Nouveau-Monde, le coton notamment.

[5] Le volcan rendu célèbre par Jules Verne qui, sous le nom Sneffels, en fait la porte d'entrée de son *Voyage au centre de la Terre*.

[6] Lieu où siégeait, depuis 930, l'Althing, assemblée des 36 chefs locaux islandais qui se tenait chaque solstice d'été pendant deux semaines. À partir de la domination norvégienne au XIIe et XIIIe siècle, l'assemblée perd de son influence.

France, la moisson scientifique est exceptionnelle, et couvre des domaines aussi variés que la botanique, la géologie, l'ethnologie, la météorologie, la physique...

Fort de ce succès, Gaimard veut convaincre et organiser un second départ. Il trouve auprès du ministre de la Marine, l'Amiral Duperré, un soutien enthousiaste. Et l'année suivante, en juin 1836, Gaimard se joint de nouveau à l'équipage de *La Recherche*. Eugène Robert est là également, aux côtés d'autres scientifiques venus grossir le contingent : Victor Lottin, qui a aussi déjà navigué avec Duperrey et Dumont d'Urville, Auguste Mayer, peintre, Raoul Anglès, météorologue, Xavier Marmier, écrivain et journaliste chargé du récit de l'expédition et des études littéraires que se propose de conduire Gaimard dans les bibliothèques de Norvège sur les textes islandais. De juin à septembre 1836, tandis que le navire poursuit sa route vers le Groenland pour des recherches hydrographiques, glaciologiques et ethnologiques sur la population autochtone, ils parcourent l'île et poussent leur reconnaissance jusqu'à la côte nord-est, à Vopnafjöđur, d'où Blosseville leva l'ancre pour la dernière fois.

De nouveau, en 1838 et 1839, Gaimard arrive à convaincre l'administration française de la nécessité de poursuivre l'exploration de la Scandinavie et des régions du cercle polaire. Aidé en cela pas les milieux scientifiques et un soutien de poids : le roi des Français en personne.

Louis Philippe Ier, s'il n'a jamais réellement pris ouvertement fait et cause pour Gaimard pour avaliser ses projets, a néanmoins une tendresse particulière pour les contrées qu'il se propose d'explorer. Un épisode de sa vie le lie profondément à ces terres reculées et hostiles de Laponie.

Nous sommes en 1795. Deux voyageurs suisse et allemand, Müller et Froberg, accompagnés de leur domestique Baudouin et d'un interprète islandais, Holm, remontent la côte norvégienne pour parvenir jusqu'à l'extrême nord. Ils voyagent avec un passeport délivré à Copenhague par le roi du Danemark-Norvège et une lettre de recommandation de l'évêque de Trondheim. Mais au-delà de Trondheim, il leur faut continuer à pied, sur des pistes devenues impraticables à cheval. En chaloupe, ils remontent le long des côtes, se mêlant aux Lapons nomades qui les peuplent sporadiquement. Ils s'aventurent à l'intérieur les terres pendant plus de trois semaines, à pied, en partageant le quotidien des quelques chasseurs de rennes qu'ils croisent et en montant le camp chaque soir. Ils dépassent le cercle polaire et poursuivent leur chemin bien au-delà. On retrouve leurs traces en juin à Bodø, où ils passent quelques semaines ; on les voit passer à Hamnvik, Sandsøy, puis toujours plus au nord, à Hammerfest et à Måsøy[7]. Ils atteignent le Cap Nord le 24 août 1795, et reviennent, après trois mois au-delà du cercle polaire, à travers la Laponie et la Suède. Un retour déjà marqué par l'assaut des premières tempêtes de neige, des centaines de kilomètres sur des pistes incertaines, jusqu'à rejoindre la rivière Muonio, qu'ils descendent en barque, affrontant les rapides jusqu'à Tornio, où ils arrivent début octobre.

Durant tout leur voyage, ils n'hésitent pas à partager les conditions de vie précaire des gens qui les reçoivent avec force hospitalité et avec une bienveillance qui marquera profondément le futur roi des Français, contraint à l'exil en 1793 par la Terreur. Car c'est bien lui qui voyage ainsi, incognito, sous les habits rustres de Müller, accompagné du comte de Montjoye, qui pour l'occasion a pris le nom allemand de sa famille, Froberg.

« Premier Français à gagner le Cap Nord, il en garde fierté[8] » et reconnaissance envers le peuple qui l'a si bien accueilli. Dans la première partie de son voyage, il notera : « Nous sommes si bien reçus partout que nous n'avons pas un moment à nous. On nous prend au saut du lit et on ne nous relâche qu'à onze heures au plus tôt. » Une reconnaissance qu'il manifestera bien des années plus tard, par l'envoi d'un buste le représentant à son hôte de Måsøy, M. Buck, frère du consul de Hammerfest de l'époque, profitant justement d'une expédition de Gaimard en 1839 pour l'y convoyer. Mais plus de qua-

[7] *Eventyret om den forkledte prins. Årbok for Nordkapp*, Bratrein, Håvard Dahl 1983.
[8] *Louis Philippe. Le dernier roi des Français*, Arnaud Teyssier, Éd. Perrin, p.62.

rante ans se sont écoulés depuis qu'il y a séjourné, et c'est le nouveau propriétaire, M. Ulich[9] qui reçoit avec honneur le buste royal[10].

Aussi, l'idée de voir à présent un Français conduire des missions scientifiques dans ces terres si chères à son cœur est-elle une vraie fierté pour ce souverain qui, par son ouverture à l'esprit des Lumières, tente de marquer une rupture avec ses prédécesseurs.

Gaimard repart donc en 1838 et 1839 avec une équipe scientifique renforcée : géologues, philologues, astronomes, hydrographes, météorologues... Une véritable coopération internationale avant l'heure, dont s'enorgueillit la France. Les résultats scientifiques sont considérables ; le compte-rendu final[11] fait dix-sept volumes, augmentés de cinq volumes d'Atlas. Et la mission ouvre la porte à la collaboration scientifique qui semble tant aller de soi aujourd'hui, mais que la politique et des intérêts stratégiques militaires empêchaient alors. À bord, aux côtés des Français, on compte pas moins de trois nationalités : Danois, Norvégiens et Suédois, tous unis pour la science et la gloire de leurs souverains respectifs.

Parmi les nouveaux venus, on trouve également François Biard, peintre favori de Louis-Philippe, tout juste décoré de la Légion d'honneur pour son tableau *Le désert est piquant d'effet et d'une grande vérité locale.* Il a en charge l'illustration du voyage, que son style réaliste devrait rendre particulièrement vivante. Ses peintures de paysages exotiques, rendus avec une très grande minutie,

---

[9] D'Aunet écrit « Ullique » dans son récit. Lors de la relation de cet évènement, elle confond d'ailleurs les noms du futur roi et de son compagnon, faisant du premier Froberg et du second Muller...

[10] Le buste restera plus de cent ans dans cette maison, mais sera partiellement détruit par les Allemands fuyant devant les troupes soviétiques pendant la Deuxième Guerre mondiale. Les restes de ce buste sont aujourd'hui conservés au musée de Måsøy, dans le Finnmark. Après la guerre, le général de Gaulle offrira à la Norvège un nouveau buste de Louis-Philippe, qui orne depuis 1988 le hall du centre touristique du Cap Nord.

[11] *Voyage en Scandinavie, en Laponie, au Spitzberg et aux Feroë pendant les années 1838, 1839 et 1840, sur la corvette* La Recherche, publié par ordre du Roi sous la direction de M. Paul Gaimard. Éd. Arthus Bertrand.

un sens du détail et des couleurs denses, répondent parfaitement à certains codes de l'école des beaux-arts de Lyon où il a été formé. Son naturalisme et sa volonté d'aller « au plus près » ou de se documenter sur ses sujets font de lui le parfait candidat au poste qui lui est confié au sein de l'expédition. Gaimard insiste d'ailleurs lourdement pour l'avoir à ses côtés en 1838.

Pourtant, la participation de Biard à la mission de 1839 est loin d'être acquise ; et Gaimard ne doit qu'à l'intervention d'un personnage improbable de le convaincre de le rejoindre. Car dans ce milieu masculin des expéditions polaires, les femmes n'ont guère eu leur place jusqu'à présent. Elles seront quelques-unes pourtant, au XIXe siècle, à bousculer les rigides codes patriarcaux pour se lancer, parfois à la suite de leur mari, parfois seules, à travers le monde sur les traces de rares aînées des siècles précédents. Mais jamais on ne les verra s'aventurer trop au Nord, préférant des latitudes plus clémentes pour ouvrir la voie à une lignée d'aventurières qui commencent à peine à s'autoriser des libertés par trop controversées.

Jeanne Barret, première femme à faire le tour du monde sur *La Boudeuse* de Bougainville, n'a doublé le cap Horn que le temps nécessaire à basculer d'un océan à l'autre. Lady Stanhope fera du Proche-Orient son unique champ d'exploration. Florence Nightingale, qui, à l'audace de choisir elle-même son métier d'infirmière, ajouta l'infamie de parcourir seule les terres d'Orient, fut certes une pionnière ; mais pas question pour elle de se lancer vers les latitudes boréales (sans parler de l'extrémité australe, alors totalement hors du champ de l'exploration humaine). Rare parmi elle, Ida Pfeiffer, qui après ses quarante-cinq ans fera deux fois le tour du monde, poussera jusqu'en Islande pour un séjour prolongé.

Aussi l'apparition d'une femme dans cette aventure est-elle pour le moins surprenante ; surtout pour Gaimard, qui se voit presque forcer la main par cette jeune ingénue de tout juste dix-neuf ans. Car c'est elle, Léonie d'Aunet, tout juste fiancée à Biard, qui vient de négocier, dans le salon du 8 place Vendôme où elle habite avec lui, en ce printemps 1839, sa participation à la quatrième expédition de *La Recherche* emmenée par Gaimard. Elle convaincra son mari de suivre ce dernier à la condition que lui soit accordé le loisir de le suivre vers le Nord. Une requête bien téméraire, puisqu'à l'obligation de partager des conditions de vie difficiles dont elle ignore tout, elle ajoute celle faite à Gaimard de devoir négocier sa présence sur un bâtiment en principe interdit aux femmes puisqu'affrété par la Marine royale. Une scène à ce point surréaliste qu'elle en fera l'ouverture de son *Voyage d'une femme au Spitzberg*, qu'elle publiera après son retour, en 1854.

Mais avant d'embarquer sur *La Recherche,* elle compte rallier Hammerfest avec son futur mari, en calèche et en bateau à vapeur depuis Trondheim, le même « *Prince Gustave* » que Marmier a emprunté l'année précédente. Marmier qui fera lui aussi, comme exigé, le récit de l'expédition. Dans un style et avec un regard porté sur les évènements et les lieux traversés différents de ceux de Léonie d'Aunet ; mais qu'il est intéressant de placer en miroir pour comparer leurs deux approches. Rompu à la solitude des missions scientifiques, Marmier trouve de la beauté dans les espaces du Nord ; sa compagne de voyage, à l'inverse, préfère l'animation d'un monde où l'homme occupe sa place. Il n'est qu'à lire, pour s'en convaincre, la description que chacun fait de la forêt suédoise :

« De Haparanda à Umeå, il n'y a qu'une immense forêt de pins et de sapins, une forêt de cent quarante lieues, traversée çà et là par quelques grands fleuves, sur lesquels on ne trouve point encore de ponts, et coupée par d'étroits vallons. Il y a je ne sais quel plaisir plein de charme et de mélancolie à s'en aller au sein de ces bois sombres et silencieux. C'est une solitude qui agit avec une douce puissance sur l'âme et la porte au recueillement. On ne pourrait rester là avec une mauvaise pensée, ni subir l'orage d'une mauvaise passion. »

« D'Haparanda à Umeå, il y a cent trente lieues ; on les fait dans une forêt de sapins ; le premier jour, on trouve cela ennuyeux ; le second, insipide ; le troisième, insupportable. La nature, qui possède l'art souverain de faire les mêmes choses différentes entre elles, semble l'avoir oublié lorsqu'elle fit les sapins ; tous les sapins semblent être le *même* sapin ; à peine, le mètre à la main, trouverait-on quelques pouces de différence entre les hauteurs et les grosseurs des troncs d'arbres. Le sapin, si beau avec sa tige élancée et ses franges d'aiguilles vertes, lorsqu'on le voit au milieu des autres arbres, devient horriblement monotone si on le voit seul pendant vingt lieues ; il est maudissable au bout de cinquante. »

Inutile de préciser à qui appartient le style descriptif qui ne s'autorise que peu le jugement et se borne à rendre compte. Ni le second, plus vivant, témoin d'une nature impatiente et pas encore prête à abandonner complètement le monde civilisé ; mais qui a su faire le succès de *Voyage d'une femme au Spitzberg* justement, pour le regard neuf porté sur la relation du voyage. Car après sa parution initiale en 1854, le livre connut pas moins de sept rééditions en moins de trente ans[12] ; et reste encore aujourd'hui un classique de la littérature de voyage.

On pourrait également comparer les passages relatifs à la découverte de Beeren-Eiland, une île qu'ils visitèrent au point le plus extrême de leur voyage.

Marmier, remontant la chaîne des évènements aux deux années précédant sa découverte, ne nous épargne aucun des nombreux détails dont il a connaissance :

« Cette île fut découverte en 1596. La Hollande, délivrée du joug espagnol, commençait à donner à sa marine le développement que plus tard elle porta si loin. Déjà ses navires exploraient la mer Baltique, la mer du Nord, l'Océan et la Méditerranée. Son commerce d'Orient était encore entravé par ceux dont elle avait rejeté la domination. Pour échapper à leur poursuite, les Hollandais résolurent de chercher au nord-est un passage pour aller dans les Indes. En 1594, les Provinces-Unies équipèrent dans ce but trois bâtiments : *le Cygne*, commandé par Corneliss ; *le Mercure*, par Ysbrandlz, et *le Messager*, par Barentz. Les deux premiers s'étant avancés jusqu'à quarante lieues du détroit de Waigatz, et voyant la terre est, crurent avoir découvert le passage et reprirent la route de Hollande pour annoncer cette nouvelle. Barentz s'avança au

[12] En 1855, 1867, 1872, 1874, 1879, 1883 et 1885.

nord-est jusqu'au 77e degré 25 minutes de latitude. Les glaces l'empêchèrent de pénétrer plus avant ; il vira de bord et arriva en Hollande à la fin de septembre.

L'année suivante, les états-généraux équipèrent une flotte de sept navires. Le commandement en fut confié à Heemskerke, et Barentz en fut nommé pilote-major. Malheureusement la Hotte mit à la voile trop tard et n'alla pas au-delà de la côte septentrionale du détroit de Waigatz. Le 15 septembre, elle repassa ce détroit, et le 18 novembre, elle était de retour en Hollande. Les états-généraux, découragés par le résultat de ces deux expéditions, se refusèrent à en solder une troisième. Ils promirent cependant une prime assez considérable à celui qui parviendrait à découvrir le passage tant désiré, et la ville d'Amsterdam résolut de faire une nouvelle tentative. Elle équipa deux navires dont l'un fut confié à Heemskerke, l'autre à Corneliss. Barentz servait de guide à cette expédition et en était, à vrai dire, le personnage le plus influent. Le 22 mai 1596, les bâtiments arrivèrent aux îles Shetland. Le 9 juin, ils découvrirent une île dont aucun voyageur n'avait encore fait mention. Barentz descendit à terre avec quelques matelots, et se sentit péniblement ému à l'aspect de cette nature inculte, aride, déserte. Il donna à une montagne nue qui s'élevait devant lui le nom de montagne de Misère (Jammerberg), et quelques-uns de ses hommes ayant tué un ours blanc d'une grandeur extraordinaire, il appela cette île : île de l'Ours (Beeren-Eiland). »

Chez d'Aunet, on se contente du minimum :

« L'île Cherry, que beaucoup de géographes nomment Beeren-Eiland (l'île de l'Ours), fut découverte le 9 juin 1596, par un vaisseau hollandais qui s'était égaré en allant à la Nouvelle-Zemble. Guillaume Barentz était pilote de ce navire, et Heemskerke le commandait ; deux noms fameux parmi ceux des plus infatigables explorateurs des régions polaires. »

Certes, Marmier fait preuve d'une érudition dont ne s'embarrasse pas Léonie d'Aunet ; celle-ci emprunte d'ailleurs sans doute la sienne à ses compagnons de voyage, bien plus versés qu'elle dans tout ce qui a trait à l'histoire et à la géographie des terres qu'ils parcourent. Mais sa narration a un autre but que l'énumération et la compilation sans fin de chiffres, dates et autres données factuelles : son public n'occupe aucune chaire dans une quelconque académie de Sciences ni ne siège en Commission ; elle veut simplement lui transmettre l'émotion d'être à ses côtés à mesure qu'elle-même découvre ce monde nouveau ; le prendre par la main et lui faire ressentir l'émotion brute qui fut la sienne, ne pas le limiter à la simple lecture d'une narration qui ne le concerne pas. Le contexte ne doit pas prendre le pas sur la description de ces instants de vie qui font le sel de l'aventure.

D'ailleurs le voudrait-elle qu'elle en serait empêchée : ses écrits sont épistolaires, adressés à son frère par delà les mers. Elle ne peut donc s'embarrasser de détails quand elle cherche avant tout à le rassurer sur la bonne marche de cette aventure dans laquelle elle a plongé, malgré les mises en garde inquiètes de ses proches. Outre le temps qui lui manque pour s'épancher plus que de raison, il lui faut surtout convaincre qu'elle goûte chaque instant de cette folie, qu'il soit joyeux ou ennuyeux, mais toujours exaltant pour une femme du XIXe siècle à l'avenir en principe tout tracé. Adopter un style plus empesé eut été prendre le risque de lever une inquiétude qu'elle se refuse à communiquer.

Finalement, ce qui eut pu paraître un obstacle à la réalisation de son but devient l'atout majeur qui lui permettra d'échapper au carcan de la littérature vouée à l'oubli. Cette fraîcheur, à mille lieues de la rigidité académique encore trop présente dans la littérature de voyage, confère à son témoignage une valeur intemporelle, qui permet encore aujourd'hui de se plonger avec bonheur dans son récit, malgré les changements qui ont bouleversé le monde qu'elle nous décrit.

WILFRID SCHUELLER

12 Avril 2019

Voyage d'une femme au Spitzberg

LETTRE PREMIÈRE.

À M. LÉON DE BOYNEST, À NEW-YORK.

À bord du *Wilhem de Eerst*.

Mon cher frère,

Comme tout le monde, vous vous étonnez et vous me demandez comment j'ai pu faire le projet d'entreprendre ce grand et long voyage que vous me voyez commencer avec crainte.

Ce projet s'est fait bien simplement ; il est né d'un hasard de conversation. Voici comment :

Il y a un mois environ, quelques amis se trouvaient réunis chez moi ; parmi eux était M. Gaimard, le célèbre voyageur. M. Gaimard a fait deux fois le tour du monde et a pris part à je ne sais combien d'expéditions vers le pôle ; ce jour-là il nous raconta, avec sa verve méridionale et pittoresque, le naufrage de *l'Uranie* aux îles Malouines ; il se plaisait à nous retracer dans sa narration toutes les preuves de courage et de sang-froid données dans cette circonstance par Mme Freycinet, qui accompagnait son mari, commandant de *l'Uranie*.

Quand il eut fini, quelqu'un dit : « Pauvre femme, elle a dû avoir beaucoup à souffrir !

– Vous la plaignez ? m'écriai-je ; moi, je l'envie ! »

M. Gaimard me regarda.

« Parlez-vous sérieusement ? madame.
– Très sérieusement.
– Vous aimeriez faire le tour du monde ?
– C'est mon rêve.
– Et faire plus ? »

Je ne compris pas ; je crus que M. Gaimard faisait une plaisanterie.

« Plus, oui, reprit-il. On a fait le tour du monde bien des fois ; on n'a pas encore pénétré assez avant sous les latitudes qui avoisinent le pôle, pour savoir si on pourrait par-là passer d'Europe en Amérique.

– Eh bien ! vous savez le chemin ?

– Non, nous allons le chercher ; je pars dans trois semaines, avec une commission scientifique dont je suis président, pour explorer l'océan Glacial dans les parages du Spitzberg et du Groënland.

– Vous êtes bien heureux !

– Je le serais davantage si cette expédition tentait votre mari, et s'il voulait lui prêter le secours de son talent.

– Je crois que l'on peut lui faire une proposition dans ce sens.

– Vous en chargez-vous, madame ?

– Oui, à une condition.

– Laquelle ?

– C'est que je l'accompagnerai.

– Jusqu'au bout ?

– Jusqu'au bout.

– Cela présentera des difficultés, parce que les femmes ne sont pas embarquées à bord des navires de l'État, et...

– Alors je ne dis pas un mot pour le voyage, au contraire.

– Parlez-en toujours, nous verrons à arranger la difficulté. »

Le soir même, le projet du grand voyage était mis sur le tapis entre mon mari et moi, et obtenait l'unanimité de nos deux consentements.

Le lendemain nous annonçâmes notre départ à nos amis.

Ce fut un *tolle* désapprobatif :

« Quelle folie ! me disait-on ; vous allez revenir laide.

– Pourquoi donc ?

– Des pays affreux ; et puis vous êtes trop jeune, et trop délicate pour les fatigues d'un tel voyage ; attendez, au moins.

– Non ; d'abord l'occasion ne se représenterait pas ; ensuite, plus tard, je puis avoir des enfants et n'aurai plus alors le droit d'exposer ma vie dans des aventures.

– À votre âge on va au bal, et non au pôle.

– L'un n'empêche pas l'autre ; si je reviens, j'aurai tout le temps d'aller au bal.

– Et si vous ne revenez pas ?

– Vous aurez le plaisir de dire : Je le lui ai bien prédit. »

Je ne pensai plus qu'à mes préparatifs ; je remplis de robes et de chiffons quelques caisses qui furent dirigées sur Copenhague et Stockholm ; je me fis faire des habits d'homme pour être commodément, une fois arrivée en pays perdu, et, au bout des trois semaines dont M. Gaimard avait parlé, nous étions complètement prêts ; il vint nous dire adieu, et fut émerveillé de notre activité. Nous lui avons donné rendez-vous au cap Nord ; la commission scientifique s'y rend par mer ; nous prendrons, nous, la voie de terre : excellente combinaison qui nous permettra de voir beaucoup de pays.

Maintenant, mon cher frère, il n'y a plus ni blâme ni conseils à nous envoyer, nous sommes en route ; je vous écris à bord du bateau à vapeur qui nous mène à Hambourg, et cette lettre est le commencement d'exécution de la promesse que je vous ai faite de vous raconter ce qui m'arrivera et de vous décrire ce que je verrai pendant cette longue pérégrination. La tâche sera rude, je le crains, mais j'espère l'accomplir à force de sincérité. À mon sens, écrire un voyage, c'est faire le portrait des pays qu'on parcourt, et le narrateur n'a pas le droit de les rendre méconnaissables.

L'intérêt de mon récit croîtra à mesure que je m'avancerai sous les latitudes élevées de notre vieille Europe ; arrivée là, j'aurai, à défaut d'autre, le mérite de l'originalité, étant la seule femme qui ait jamais entrepris un semblable voyage.

Voici notre itinéraire.

En allant : La Hollande, Hambourg, le Danemark, la Suède occidentale, la Norvège, Christiania, Drontheim[13], le cap Nord et enfin le Spitzberg, s'il plaît à Dieu.

Au retour : La Laponie, Torneå[14], la Finlande, la Suède orientale, Stockholm, la Prusse, la Saxe et le Rhin.

Je ne vous dis rien des adieux, du départ, de la Normandie, dont j'ai entrevu les beautés à travers un voile de pluie qui les attriste trop souvent, rien non plus du Havre, devenu un faubourg de Paris ; le vrai voyage n'a commencé pour moi qu'au moment où j'ai mis le pied sur le pont du bateau à vapeur de Rotterdam. Il faisait un temps affreux. En sortant du port, le bateau a été lancé par les vagues sur un groupe de petits chasse-marée auxquels il a causé des avaries considérables ; nos roues déchiraient les voiles, brisaient les mâts, enfonçaient les coques ; tout criait et craquait sous cet immense moulin ; les pêcheurs, ainsi maltraités, étaient désolés et furieux à la fois ; ils nous apostrophaient d'une manière énergique et peu courtoise. Je quittai ainsi le Havre au milieu d'un grand tumulte et d'un concert de malédictions. Ni les côtes de la patrie ni les compatriotes ne me firent de touchants adieux.

À partir de ce moment jusqu'au lendemain, je fus la proie exclusive de cette torture appelée le *mal de mer,* et je ne vis rien, hors des tasses de thé et des citrons dans lesquels, par rage, je mordais comme dans des pommes.

---

[13] Il s'agit de Trondheim, abrité sur la côte ouest de la Norvège dans le fjord du même nom, comme précisé dans la letre III. (N.d.E)

[14] Ville du nord-ouest de la Finlande, située l'extrémité du golfe de Botnie, à l'embouchure de la Tornionjoki qui marque la frontière entre la Finlande et la Suède. (N.d.E)

Lorsque le bateau entra dans la Meuse, je me sentis mieux et montai sur le pont. Je fus bien surprise de me trouver déjà en présence d'un pays si différent de la France ; nous passions alors devant une petite ville nommée, je crois, Helvoetsluys, située au milieu d'un paysage frais, peigné, gracieux, coquet, un vrai paysage d'éventail : il n'y manquait rien, pas même les moutons blancs, ni la silhouette élancée de trois grandes filles en jupes courtes, qui étendaient du linge sur un pré d'un vert éclatant.

Les rives de la Meuse sont très plates ; le fleuve est endigué au moyen de petits remparts bas, qui, aperçus de loin, comme je les voyais, ont l'air de murailles faites par des vanniers : l'œil n'aperçoit que de menues branches ou des joncs (je ne saurais dire lesquels) artistement entrelacés, et on s'étonne de voir une si grande force cachée dans un si élégant travail.

Nous avons laissé le Briel à droite, passé près de Dortrecht, dont j'ai seulement entrevu les hauts clochers couverts d'ardoises, et le soir même nous sommes arrivés à Rotterdam.

J'ai traversé Rotterdam à pied, et un peu à la hâte, pour aller trouver la diligence de La Haye ; j'ai cependant eu le temps d'être séduite par son exquise propreté, par ses canaux limpides bordés de beaux arbres, par ses jolis ponts de pierre légèrement jetés d'un bord à l'autre, par son air calme, riant, paisible et doux comme le bonheur. Presque toutes ses maisons sont précédées d'un perron de pierre, de bois ou de brique ; chaque propriétaire arrange le sien suivant son goût, ce qui introduit de charmants caprices dans l'architecture générale, à la grande confusion de la symétrie froide et de la régularité ennuyeuse. Par moments une porte entr'ouverte me laissait apercevoir l'intérieur de quelque cuisine propre, lavée, rangée, brillante, comme on n'en voit, à Paris, qu'au Louvre, dans les tableaux hollandais.

Dans ce pays, où on doit vivre si bien, on voyage fort mal ; les voitures publiques sont détestables, et, si les routes n'étaient pas unies comme, des allées de jardin, on serait brisé au bout de deux lieues. De Dortrecht à Delft, on traverse un paysage de Paul Potter, des prairies à perte de vue, coupées de temps en temps par un canal étroit où se réfléchit le ciel. Lorsque nous passâmes, quelques cigognes cendrées, immobiles sur une patte, nous regardèrent sans s'envoler ; de belles vaches blanches, à taches rousses, se couchaient en ruminant dans les hautes herbes ; une brise à peine sensible nous apportait la saveur fraîche et salée de la mer, et le soleil s'abaissait lentement derrière un voile de vapeurs pourprées ; il régnait sur cette nature un calme puissant, contagieux pour l'âme, et, tandis que la voiture roulait sans bruit et que mes compagnons de voyage se laissaient aller à une agréable somnolence, je me rappelai ces charmants vers de Richard Howitt :

« The birds were hushed, the flowers were closed,
« The kine along the ground reposed.
« All active life to gentle rest
« Sank down, as on a mother's breast ! »

L'oiseau faisait silence et les fleurs se fermaient ;
Les vaches doucement se couchaient sur la terre.
La nature et la vie ensemble s'endormaient
D'un paisible sommeil, comme au sein d'une mère !

Et je m'abandonnai à une rêverie profonde comme cet horizon infini, douce comme ce beau paysage.

Nous avons traversé Delft très rapidement à la nuit noire, et je n'ai pu distinguer autre chose que les étincelles de toutes les pipes fonctionnant devant toutes les portes. À La Haye, je me suis logée près d'un grand canal, sur un quai nommé *le Spui*. Le lendemain matin, un grand tapage de brosses et de balais allant et venant audessus de ma tête m'a obligée à me lever de bonne heure, malgré ma fatigue. Le bruit de l'eau que j'entendais fouetter contre mes vitres me fit croire qu'il pleuvait à torrents ; en regardant, je fus rassurée : ce n'était pas de la pluie, mais tout simplement les ménagères du voisinage et les servantes du logis qui, à l'aide de pompes portatives, inondaient l'extérieur des maisons afin de le nettoyer, et produisaient un déluge factice.

On m'avait beaucoup parlé de la propreté des Hollandaises ; néanmoins, elle m'a paru fabuleuse : il n'est pas jusqu'aux crémaillères, jusqu'aux plaques des cheminées, aux clous des portes et aux grattoirs pour les pieds, qui ne soient brillants comme des bijoux d'acier ; ces gens-là n'ont pas le goût de la propreté, ils en ont le culte. Les femmes sont sans cesse à laver, gratter, brosser, ranger, fourbir, balayer ou écurer ; elles ne font pas autre chose. À les juger sur la mine, peut-être s'acquitteraient-elles moins bien de ce qui serait moins mécanique. Les femmes dispensées par leur position de fortune de prendre une part active à la lessive générale et perpétuelle de leur habitation ne manifestent pas grand goût pour les jouissances intellectuelles ; leur vie se passe à s'habiller, à se promener au parc, ou bien à se tenir assises, près de leur fenêtre, avec une broderie, en s'interrompant fréquemment pour jeter un regard sur un petit miroir attaché à une branche de fer mouvante, placée à l'extérieur de la maison. D'après la façon dont il est incliné, ce curieux petit meuble, ou ce petit meuble curieux, réfléchit toutes les personnes qui passent dans la rue. On nomme cela un *espion,* et le mot est très juste ; car ce morceau de glace, que l'œil du piéton sans méfiance aperçoit à peine, est d'une perfidie, ou plutôt d'une fidélité affreuse, pour rapporter ses moindres gestes.

Les rues de La Haye sont solitaires, presque désertes ; le seul lieu vraiment animé de la ville, c'est le grand canal à l'heure du marché. On voit arriver de longs bateaux chargés de fruits, de légumes, d'œufs, de volailles et de beaux poissons qui brillent, s'agitent et sautent encore dans les filets où ils ont été pris ; les mariniers assis à l'avant fument gravement, et de toutes les maisons sortent les actives ménagères qui vont à bord des bateaux faire la provision. Ces femmes aux membres robustes, aux joues fraîches, au costume pittoresque, qui vont, viennent, babillent, achètent, s'appellent en passant d'un bateau à l'autre, donnent à cet ensemble une vie et un éclat que je ne saurais décrire. Sans doute notre marché de la halle à Paris est plus considérable ; la foule y est plus grande, les denrées plus abondantes ; mais l'effet produit aux yeux est complètement différent. À Paris, le marché se tient sur un emplacement entouré de maisons hautes et noires ; c'est un lieu bruyant, sale, impraticable, nauséabond ; le pied y trébuche dans la boue ; l'odorat y est offensé par les âcres émanations des détritus de toutes sortes. Quel contraste avec ce marché hollandais, propre, riant, joyeux, à l'aise sur son grand canal, ombragé de beaux arbres et bordé de quais spacieux ! Ceci suffit pour expliquer pourquoi les maîtresses de maison s'abstiennent à Paris de surveiller leur cuisinière au marché, tandis qu'à La Haye elles les accompagnent presque toujours.

Pendant tout un jour, je suis restée enfermée dans les musées. Que dire ? C'est un encombrement de trésors et de chefs-d'œuvre. Les trésors sont dans le musée chinois, les chefs-d'œuvre dans le musée hollandais ; on sort de là avec des éblouissements.

J'ai passé deux heures en Chine et une heure au Japon. Que personne ne s'avise de me soutenir qu'il connaît mieux que moi ces deux pays : j'y ai été. Je dirais comment se croisent les rues de Pékin ; comment sont bâties les maisons ; quels dessins courent sur les murs de porcelaine ; combien d'étages ont les pagodes ; quels costumes portent les femmes ; quels cordonniers-joailliers fabriquent leurs souliers extravagants de petitesse ; de quelles épingles longues comme des quenouilles elles chargent leur tête ; la couleur des colibris dont elles se coiffent les jours de fête ; comment sont faites les fleurs là-bas, et à quels fruits elles ressemblent ; combien sont gros les légumes, et de quelles bêtes ils ont l'air : je sais tout enfin. J'irais, non, je veux dire je retournerais en Chine demain, j'y serais comme chez moi.

Pour parler sérieusement, on s'épargne huit mois de traversée et les tempêtes du cap de Bonne· Espérance, en passant une journée dans les musées de La Haye. Le musée chinois est une collection complète des armes, des vêtements, des meubles, des tableaux, des outils et des ustensiles du Céleste Empire ; on y a ajouté des imitations parfaites de tous les animaux, des fruits, des fleurs, des plantes et des légumes du pays ; s'il fallait citer tout ce qui est étonnant de perfection, il faudrait dresser une nomenclature ; il y a là des fruits à rendre voleur un gourmand ; en les regardant, il semble qu'il s'en exhale un parfum exquis et pénétrant. Comme complément à ces magnifiques collections, on a placé dans la même salle les plans, en relief, de Pékin et de Canton, exécutés sur d'assez grandes proportions et avec une fidélité chinoise. Les trésors positifs ne le cèdent en rien aux chefs-d'œuvre de patience ; les armes et les costumes réunis dans le musée représentent une énorme valeur ; ce sont encore plus des bijoux que des armes ; les *kriss* malais sont en or massif avec une petite flamme d'acier au bout seulement, mais bien aiguë et bien empoisonnée, comme il convient ; les manches des poignards japonais sont encroûtés de pierreries : cet arsenal-là est un écrin. Les costumes sont également inestimables ; j'ai vu parmi eux tant d'étoffes éblouissantes, inconnues chez nous, que la seule comparaison me venant à l'esprit était celle de la robe couleur du soleil, dont on nous parle dans le conte de *Peau-d'Âne*. La plupart des jupes des femmes sont de ces beaux crêpes auxquels la Chine a donné son nom, avec des broderies d'or du goût le plus charmant ; certes les ouvriers qui composent de pareils dessins sont plus artistes que beaucoup d'artistes que je sais. En dernier lieu, ma curiosité a été occupée et amusée par une grande armoire recouverte d'écaille et incrustée d'argent, d'un travail remarquablement précieux ; cette armoire ouverte se trouva contenir une maison japonaise, mais une véritable et complète habitation, avec tous ses meubles et tous ses ustensiles, soignés comme s'ils étaient de grandeur naturelle. Un seul détail donne idée du reste : il y a dans la maison une bibliothèque, et les livres qui la composent ont été imprimés exprès. Ce miracle des joujoux avait été commandé par Pierre le Grand pour le musée de Pétersbourg ; j'ignore quelles circonstances l'ont fait rester à la Haye.

Après les richesses de la Chine, j'ai vu celles de la Hollande, les tableaux. Dans de tels musées, pour regarder, pour juger, pour comprendre, il faudrait non un jour, mais une année. J'ai passé avec une rapidité déplorable devant les Gerard Dow, les Metzu, les Terburg les plus ravissants et les plus incontestables. À peine ai-je donné quelques minutes au plus beau Paul Potter qui existe. Il représente un grand taureau pensif, debout près d'une belle vache couchée. C'est une fenêtre ouverte sur une prairie. Cela vaut, dit-on, deux cent mille francs.

Sachant combien j'avais peu de temps, je courais à travers les galeries, cherchant un tableau dont la gravure m'avait vivement frappée : *la Leçon d'anatomie,* de Rembrandt. Quand je me suis trouvée devant ce chef-d'œuvre du plus puissant des maîtres de la couleur, mon admiration s'est élevée jusqu'à l'émotion. Le sujet est sévère et rendu avec une rare simplicité : le maître, debout, en face du cadavre, étendu sur une table, fait une démonstration ; ses élèves l'écoutent avec un intérêt qui se lit, sur leurs physionomies intelligentes et calmes. La tête du médecin est vivante et inspirée ; on regarde, on s'arrête, on attend sa parole, comme ces graves étudiants vêtus de noir qui l'entourent ; la scène est éclairée par cette lumière mystérieuse et chaude à la fois, dont ce maître immortel a seul eu le Secret.

En quittant le musée, j'ai traversé ce beau parc qu'on appelle le bois de la Haye ; des merveilles de l'homme je suis passée aux merveilles du bon Dieu ; en tous temps ce bois paraît une magnifique promenade, mais au mois de mai c'est un immense bouquet ; le bord des chemins est couvert de violettes, de perce-neige, de primevères ; tous les buissons sont roses ou blancs ; les boules de neige, l'aubépine, éclatent de toutes parts : rien de plus frais, de plus gai, de plus embaumé ! De temps en temps, les premiers plans étaient gâtés par les toilettes de quelques ultra-élégantes de la ville ; ces dames, ayant voulu être trop Parisiennes, avaient réussi à être assez bizarres. Elles étaient vêtues à la mode de la saison prochaine, chose fatale, menaçant toute étrangère esclave de certains journaux, qui ont plutôt pour habitude de prédire les modes que de les indiquer.

Le soir même de ce jour, je quittai La Haye dans une grande voiture jaune, si haut montée sur ses roues que son marchepied était presque un escalier. Je me suis assise sur de maigres coussins, rembourrés de foin, ayant à ma gauche un Hollandais fumant un cigare, et devant moi deux Hollandais fumant dans de grosses pipes. Enfermée comme je l'étais dans cette tabagie, je n'eus d'autre ressource, pour échapper à la migraine, que de rester obstinément la tête à la portière, et je ne m'en repentis pas. La route de La Haye à Amsterdam semble une promenade dans un jardin anglais ; le pays est parsemé de maisons de campagne qu'on prendrait facilement pour les kiosques ou les chalets d'un parc immense, tant elles sont coquettes, mignonnes, fleuries et bien enluminées. Du haut de mon observatoire, je voyais par-dessus les haies et plongeais dans les jardins, dont j'aurais pu effleurer les arbustes avec la main ; mille parfums exquis s'élevaient des parterres et combattaient victorieusement les exhalaisons désagréables de mes fumeurs. Dans cette course à vol d'abeille au-dessus des jardins, je pus constater le nombre considérable des grandes fortunes hollandaises. Ce n'était ni dans l'élégance des habitations ni dans la magnificence des plates-bandes que se révélait pour moi l'opulence du propriétaire ; non, c'était par la quantité de monticules m'apparaissant dans chaque enclos. Sur ce tapis de billard qui forme le sol des Provinces-Unies (et, si vous me permettez un mauvais jeu de mots, je dirai que jamais provinces ne furent plus justement appelées *unies),* sur cette terre classique des prairies, un mouvement de terrain n'existe qu'autant qu'on le crée ; de là l'ambition de tout propriétaire de doter son parc d'une colline, d'une ondulation, d'une ampoule de terrain quelconque. Cette rareté se fabrique à force d'argent : chaque banquier retiré se pavane autour d'une butte de terre ; il y en a d'assez millionnaires pour y ajouter le rocher formant grotte : ceci alors atteint le *nec plus ultra* du luxe.

Un horticulteur se fût sans doute pâmé devant ces nobles tulipes et ces illustres jacinthes vantées, enviées, cotées par les jardiniers du monde entier ; moi, j'en ai joui, ni plus ni moins que si elles n'avaient pas représenté des sommes folles, et avec la placide ignorance d'un esprit qui n'admet, parmi les fleurs comme parmi les femmes, d'autre aristocratie que celle de la beauté. Du reste, pendant que j'avoue mes hérésies, j'y ajoute celle-ci : j'aime médiocrement ces soins intensifs donnés aux fleurs, en leur ôtant leur abandon, ils les privent aussi d'une partie de leur grâce : sous ce rapport, je vais loin ; car je préfère une fleur des champs à une fleur de serre, et un jardin négligé à un jardin soigné.

Au bout de cette promenade, j'ai trouvé Amsterdam, la capitale de la Hollande. Amsterdam est la Venise du Nord : comme l'autre Venise, elle a la mer, les palais, les canaux, les souvenirs ; comme l'autre, elle fut républicaine, florissante et glorieuse. Aujourd'hui, Venise est asservie et Amsterdam soumise. La grande république aristocratique n'est plus qu'une ville dépendante de l'empire d'Autriche ; la grande république bourgeoise n'est plus qu'une monarchie de troisième ordre. Qui eût prévu cela il y a trois siècles, quand Venise, forte de ses soixante mille hommes d'armes, de ses deux cent quarante galères, de ses inépuisables arsenaux, luttait contre la Turquie ? quand la Hollande colonisait les Indes tout en tenant tête à l'Espagne ?

Amsterdam conserve des traces visibles de son passé : les maisons du quai des Seigneurs, baignant leurs perrons de marbre dans l'eau du grand canal, ouvrant leurs larges fenêtres garnies de vitres roses sur de vastes salons tendus de damas des Indes, ont conservé un air opulent et une tournure hautaine qui rappellent les meilleurs temps de sa prospérité. Amsterdam représente encore une ville gaie, animée et pittoresque ; tout y est intéressant pour le voyageur ; mille objets y attirent et y récréent la vue. Chose rare maintenant, elle a une couleur à elle, un aspect particulier ; elle n'a pas pris la triste teinte de contrefaçon française de ses voisins de Belgique ; elle a encore des costumes, de vrais et sincères costumes nationaux. Les femmes des environs d'Amsterdam charment l'œil de l'artiste par leurs brillants ajustements et leur fraîcheur éclatante ; les Frisonnes, fidèles à leurs anciens usages, portent sur leur front des plaques d'or ou d'argent doré richement travaillées, d'un effet piquant et bizarre, et l'on rencontre dans les rues les orphelins élevés par la charité publique vêtus de robes mi-parties grises et rouges, comme de vivants souvenirs du moyen âge.

Il faudrait passer deux mois dans une pareille ville : je n'ai pu, à mon grand regret, lui donner que deux jours. J'ai cependant vu le musée, en courant, comme toujours.

Ce musée, c'est stupéfiant ! On n'imagine pas une semblable réunion de perles ! Je vous fais grâce de mes descriptions de tableaux ; d'autres plus dignes que moi ont savamment parlé de toutes ces œuvres merveilleuses, et je vous renvoie à eux. Pourtant, puisque vous me demandez toutes mes impressions, je vais vous citer ce qui m'a *accrochée,* comme on dit en style d'atelier.

Un Gérard Dow d'abord ; une espèce de tour de force réussi de ce maître, pour qui la patience fut le génie : une petite scène d'intérieur éclairée simultanément par la lune, par une lanterne et par un feu de cheminée ; ces diverses lumières sont rendues d'une façon à la fois distincte et harmonieuse, qui est le comble de l'habileté. En vérité, ce petit tableau est une gageure contre l'impossible, et une gageure gagnée.

Ensuite je suis restée clouée plus d'un quart d'heure devant la *Ronde de nuit* de Rembrandt. Cela représente tout simplement une patrouille de bourgeois à Gand : des visages communs, des costumes sombres, une action vulgaire, — un ensemble sublime, — c'est la nature plus l'art. Il y a une haleine dans chaque poitrine et le souffle puissant d'un grand génie dans l'œuvre. Cela s'élève au niveau de *la Leçon d'anatomie,* et ces deux tableaux valent à eux seuls qu'on fasse le voyage pour les voir. Dans ce même musée, on garde la page capitale de l'école hollandaise :

un immense tableau de Wander-Hest, un peintre que nous connaissons trop peu, nous autres Français. Cette fois, Wander-Hest a peint un *Repas d'échevins*. Douze ou quinze hommes sont réunis autour d'une grande table chargée de mets, dans les attitudes les plus naturelles ; les figures, largement dessinées, vivent de la vie réelle ; elles sortent de la toile, comme on dit. Quant aux détails, ils sont exécutés avec un fini précieux et inouï ; on pourrait compter les fils de la nappe et les points de la tapisserie. Certes, c'est un beau tableau ; pourtant il ne m'a point touchée. Pourquoi ? Peut-être avais-je les yeux trop pleins de la poétique lumière de Rembrandt !

Il ne faut pas quitter la Hollande sans avoir vu Saardam et Brouk. Saardam est une page et Brouk est une vignette de l'histoire des Pays-Bas. Cette fois, j'eus pour mon excursion le plus charmant des compagnons de voyage, le soleil. La route d'Amsterdam à Saardam est jolie et variée ; de temps en temps elle côtoie le Zuiderzée, au fond duquel on aperçoit, m'a-t-on assuré, en temps calme, les clochers et les tours d'une ville autrefois engloutie par la mer pour former cet immense golfe. Le récit appartient, je crois, plus à la légende qu'à l'histoire ; quoi qu'il en soit, en passant près de la mer, je regardai attentivement ; mais j'aperçus seulement quelque chose d'analogue à ce que vit la sœur Anne du conte, le soleil tamisant sa poudre d'or sur le dos bleu des vagues, et l'herbe de la route devenant d'une verdure plus intense sous son heureuse influence.

Si on n'allait pas à Saardam pour accomplir une sorte de pèlerinage à la maison du royal charpentier Pierre Ier de Russie, il faudrait encore y aller pour Saardam, pour voir ses maisons éparpillées dans un jardin, et ses femmes si richement et si coquettement vêtues, qui ont l'air de femmes du monde jouant à la paysanne. Le jour où j'arrivai était un dimanche, et je vis déployées de toutes parts les jupes de vieux damas et de pékin broché, dont une petite-maîtresse parisienne se fût fort bien accommodée pour couvrir les fauteuils de son boudoir.

Les femmes de Saardam portent avec cela de grands chapeaux de paille presque ronds, doublés et bordés d'une étoffe de couleur très vive, qui leur vont à merveille. Cette robuste et active population parée pour une fête, ce ciel bleu sans un nuage, cet horizon infini de la grande mer, ce printemps qui étalait sa pompe de fleurs dans ces rues-jardins, tout cela formait un tableau ravissant au regard et doux à l'âme, dont j'ai joui avec bonheur pendant quelques heures.

Ensuite j'ai été voir la maison de Pierre Ier.

On entre avec un sentiment de vive curiosité et une sorte de respect dans cette humble demeure où, pendant trois années, un homme qui possédait presque une moitié de l'Europe s'est astreint aux études arides et aux pénibles labeurs d'un constructeur de navires. Pierre Ier sur le chantier de Saardam apparaît dans l'histoire comme une rare et noble figure ; il y a une vraie grandeur dans son exil volontaire loin de la patrie, loin du trône, dans cette humilité du puissant devant le travail, du despote à demi sauvage devant la civilisation ; dans cet hommage rendu par la force à l'intelligence. On sent qu'en faisant cela cet homme apprenait à construire un navire, mais songeait à édifier un empire.

La maison où il méditait ses grands projets et se livrait à ses modestes études est petite, mais bâtie en bois, très simple, une vraie chaumière, divisée en deux pièces : dans celle du fond, on montre la table où il écrivait et le lit de camp, bas et dur, où il se reposait. Tout dans l'habitation est de la plus austère simplicité : les murs sont nus, les meubles grossiers, faits en bois naturel ; quelques cartes et des outils de charpentier sont accrochés aux murailles ; c'est la retraite d'un solitaire en même temps que le logis d'un ouvrier. Jamais un plus humble toit n'abrita une plus vaste pensée !

Les voyageurs sont tenus d'écrire leurs noms sur un registre placé dans la première pièce ; j'ai mis le mien au bas d'une page où il se trouvait précédé de neuf noms anglais et de six noms allemands. J'espère que les noms français ne sont pas aussi rares dans le reste du volume.

Après Saardam, on va voir Brouk, éloigné seulement de quelques lieues. On m'avait cité Brouk comme la merveille de la Hollande ; à mon sens, ce n'est pas la merveille qu'il eût fallu dire, mais le résumé. En effet, dans ce petit coin de terre, les défauts et les qualités des Hollandais se manifestent dans leur plus complète expression.

Brouk n'est ni une ville, ni un bourg, encore moins un village ; c'est une agglomération d'habitations de plaisance construites par des propriétaires assez riches pour satisfaire tous leurs goûts ; en suivant leur penchant, ils sont arrivés à des extravagances de soin, à des aberrations de propreté inimaginables : tant il est vrai qu'il faut redouter l'abus des meilleures choses !

D'abord les rues, mais je ne sais s'il faut appeler cela des rues, puisque les voitures n'y passent pas ; je ne puis pourtant pas non plus dire les allées, puisque le sol se compose d'un pavage de briques artistement disposées ; les rues donc, sont balayées comme nos chambres à coucher ; pour qu'aucun *accident* ne vienne porter atteinte à cette rigoureuse propreté, les animaux ne dépassent pas les barrières de la ville. Quant aux maisons, figurez-vous absolument ces joujoux de Nuremberg qu'on nous donnait au jour de l'an dans de grandes boîtes : des maisons correctes, proprettes, peintes à l'huile de couleurs brillantes ; vert clair, lilas, bleu de ciel, rehaussées de filets tranchant sur le fond ; à Brouk, quelques-unes ont des filets d'or autour des fenêtres. Au milieu de chaque maison on voit une jolie porte ornée et sculptée souvent avec des guirlandes et des médaillons dans le goût de Louis XV ; cette porte reste hermétiquement fermée ; la coutume du pays ne permet de l'ouvrir que dans trois circonstances solennelles : le baptême, le mariage ou la mort d'un des maîtres du logis. On a une autre porte basse, masquée, discrète, ouvrant sur une ruelle, dont on se sert pour les usages journaliers.

À Brouk, il est convenable de dissimuler son existence le mieux possible ; on n'avoue demeurer dans sa maison que si on y est absolument forcé par un événement de quelque importance, comme de venir en ce monde ou d'en sortir. Le reste du temps, on s'efface et on s'amoindrit à dessein. Je n'ai pu voir l'intérieur d'une maison, parce qu'on me proposa, sans rire, de me déchausser pour entrer.

Dans ce fantasque pays, on assiste à un curieux renversement de l'ordre naturel ; on y voit l'homme soumis aux choses, l'être intelligent et animé esclave de la matière inerte ; et il y a là des gens qui se gênent, se privent, s'immobilisent pour ne pas marcher sur leurs pierres, froisser leurs herbes ou fatiguer leurs portes. À force de recherches, de minuties et d'art mal entendu, ils sont parvenus à faire même de leurs jardins, comblés de fleurs rares, des lieux désagréables et ennuyeux. Autour de pelouses où aucun brin de gazon n'a la latitude de dépasser son voisin, serpentent des allées couvertes de sable tamisé ; sur ce sable, une main patiente a tracé des arabesques, et, comme les pas détruiraient inévitablement ces fragiles dessins, le petit nombre d'habitants qui vivent encore assez pour se promener font placer sur leurs allées des planches portatives, montées sur de petits pieds. Dans les massifs, le tronc des arbres est peint en gris ou en blanc, et les branches sont si régulièrement taillées que chaque arbre a l'air d'un bouquet artificiel avec sa queue de papier blanc. Pour que rien ne manque à l'ensemble, des personnages de bois, vêtus de vêtements véritables, remplacent les promeneurs dans les bosquets avec moins de dommages pour le jardin, et sur les bassins voguent des cygnes parfaitement imités. Au total, une décoration de l'Ambigu est infiniment plus *réelle* que le paysage de Brouk, et je ne sache rien de plus froid, de plus triste, de plus mesquin que ce coin du monde où l'homme semble avoir pris à tâche d'appauvrir, de défigurer, de mutiler la nature, sous prétexte d'embellissements.

Au bout de deux heures, j'éprouvais une violente envie de quitter ce pays de maniaques ; j'avais hâte de retrouver un peu de vie, de mouvement, de désordre, le dirai-je ? même de poussière ; tout me semblait préférable à ce que j'avais sous les yeux. Les gens de Brouk n'ont pas le goût ou l'amour de la propreté : ils en ont le fanatisme, le fétichisme ! Je ne sais s'ils ont une autre religion que celle-là ; mais ils m'ont paru devoir redouter la boue plus que l'enfer et la poussière plus que le péché ; ils dépensent un temps si considérable à balayer leurs chemins qu'il ne doit plus leur en rester pour épurer leurs consciences ; et certainement le moyen d'être bien accueilli chez eux, c'est d'éviter, non les vices, mais les taches.

J'ai quitté joyeusement cet absurde et colossal joujou, par un beau soleil couchant dont tout l'éclat ne pouvait rendre jolies les affreuses petites habitations de Brouk.

Près d'Amsterdam, nous avons trouvé un bon souper sous de grands arbres assez modérément émondés. Tandis que nous corrigions la lourdeur de ce repas à la bière par quelques bouteilles de vin de Bordeaux, une petite gitana espagnole, de quinze ou seize ans, basanée, fluette, avec les grands yeux hardis de sa race et de magnifiques cheveux noirs où se tordait bizarrement un lambeau de velours rouge, s'est approchée de nous, et, prenant sa guitare, a joué une séguédille sur ce rythme cadencé et nerveux qui donne tant de caractère à la musique espagnole. Cela est venu jeter comme un rayon de chaude couleur à travers le calme un peu froid du paysage, et un éclair de vive gaieté au milieu de la placidité un peu morne de nos hôtes.

Deux heures après, je m'embarquais à bord du *Wilhem de Eerst,* d'où je vous écris, et je serai à Hambourg demain.

LETTRE II.

CHRISTIANA.

Me voici en Norvège. Enfin ! j'ai fait un chemin énorme depuis ma première lettre. J'ai dévoré près de trois cents lieues, deux mers : la mer du Nord et la Baltique ; un détroit : le Sund ; une ville libre : Hambourg ; une capitale : Copenhague, et un fort grand morceau de mon troisième royaume, sans compter une respectable quantité de petites villes dont l'orthographe, hérissée de consonnes, pourrait vous effrayer. J'ai traversé tout cela si rapidement, que j'ai été contrainte de négliger beaucoup de choses intéressantes dont j'aurais aimé à vous parler. Contentez-vous donc, pour cette fois, d'un aperçu très superficiel.

Après deux jours et trois nuits d'une traversée monotone faite au milieu d'un nuage de brouillards, un matin nous entrâmes dans l'Elbe, et, peu après, je vis apparaître les toits pressés de Hambourg. Je sais qu'il existe un vieux Hambourg où l'on trouve encore des maisons du XIIe siècle, où se rencontrent des entourages de fenêtres et de portes sculptés à jour comme des ivoires chinois. Ce Hambourg-là, je ne l'ai pas vu : j'étais logée dans les quartiers neufs, sur une charmante promenade près du bassin de l'Alster, nommée le Yungfurstieg. Je me suis promenée une partie du jour dans mon voisinage. J'ai vu beaucoup de ballots de drap, de caisses de savon, de couffes de café ; mais nul souvenir de la courageuse ville libre du moyen âge ne perçait sous la physionomie commerçante et moderne des rues. Hambourg faisait partie de cette formidable hanse, qui comptait autrefois soixante-dix villes libres ; elle est une des quatre qui ont résisté aux empiétements des royaumes voisins et ne se sont pas laissé incorporer. Elle est plus riche que Francfort et surtout que Lübeck et Brême ; mais elle n'est plus fortifiée ni guerrière. Elle a fait des jardins avec ses remparts, et une garde urbaine avec ses hommes d'armes. Elle est aujourd'hui pacifique comme le commerce. Les banquiers la comptent comme une cité florissante, mais les dandys ne la classeront pas parmi les villes élégantes ; il leur suffira pour cela d'entrer un soir au grand théâtre, où, dans une salle enfumée et à peine éclairée, ils pourront voir représenter *Don Juan* devant une assemblée de femmes à peu près en robes de chambre. Mes yeux, accoutumés à l'éclat de notre Opéra, se sont trouvés complètement dépaysés dans ce milieu morose ; il a réussi à affaiblir le plaisir que me cause d'ordinaire la magnifique partition de Mozart.

Hambourg est situé d'une façon délicieuse, entre la mer et des collines couvertes de fertiles campagnes ; au bas des collines, l'Elbe s'enfuit en faisant mille détours, semblable à un grand serpent courant dans de hautes herbes. À un quart de lieue de Hambourg, on rencontre Altona ; on le prendrait pour un de ses faubourgs. C'est une ville étrangère : Altona est danois. À un point de la route se dresse le drapeau portant la grande croix blanche sur fond de gueules du Danemark ; il marque la frontière des deux pays. Ce drapeau a là une mission géographique, rien de plus ; il n'empêche pas l'union étroite des deux villes. Les habitants d'Altona sont sans cesse à Hambourg ; ils y vendent, achètent, échangent et jouent ; ils y font toute espèce de trafics ; ils n'ont pas d'autre bourse que celle de Hambourg ; en un mot, le peuple d'Altona habite en Danemark, mais il vit à Hambourg. La ville libre a fait sur le royaume une conquête toute morale, plus sûre que bien des conquêtes matérielles.

Près d'Altona, le jardin Boos, le plus beau jardin botanique du Nord, livre à l'admiration des voyageurs ses forêts de géraniums et d'azaléas et ses magnifiques collections de plantes aquatiques et exotiques. On y remarque une abondance inexprimable de ces singulières plantes qui ressemblent plutôt à des insectes et à des reptiles qu'à des végétaux, les unes couvertes de longs poils piquants comme certaines espèces de chenilles, d'autres avec une peau rugueuse qui imite la peau des plus gros lézards. On est tout étonné de voir sortir des fleurs éclatantes de cet étrange et menaçant fouillis.

À une lieue du jardin botanique est situé le petit village d'Ottenzen, où repose Klopstock.

Le cimetière d'Ottenzen n'a de cimetière que le nom. On serait d'abord tenté de le prendre pour un grand bosquet touffu, paisible, désert, silencieux; une herbe épaisse y croît de toute part et y cache les croix ; les fleurs s'y épanouissent, les oiseaux y font leurs nids, le paysan voyageur y jette un regard et ne s'éloigne pas sans saluer cet asile de paix.

Le tombeau de Klopstock est très simple : une figure de vierge d'une grâce sévère le surmonte, un grand tilleul le couvre de son ombre. C'est bien là que devait dormir, — rêver peut-être, — ce poète de la mélancolie mystique.

Je suis restée une demi-heure à écouter en moi ce que me disait cette tombe, à goûter ce calme triste et doux qui me pénétrait ; puis j'ai cueilli un myosotis, la fleur du souvenir, et j'ai quitté Ottenzen tout en songeant que j'aimerais un tombeau comme celui-là, enveloppé d'ombre, de parfums et de silence !

Après cette charmante excursion, je n'ai pas voulu me risquer de nouveau au milieu des colis hambourgeois, et j'ai tout de suite monté en voiture pour gagner Kiel. De Hambourg à Kiel je vis seulement de profondes ornières de sable jaune, où les chevaux avançaient lentement, car un brouillard humide et trouble jeta obstinément son voile gris entre moi et le paysage. J'eus quatorze heures pénibles à passer ainsi, d'autant que des marchands de Hambourg s'étaient *de force* emparés du fond de la voiture et refusèrent de me le rendre, malgré mon droit à l'occuper, prouvé par mon bulletin. On n'est pas encore si marchand que cela en France !

Kiel m'a paru laid, mal pavé, mal peuplé, tout y a un air morne qui distille l'ennui ; les yeux y sont offusqués par l'horrible coiffure des femmes : elles portent des chapeaux d'hommes, d'affreux chapeaux d'hommes français ! le détestable tuyau de poêle à petits bords et à haute forme !... Comme ce sont les femmes du peuple qui se montrent ainsi coiffées, les chapeaux sont vieux pour la plupart, conséquemment roux, ébouriffés, déformés, bons à mettre sur des cerisiers, au mois de juin, pour effrayer les moineaux. J'ai eu hâte de changer cette perspective d'épouvantails pour d'autres horizons. J'ai demandé une voiture pour me promener au bord de la mer. Je fus bien dédommagée.

Les rives de la Baltique sont couvertes de bois magnifiques ; des chênes, des frênes, des charmes, des ormes, des hêtres de la plus superbe croissance descendent par de douces pentes jusqu'aux flots et mirent le vert éclatant de leur feuillage dans le vert indécis des vagues. Cette verdure du Danemark, nous n'en avons pas idée ; chaque feuille paraît taillée dans une émeraude ; ce n'est ni le vert tendre et délicat du printemps, ni la couleur rousse un peu passée de l'automne : c'est le beau vert de l'été, franc, vigoureux, brillant, plein de sève, qui éblouit et ravit le regard.

Je ne revins à Kiel que pour m'embarquer sur un très petit bateau à vapeur, *le Frédéric IV,* chargé du service de la poste entre Kiel et Copenhague. Au bout de deux heures, le vent commença à souffler dur et le mal de mer à sévir violemment dans les cabines. Je me réfugiai sur le pont, où je ne tardai pas à lier conversation avec deux bonnes marchandes allemandes qui, comme moi, avaient fui la contagion de la chambre des femmes. Lorsque nous passâmes devant l'île de Falster, une d'elles me dit qu'il se manifestait tous les ans un miracle dans l'une des petites paroisses de l'île. Une légende populaire a toujours le droit d'exciter ma curiosité. Je lui demandai des détails et devins attentive.

« Oui, madame, reprit la conteuse, un miracle, et voici quelle est son origine :

» Il y a très longtemps, une bourgeoise fort riche imagina de faire construire une église à ses frais. Lorsque l'église fût bâtie, elle ajouta à son œuvre pieuse le vœu insensé de désirer durer aussi longtemps que son monument. Dieu l'exauça. Plus de trois siècles se sont écoulés depuis cette époque, et la femme vit en effet toujours ; mais sa décrépitude est arrivée à un tel degré qu'elle ne voit plus, n'entend plus, ne remue plus, ne respire même plus. On l'a couchée dans un grand coffre de chêne auprès duquel un prêtre veille constamment. Chaque année, le jour anniversaire de la fondation de son église, un souffle de vie ranime cette perpétuelle moribonde, et elle reprend assez de force pour demander : « Mon église est-elle encore debout ? » Sur la réponse affirmative du prêtre, elle soupire tristement en disant : « Plût à Dieu qu'elle fût détruite de fond en comble ! je pourrais alors mourir.... » Et elle retombe dans son immobilité.

» Voilà exactement comment la chose se passe, ajouta la bonne dame, et cela, je le sais de personnes dignes de foi.

– Comment, vous connaissez des personnes qui ont été témoins du fait ? dis-je, fort intriguée.

– Oui madame.

– Et qui ont vu le miracle ?

– Pas tout à fait, mais qui ont vu le coffre de bois où est renfermée la femme, et qui ont eu les autres détails du prêtre même qui la veillait. Ainsi rien n'est plus sûr. »

La conclusion me fit sourire ; mais je n'ajoutai rien. La conviction de ma bonne Allemande me parut puisée dans un ordre d'idées contre lesquelles on ne discute pas, et, du moment où le coffre était une preuve, je sentis que toute objection devenait impossible.

Les îles de la mer Baltique sont le berceau d'une foule de croyances superstitieuses, bizarres et poétiques. Le pêcheur y redoute encore la *hawfrue* (femme de mer) aux yeux glauques et malins, aux beaux cheveux d'or pâle flottant sur des épaules d'un blanc nacré. Cette nymphe de la mer séduit les jeunes hommes, les enlève et les garde dans des grottes sous-marines d'où ils ne reviennent qu'au bout de cent ans, c'est-à-dire jamais, et la *Meermaid* (sirène) dont la voix douce et harmonieuse attire les marins dans des passes perfides où ils périssent.

Dans ces naïves traditions du Nord s'agite toute une mythologie empreinte d'un charme vague, indécis, mystérieux, indéfinissable ; c'est la poésie du brouillard, comme les éblouissantes féeries de l'Orient sont la poésie du soleil.

Lorsque nous eûmes doublé la pointe assez redoutée de Moën, un vent violent s'éleva et rendit notre navigation très difficile ; le petit bateau luttait énergiquement contre d'énormes vagues ; mais il n'était pas le plus fort, et la mer le couchait à tout moment sur le côté, de façon qu'une de ses roues était constamment en l'air. Cette attitude inusitée augmentait beaucoup la tâche de l'équipage ; le pont présentait l'aspect du plus inexprimable désordre ; les bagages des passagers couraient éperdument d'un bord à l'autre, à moitié entraînés par les lames, à moitié précipités par la terrible pente du plancher. Quatre hommes furent chargés de débarrasser le pont en jetant à la cale tout ce qui gênait les communications et interceptait le service. L'ordre fut exécuté de la manière la plus expéditive : on ouvrit une écoutille, et les robustes matelots commencèrent à précipiter pêle-mêle dans ce trou noir sacs, caisses, malles et valises indistinctement ; mais alors à la bourrasque du dehors se joignit une bourrasque plus violente : la colère des femmes, indignées de voir traiter ainsi les boîtes contenant l'espoir de leur coquetterie, le précieux arsenal où devait se ravitailler leur beauté l'hiver suivant. Je m'étais souvent posé cette question : la maladie surmonte-t-elle la coquetterie ? ou au contraire la coquetterie surmonte-t-elle la maladie ? Après avoir assisté à l'émeute dont je fus témoin en cette circonstance, je suis à jamais pour la dernière assertion.

L'héroïsme avec lequel mes compagnes de voyage avaient dompté le mal de mer en faveur de leurs chapeaux français ne fut pas inutile. Le capitaine, abasourdi et vaincu par le vacarme de ces dames, ordonna d'amarrer et de couvrir soigneusement avec des prélarts les colis susceptibles d'être écrasés en tombant. Cette concession faite, le calme se rétablit.

Pendant plusieurs heures encore nous fûmes secoués comme des grains de plomb dans une bouteille ; enfin, et par le même horrible temps, nous arrivâmes à Copenhague.

Copenhague est une capitale, et elle en a les dimensions, sinon toutes les autres conditions. Elle possède des rues où six voitures passent de front et une place dite Royale, d'une étendue immense ; un peu plus, ce serait non une place, mais une plaine. Les maisons manquent de style et sont froidement régulières. Elle paraît peu peuplée ; dans la plupart des rues, les passants sont rares et une voiture fait événement. Au total, c'est un peu trop calme et trop désert pour une capitale. Au cœur de la ville, dans le quartier appelé l'Œstergarde, la circulation paraît assez active ; mais le mouvement en est purement commercial. L'Œstergarde est le bazar des modes françaises ; j'y ai vu les imprimés anglais, les étoffes de Lyon, les articles de Paris étalés dans toutes les montres ; j'y ai vu aussi de très jolies femmes, qui auraient été tout à fait charmantes si elles avaient consenti à paraître un peu plus danoises et un peu moins françaises.

Les honneurs de Copenhague nous ont été faits par notre gracieux et spirituel ambassadeur, le comte Alexis de Saint-Priest. Il est impossible d'exercer l'hospitalité officielle avec une courtoisie plus empressée que la sienne. Son patronage fut une bonne fortune pour nous et nous permit de bien mettre à profit le temps de notre court séjour en Danemark.

Une grande renommée m'attire de préférence à tout ; aussi ai-je demandé à être conduite à l'atelier de Thorwaldsen, le célèbre sculpteur du lion de Lucerne. Thorwaldsen est un beau vieillard d'à peu près soixante-dix ans, droit, grand, avec des cheveux très blancs et des yeux bleus fort doux ; un parler lent et un peu étudié, quelque chose dans les manières visant à la majesté affable, et qui sent un peu trop *la pose*. Au bout d'un quart d'heure, sa contenance m'avait donné la juste mesure de la façon dont on l'apprécie dans son pays. Cette façon, nous la connaissons mal en France. Le Danemark élève son sculpteur aux nues ; il lui fait des ovations ; il le comble d'honneurs sous toutes les formes ; il le traite enfin comme aucun homme de génie ne l'a été de son vivant ; pourtant j'ose dire en France que Thorwaldsen n'est qu'un homme de talent. C'est peut-être précisément pour cela : les hommes de génie ne sont jamais compris entièrement pendant leur vie. Les auréoles durables entourent rarement un front vivant ; elles ne rayonnent qu'au-dessus des noms écrits sur le marbre des tombeaux. Pour les hommes de talent, la destinée leur escompte leur illustration dès ce monde, et ils n'ont rien à réclamer de la postérité. Ils sont les amants du succès, non les favoris de la gloire.

L'atelier de Thorwaldsen se trouvait peu garni d'œuvres : je ne pus voir que quelques groupes ébauchés et un Neptune colossal entouré de tritons, d'une masse noble et d'une heureuse composition ; en revanche, ses appartements étaient abondamment pourvus de portraits de lui sous tous les aspects. Je lui garde rancune d'en avoir laissé faire un où on le représente paré de toutes ses décorations ; il en a près d'une quarantaine ; avec tous ces petits bouts de ruban ajustés les uns auprès des autres, il semble avoir une carte d'échantillons appliquée sur la poitrine. L'effet est laid, criard, de mauvais goût, et prouve qu'un grand sculpteur n'a pas besoin d'être un coloriste ; autrement, Thorwaldsen n'eût pas permis à sa vanité d'offenser à ce point l'harmonie d'un portrait.

En quittant Thorwaldsen, notre voiture s'arrêta devant une jolie et élégante construction du XVIIe siècle : c'était le château de Rosenbourg. Ce petit château fut bâti par Christian IV.

Un mot sur Christian IV. Il fut un de ces rois que l'histoire montre grands, et dont la renommée reste pourtant à peu près circonscrite dans les limites étroites de leur royaume. Son malheur est d'avoir régné pendant cet illustre XVIIe siècle, si rempli par la France de mouvement et de splendeur, que personne ne distingua dans les brumes du Nord cette noble figure d'un héros penseur, d'un prince courageux, éclairé, économe, avare du sang de ses sujets, et, chose plus rare, avare de leurs deniers. Pendant son long règne, Christian tint souvent tête à l'empire et à la Suède ; un moment il alla jusqu'à menacer Vienne ; un jour, il prit Calmar, défendue par Gustave-Adolphe. Doué d'une infatigable activité d'esprit, il était sans cesse occupé par les projets les plus multiples. Il fonda trois villes : Christiansand, Christianopel et Christianstad; une colonie, Trinquebar, sur la côte de Coromandel ; il rebâtit Opslo, la capitale de la Norvège, et lui donna son nom actuel de Christiania. Il ouvrit à Copenhague des chaires publiques pour l'instruction du peuple, créa une école de pilotage indispensable aux côtes déchiquetées et dangereuses du Jutland, établit la première fonderie de canons qu'ait eue le Danemark, éleva des manufactures de soieries et de draps pour tout le royaume. Moraliste prévoyant, il expulsa les jésuites du Danemark ; savant éclairé, il fut, comme son père Frédéric II, le protecteur de Ticho Brahe, l'illustre astronome à qui l'on doit la découverte de la planète Mercure. Malheureusement pour Christian IV, à l'époque où il savait si bien régner, les regards de l'Europe étaient absorbés par Richelieu, et, lorsqu'il mourut, ils allaient être éblouis par Louis XIV : car tout ceci se passait entre 1613 et 1648.

Rosenbourg est un des nombreux châteaux édifiés par la main active de ce grand fondateur. Ce petit château est une des plus charmantes fantaisies du royal architecte ; il l'a fait construire avec les proportions fines et élégantes des monuments de la fin du XVIe siècle ; c'est un joyau taillé dans le grain rouge et serré des briques de Danemark.

Rosenbourg a cessé d'être habité : on en a fait le trésor historique des rois danois ; il renferme tous les objets précieux dont ils se sont servis. Il faudrait traduire le catalogue de toutes ces richesses pour en donner une juste idée. On voit là des chambres pleines de rubis, de diamants, d'émeraudes, de perles fines, de topazes, de saphirs, en telle quantité qu'on est tenté de ne plus appeler ces pierres-là précieuses, parce qu'on ne les croit plus rares. Christian IV, qui n'oubliait rien, pas même d'être magnifique, avait une selle de cinquante mille louis. Je l'ai vue. Elle est faite d'un velours noir, épais comme du feutre, et brodée avec une profusion de perles et de rubis. L'épée du roi, posée près de sa selle, a une lourde poignée d'or massif dont le travail exquis est plus précieux que la matière ; autour de cette poignée se tortille plusieurs fois une corde à puits formée de rubis et de diamants énormes. La femme de Christian, Catherine de Brandebourg, imitait ce grand faste ; mais, en reine bien entendue, elle avait mis son luxe au service de sa coquetterie ; elle fit construire un vaste cabinet de toilette dont les murs, le plafond et même le parquet étaient recouverts de glaces. Les glaces alors n'étaient pas de beaucoup moins chères que les diamants. Dans toutes les salles de Rosenbourg les meubles sont d'ébène sculpté ou d'ivoire découpé à jour comme de la dentelle ; les trônes sont d'argent massif, la vaisselle est d'or, et, dans tous les coins, tremble la lumière irisée de ces merveilleuses verreries de Bohême taillées dans un rayon de l'arc-en-ciel. On se promène au milieu de tout cela comme dans un palais des *Mille et une Nuits,* avec une admiration mêlée de doute et d'émoi, et on se demande si on est bien éveillé.

Le lendemain du jour où j'avais exploré cet immense écrin appelé Rosenbourg, je fis une visite d'un intérêt tout différent : je pus parcourir les magnifiques salles où des savants distingués ont réuni et classé avec méthode une collection considérable d'objets à l'usage des anciens habitants du nord de l'Europe.

Les armes des Scandinaves étaient toujours en pierre ; les dards, les haches, les couteaux se fabriquaient de la même manière ; les tranchants en sont très bien affilés. Il fallait une adresse inconnue aux ouvriers de nos jours pour parvenir à exécuter des armes si parfaites avec des outils également en pierre. Le premier métal dont les Scandinaves eurent l'idée de se servir est le cuivre. Pendant plusieurs siècles, ils l'employèrent conjointement avec la pierre. Afin de le ménager, car ils ignoraient la manière de l'extraire de la terre en abondance, ils ajoutaient seulement une mince feuille de cuivre à leurs haches de pierre, pour en former le tranchant. Plus tard, mais à une époque encore si éloignée que la date ne peut en être précisée, ils découvrirent le fer et en firent usage comme ils avaient d'abord fait pour le cuivre, en petite quantité, pour former la pointe des dards et le tranchant des haches.

Ainsi, à défaut d'histoire et même de traditions authentiques, les matières employées par ces peuples dans la fabrication de leurs armes et de leurs outils permettent de suivre pas à pas les progrès de leur civilisation. On aperçoit quatre périodes bien distinctes :

D'abord, la pierre imparfaitement polie et travaillée,

Puis la pierre jointe au cuivre,

Le cuivre et le fer,

Et enfin le fer seul.

Une chose digne d'attention, c'est qu'il existe une étonnante similitude dans le point de départ des peuples les plus divers. Sans avoir égard aux différences de races et de climats, la civilisation se ressemble dans tous ses berceaux ; ses premiers pas sont les mêmes sur tout le globe. Les armes des sauvages de l'Amérique du Nord, celles des peuples du Groënland, celles des Japonais, sont toutes fabriquées d'après les procédés employés par les premiers habitants du Jutland et de la Scandinavie. Les sauvages sont des sauvages partout, de même que les enfants sont des enfants partout.

Le musée scandinave possède aussi un grand nombre de bijoux retrouvés dans des tombeaux ; la plupart sont en bronze, un petit nombre en or et en argent. Ces bijoux, quelquefois assez délicatement sculptés (bracelets, colliers ou anneaux), affectent généralement la forme d'un serpent, probablement en l'honneur du serpent Asgar, honoré des Scandinaves, qui le représentaient se mordant la queue et entourant le globe terrestre.

J'ai traversé beaucoup trop rapidement les galeries de cet intéressant musée pour avoir vu tout ce qu'elles contenaient ; mais, au milieu de tant de curiosités historiques ou scientifiques, je me suis laissé arrêter par une curiosité d'un autre genre, par une statue équestre, de dimensions presque colossales, sculptée en bois. Cette statue, d'un grand effet, représente saint Georges terrassant le dragon. Le héros, armé de toutes pièces, tient le monstre sous son cheval et lui enfonce sa lance dans le corps ; le cheval est impassible et inébranlable, un vrai cheval de légende : l'énorme dragon, couvert d'écailles, se tord à moitié écrasé sous le poids du cheval ; il tortille sa formidable queue dans la dernière convulsion de l'agonie, et, même dans ce moment, il est encore terrible. Ce groupe a quelque chose de farouche et de violent qui subjugue ; c'est un assemblage étrange de hardiesses de maître et de maladresses d'écolier : l'œuvre a de la puissance, un style sévère, une originalité franche, et l'on oublie, devant le génie du sculpteur qui flamboie de toutes parts, les roideurs et les gaucheries de l'exécution. Cette statue fut exécutée par un élève d'Albert Durer.

Copenhague doit compter parmi les villes riches et savantes ; elle renferme des collections précieuses de médailles, de bas-reliefs, de vases étrusques, et un muséum d'histoire naturelle très renommé pour ses magnifiques coquilles.

Malgré les nombreux et terribles incendies qui la dévastèrent, Copenhague a un assez grand nombre d'édifices ; on me montra un beau monument du XVIIe siècle, qui porte à un de ses angles une tour formée de quatre bizarres et monstrueux lézards, dont les queues s'entremêlent en l'air. On me dit que c'était la Bourse. Je ne me serais jamais imaginé le temple de la finance et du mercantilisme sous cette physionomie féodale et fantastique. En revenant, je suis entrée dans l'église principale, je ne sais si les protestants disent cathédrale. Cette église est construite sur de grandes proportions, dans ce style correct et froid qui caractérise l'architecture *réformée ;* elle a pour ornement les statues des douze apôtres en marbre blanc ; à l'extrémité se dresse le Christ debout et bénissant ; aux pieds du Sauveur s'incline, avec une grâce toute divine, une suave figure d'ange portant dans une coquille l'eau pure du baptême. Ces statues sont toutes de Thorwaldsen.

Voilà à peu près ce que j'ai vu à Copenhague, et c'est avoir trop imparfaitement visité cette belle ville. Quant à ses environs, je ne les ai pas vus du tout. J'ai strictement et ennuyeusement suivi la grande route jusqu'à la frontière ; je n'ai pas fait un coude en l'honneur du palais italien de Frédéric II ; je n'ai pas même été chercher, sur la vitre de Frédensborg, la touchante inscription de la reine Mathilde :

O God ! keep me innocent, and make the others great[15] *!*

Pauvre douce reine ! si cruellement écrasée entre l'aversion de sa belle-mère et la mollesse de son mari ! Triste femme, prise entre ce que nous devons également redouter : la violence de qui nous hait et la faiblesse de qui nous aime !

À peine ai-je aperçu le matin, à la lueur douteuse du crépuscule, les bois épais des bords du lac d'Esrum, où erre, dit-on, l'ombre rêveuse et accablée d'Hamlet !

Ainsi, c'était en vain que les châteaux fameux s'échelonnaient sur la route, que l'histoire et la poésie s'associaient pour me retenir ; je suis partie ! J'ai opposé à toutes ces séductions la brutale vigueur de mes chevaux ; j'ai couru avec la rapidité barbare d'un commis voyageur en retard, d'un banqueroutier poursuivi ou d'un

---

[15] 1. Ô Dieu ! gardez-moi innocente et faites les autres grands !

farfadet en mission ; enfin, j'ai touché la frontière : j'étais à Elseneur !

Mes yeux, en apercevant la rive de Suède, se sont soudain consolés de leurs regrets de la veille par l'espoir d'un beau lendemain. Impression de voyage ; bien commune impression de cet autre voyage qu'on appelle la vie !

Je quittai le Danemark à tire-d'aile, et je ne vis bien la masse imposante du Kroneberg que lorsque je fus installée dans un batelet nageant vivement vers la Suède.

Le Kroneberg (dont le nom signifie, je crois, couronne de la montagne) date du XVe siècle et a bien le caractère solide et massif de l'architecture fortifiée de cette époque. Il fut construit par Éric VII, le misérable successeur de cette grande Marguerite, qui porta si dignement trois couronnes et mérita le surnom de *Sémiramis du Nord*.

Le château de Kroneberg garde et surveille le détroit du Sund ; cerbère attentif, il reçoit un droit de passage de tout navire entrant ou sortant de la Baltique ; à la rigueur, ses exigences seraient appuyées par une très recommandable batterie de canons.

Le détroit du Sund est fort étroit ; le vent s'y engouffre par caprices comme dans un défilé ; j'ai failli être victime d'un de ces courants d'air inattendus ; notre bateau a été sur le point de se coiffer fort désagréablement, à cause d'une petite voile latine que j'avais imprudemment fait laisser ouverte, par amour du pittoresque. Quoi de plus charmant qu'une de ces gracieuses voiles triangulaires, serrant le vent et emportant un canot comme un oiseau de mer qui fuit devant la brise ! C'est charmant ! oui, mais c'est dangereux, — comme beaucoup de choses charmantes !

La petite ville de Suède, où on aborde en face d'Elseneur (en danois Helsingor), se nomme Helsingborg ; c'est un petit port calme, sans mouvement, peu commerçant, peu peuplé, peu curieux à visiter, impossible à habiter huit jours. On y peint les maisons en rouge foncé, ce qui rappelle fâcheusement certaines boucheries de village ; les rares passants de ses rues silencieuses regardent les étrangers de l'air étonné et inquiet de gens qui n'en voient pas souvent. Helsingborg est un de ces endroits où l'on se sent vivement saisi de cette impatience particulière connue des voyageurs, qui fait faire dix fois en une heure le trajet de la poste à l'auberge, en demandant désespérément ses chevaux d'un côté et son souper de l'autre, afin d'en finir vite avec leur plate tranquillité et leur morne insignifiance.

À propos de souper, je fis à Helsingborg ma première épreuve des supplices gastronomiques que me réservait mon voyage ; on m'y traita d'une soupe à la bière (horrible mélange de bière chaude et d'œufs), de pain au cumin complètement immangeable, et d'un fromage sans sel dont la fadeur me fit reculer : total, je ne soupai pas.

Voyager en Suède n'est pas chose simple. Ce pays se maintient dans un état assez primitif sous le rapport de la locomotion ; on n'y trouve ni malles-postes, ni diligences, ni services organisés quelconques ; si on veut se transporter d'un point à un autre, il est nécessaire d'y aviser mûrement et de faire tout un plan de campagne.

Voici les principales conditions dont on doit s'inquiéter :

Avoir une voiture à soi ;

Se munir d'un domestique interprète, dans le cas où on ignore le suédois (cas assez habituel aux Français) ;

Envoyer devant soi un courrier chargé, comme le chat botté du conte bleu, d'annoncer votre arrivée aux bons paysans dont dépendent les relais, les gîtes et les dîners.

Il n'existe pas en Suède d'administration des postes ; les paysans doivent fournir des chevaux aux voyageurs sur leur réclamation ; un tarif règle le prix de chaque poste ; un livre déposé dans chaque village reçoit au besoin les observations et plaintes des étrangers, tenus en outre d'y inscrire leurs noms et leurs qualités, de dire d'où ils viennent et où ils vont. Sans son courrier (appelé *fairbird)* on serait soumis à des lenteurs sans fin, et même avec cette précaution on subit des retards. Le courrier attend souvent son propre cheval plusieurs heures, et on le rattrape malgré ses vingt-quatre heures d'avance. Les mesures que je viens d'indiquer une fois prises, on voyage assez commodément sur les belles routes unies de la Suède.

La côte de la Suède n'a pas d'analogie avec celle du Danemark qui lui fait face ; quoique séparés par un bras de mer à peine plus large qu'un fleuve, les deux pays ont une physionomie très dissemblable. La côte danoise, élevée, boisée, agreste et fertile à la fois, regarde, du haut de ses collines, la côte suédoise, nue, basse et sablonneuse. Autour d'Helsingborg s'étendent quelques champs d'orge et de seigle fréquemment interrompus par des ampoules pierreuses couvertes de la végétation tourmentée des houx et des pins nains. D'Helsingborg à Falkemberg, la ville la plus rapprochée, la route suit patiemment les festons capricieux de la côte ; ce qui doit allonger le trajet d'une dizaine de lieues. Falkemberg, Warberg, Kongsbacka, qu'on rencontre avant Gothembourg, méritent à peine le nom de villes. Toutes sont construites à peu près sur le même plan et présentent des différences imperceptibles pour le voyageur. Figurez-vous trois ou quatre rues longues et régulières, se coupant à angle droit entre elles, bordées de maisons de bois peintes en rouge ou en gris ; au milieu de ces rues une place avec une église en bois aussi et d'une architecture plus que simple, primitive, et vous aurez idée d'une de ces villes, et même de toutes trois.

Le paysage s'égayait un peu pour nous lorsque nous rencontrions quelque prairie. On commençait la fenaison, et des bandes de jeunes femmes et de jeunes garçons étaient occupés à faucher l'herbe et à la faner. Les femmes me parurent, pour la plupart, grandes, fraîches, blondes ; le visage gâté par de vilaines dents, le corps enlaidi par de grands pieds ; leur costume ne dédommage pas : il n'a rien de pittoresque ; il se compose de robes de laine très longues, de tabliers bleus ou rouges et de mouchoirs de coton noués sur la tête en fanchon. Les hommes, blonds et peu barbus, portent des vestes de gros drap et des pantalons larges, de vrais habitants de l'Orne ou du Calvados, des physionomies assez normandes pour ravir un historien des invasions du Xe siècle et pour impatienter un peintre courant après des types nouveaux.

Quelques lieues avant Gothembourg, on sent l'approche d'une ville riche : la route se borde de maisons de campagne gaies, fleuries, proprettes, cottages suédois tout aussi bien tenus que les cottages anglais. Après les tristes bourgades qu'on vient de traverser, Gothembourg fait l'effet d'une véritable capitale.

Gothembourg, détruite et brûlée par les Danois en 1611, sortit de ses ruines sur un ordre de Gustave-Adolphe et fut reconstruite en entier. Cette façon de renaître de leurs cendres n'est pas favorable aux villes ; elle n'en fait pas des phénix, au contraire. Une ville est une agglomération d'œuvres et de souvenirs qui a essentiellement besoin de la collaboration du temps ; ses édifices doivent être le témoignage et le produit d'une sorte d'alluvion des siècles ; on aime à chercher dans des édifices les traces des époques antérieures, et, pour le penseur attentif, l'histoire se lit mieux aux angles des carrefours d'une vieille ville, sur ses places, sous les dômes de ses temples, à l'ombre de ses palais que dans les livres.

Gothembourg est le chef-lieu du gouvernement de Gothembourg et Bohus ; sa position, à l'embouchure de la Gotha, serait favorable à un grand mouvement commercial ; elle communique avec Stockholm par les beaux canaux qui coupent la Suède transversalement, et avec tous les autres pays par la mer ; elle se trouve admirablement placée pour devenir l'entrepôt central de toute la Suède occidentale, et sa prospérité s'accroît d'année en année. À part son insignifiance archéologique, c'est une belle ville vaste, aérée, bien bâtie et proprement compassée, comme un alexandrin du XVIIe siècle.

Au moment où nous quittâmes Gothembourg, mon attention fut arrêtée par deux détails, deux choses presque puériles, suffisantes pourtant pour donner un caractère étranger aux rues que nous traversions : c'était de voir les fenêtres des maisons ouvrant sur la rue au lieu de s'ouvrir à l'intérieur, et la singulière manière dont les femmes du peuple portent leurs fardeaux. En France, elles se servent de la hideuse hotte qui les courbe, les déforme et fait ressembler toute femme à quelque monstrueux limaçon portant sa coquille ; en Italie, en Espagne, en Afrique et dans tous les pays méridionaux, elles posent la charge sur la tête et marchent légères, droites et fières, dans l'attitude noble des belles filles des rois pasteurs. Dans le Nord et à Gothembourg particulièrement, elles ont une autre méthode : elles placent sur une de leurs épaules un long et fort bâton portant une corde à chaque bout ; à cette corde elles attachent tout ce qu'elles veulent transporter, même des objets fort pesants. Les Suédoises se servent de cet instrument très adroitement, et le changent d'épaule avec une agilité qui n'est pas sans grâce.

À quelques lieues au-dessus de Gothembourg, le pays se modifie ; les champs cultivés se font plus rares, les espaces de forêts plus fréquents. La nature devient plus aride et la population plus pauvre. On sent le voisinage de la Norvège, à chaque couchée on trouve le gîte moins bon.

J'ai oublié de vous dire que, de même qu'il n'y a pas de postes, il n'y a pas d'auberges. On loge chez les paysans. Chaque famille aisée a une chambre d'honneur destinée aux voyageurs ; on rencontre ainsi des logis moins désagréables qu'on ne le croirait d'abord. On vous donne une chambre boisée, meublée d'un lit de bois peint en bleu ciel. Le fond du lit est en planches ; on a pour matelas de l'édredon, pour oreiller de l'édredon, toujours de l'édredon, ce qui ne le rend pas meilleur. Outre le lit, on jouit d'une table et de quelques sièges de bois. Le plancher, bien lavé, est recouvert d'une légère couche de sable jaune, et quelquefois des feuilles de plantes aromatiques, telles que l'angélique ou la menthe, ajoutent l'élégance de leur parfum à du linge beau et blanc. Presque partout en Suède on rencontre ce vrai luxe ignoré de plus d'un somptueux hôtel : une extrême propreté.

La Norvège est séparée de la Suède, entre Gothembourg et Christiania, par une rivière, le Swiftson ; on la passe dans un bac, et, très peu après, on rencontre les premières croupes des Dofrines. À chaque instant, le point de vue change ; les collines deviennent montagnes, les ruisseaux paisibles se changent en torrents furieux, et la route s'élance au milieu des escarpements les plus invraisemblables. En Norvège, on ignore l'art de tourner une montagne ; le chemin monte d'un côté et descend de l'autre ; c'est aussi simple que dangereux. Les paysans nous regardaient avec assez d'étonnement nous aventurant dans une calèche à ressorts sur des pentes aussi peu complaisantes. Nous lisions sur leurs physionomies la traduction de leurs exclamations de mauvais augure. Malgré les fâcheuses prédictions, nous avons gagné Christiania sans encombre, quoique ayant été sans cesse un train de prince.

On arrive à Christiania par une épouvantable côte roide comme un escalier et à peu près aussi unie ; du sommet de cette côte, on aperçoit la ville au fond d'un immense entonnoir. Vue à vol d'oiseau, elle présente du côté de la mer une vaste échancrure où se pressent un grand nombre de vaisseaux de toute dimension ; du côté de la terre, elle s'appuie et s'échelonne sur des collines élevées, couvertes en été d'une végétation sombre et vivace. Sa situation a une certaine analogie avec celle de Marseille, plus la verdure et moins le soleil.

J'étais harassée de fatigue, et de plus souffrante d'un coup de soleil sur le visage ; ce traître de soleil du Nord, qui ne chauffe pas, hâle horriblement et rend souvent malade. Du reste on doit s'attendre à tout lorsque l'on voyage comme nous le faisions. La nécessité d'être au cap Nord à jour fixe précipitait notre course de plus en plus et transformait en corvée et en torture une des plus charmantes distractions possibles, un voyage l'été, dans des pays peu connus.

Christiania, autrefois Opslo, comme vous savez, est une ville trop moderne pour avoir une physionomie caractérisée ; on peut lui adresser sous ce rapport le même reproche qu'à Gothembourg, et mon observation sur les villes de fraîche date subsiste quant à elle. L'été, le port a beaucoup de mouvement et d'animation ; il sert de lieu de rendez-vous à tous les petits navires marchands des autres villes de la côte et reçoit en outre beaucoup de bâtiments étrangers. Les quais sont encombrés de planches de sapin prêtes à être embarquées, ces planches sont disposées par piles régulières entrecroisées, et en quantité si innombrable qu'il y en aurait certainement assez pour faire une boîte capable de contenir la ville tout entière et ses vingt-quatre mille habitants. Innombrable est bien le mot, à propos des bois de sapin de Christiania. Les propriétaires de ces magnifiques forêts, qui fournissent des mâts à la marine du monde entier, ignorent eux-mêmes le nombre de leurs arbres ; ils les font abattre, détailler, marquer de leur nom, puis conduire au cours d'eau le plus voisin, où on les précipite. Alors, sous la garde de quelques mariniers, ils descendent à Christiania. Les trains arrivés au port, un inspecteur trie les arbres, reconnaît les marques, en envoie le compte au correspondant du propriétaire, et celui-ci les débite et les négocie comme il l'entend. Quoique ces bois franchissent ainsi d'énormes distances, il ne se commet pas d'infidélités. Mariniers, inspecteurs, agents, tout le monde fait preuve de la plus extrême probité, et aucune comptabilité n'est chargée du contrôle des uns sur les autres.

S'il n'y a pas de mauvaise foi dans le commerce d'un pays, on peut conclure que les voleurs y sont rares, et ceci est particulièrement juste pour la Norvège ; pourtant, à mon arrivée à Christiania, le lion du jour, l'homme qui occupait toutes les conversations, était un voleur de grands chemins, mais un voleur épique, digne des honneurs du récit, voire de *l'illustration* sur papier bleu et de la complainte en vers blancs. L'homme en question, connu en Norvège comme Cartouche à Paris, ou Fra Diavolo en Calabre, se nommait Ouli-Eiland. À ce moment, il était âgé de vingt-neuf ans, avait cinq pieds six pouces et une santé imperturbable. Du reste la chronique le disait libéral comme un Turc, discret comme un Espagnol, adroit comme un sauvage, menant ouvertement sa vie de méfaits aventureux, sans craindre ni Dieu, ni diable, ni gendarmes, rançonnant les châteaux, secourant les chaumières, n'ayant jamais oublié ni une injure ni un service, et déployant dans sa croisade incessante contre la société plus d'énergie et d'inventions qu'il n'en faudrait pour illustrer dix généraux ou enrichir dix romanciers ; un de ces hommes enfin auxquels il a manqué un théâtre pour changer leurs crimes en actions glorieuses, et qui se font brigands, ne pouvant être héros.

Ouli-Eiland avait été emprisonné six fois et était toujours parvenu à s'évader. La dernière fois, la septième, pour réussir à s'emparer de lui, on avait dû cerner près d'une lieue de forêt, on avait fait le blocus de son gîte, et alors, au bout de plusieurs jours d'affreuses souffrances, cette force qui vient à bout des plus terribles et qui soumet tout, même les loups, comme dit le proverbe, la faim, le fit sortir de son bois. On le saisit, on le garrotta, on le conduisit à Christiania. Là, on le jugea, et, comme il n'y eut pas d'assassinat prouvé, il fut condamné à la prison perpétuelle dans la citadelle de Christiania.

Le gouverneur de la forteresse se le fit amener ; il demeura surpris de voir ce grand jeune homme blond, mince, paisible, portant déjà une si lourde célébrité ; cependant, en homme d'observation, il démêla un reste de noblesse sur ce front uni, un reste de loyauté dans ces yeux clairs et hardis.

« Tu t'es évadé jusqu'à présent de toutes les prisons où on t'a mis, dit le gouverneur ; conséquemment je dois prendre les mesures les plus sévères, quant à ce qui te concerne. »

Ouli-Eiland sourit silencieusement.

« Crois-tu que tu pourrais t'évader d'ici ?

– Oui, monseigneur.

– En as-tu le projet ?

– Oui, monseigneur.

– Mais si j'use de tout mon pouvoir, si je te fais enchaîner jour et nuit ? »

Ouli-Eiland recommença son sourire tranquille qui contenait un défi.

« J'ai d'autres projets, reprit le gouverneur ; je te laisse entièrement libre dans l'enceinte de la citadelle ; seulement donne-moi ta parole de ne pas t'enfuir. »

Ouli-Eiland s'attendait aux dernières sévérités, cette conclusion lui parut inespérée ; il donna sa parole.

Le gouverneur défendit qu'on le surveillât.

Tout alla bien pendant trois mois. Au bout de ce temps, Ouli-Eiland demanda à parler au gouverneur.

« Monseigneur, dit le prisonnier, rendez-moi ma parole, ou je mourrai ; je préfère la captivité la plus dure, la surveillance la plus étroite avec un espoir, à ce lien de ma parole dont je suis esclave et qui me prive de toute chance d'évasion ; faites de moi ce que vous voudrez, mais je reprends mon engagement. »

Le gouverneur vit un parti pris ; il n'insista pas ; seulement il se mit en mesure de garder son prisonnier mieux que ses prédécesseurs. Il fit construire une espèce de cage avec les troncs de petits sapins, peu espacés ; à la porte de la cage, extérieurement, était fixée une grosse sonnette correspondant par des ressorts à chacun des barreaux ; on plaça la cage dans une petite maison de pierre solidement bâtie, autour de laquelle se promenaient sans cesse deux sentinelles ; puis on mit un gardien dans la maison et le prisonnier dans la Cage.

Au bout de six semaines Ouli-Eiland était libre. C'était de cela qu'on s'entretenait à Christiania lorsque j'y passai.

Les collections scientifiques de la capitale de la Norvège sont peu de chose. Lorsque Christian IV rebâtit Opslo et en fit Christiania, la Norvège était danoise et tout allait affluer à Copenhague. La collection de médailles seule est assez complète ; elle possède plusieurs pièces d'or du règne du calife Aroun-al-Raschid. Peut-être quelqu'une de ces pièces d'or, pour venir de Bagdad au fond de la Scandinavie, aura-t-elle effleuré en route la main puissante de Charlemagne !...

Tout arrive aujourd'hui au fond de ce royaume écarté, tout, modes, journaux, et jusqu'à la charmante musique de nos opéras comiques. On représente à Christiania *la Dame Blanche et le Pré aux Clers,* tout aussi passablement que dans beaucoup de préfectures françaises ; et notre admirable Auber n'aurait pas trop souffert à entendre chanter *le Domino noir* par ces gosiers scandinaves, qui compensent l'absence d'études suffisantes par la limpidité de leurs notes et la sûreté de leurs intonations ; du reste, ni goût, ni expression : beaux instruments livrés à eux-mêmes, sans ce qui complète le musicien, la bonne méthode.

Les acteurs se montrent vêtus avec une mesquinerie bien compréhensible, lorsqu'on sait qu'un premier sujet gagne rarement à Christiania plus de dix-huit cents francs par an ! Quant à la mise en scène, néant. Ce spectacle, peu attrayant pour les yeux, ne laisse pas d'être organisé de façon despotique. On n'a pas la possibilité de se délasser de la scène en explorant la salle ; car celle-ci est si complètement obscure, que d'abord j'ai cru à un domino noir en lanterne magique. Le petit lustre à l'huile, qui tremblote au milieu pendant les entractes, disparaît tout à fait lorsque la toile se lève, afin de contraindre l'attention du spectateur à se concentrer sur la scène ; l'arbitraire ainsi introduit dans le plaisir, il en résulte qu'on regarde le spectacle par ordre, à moins qu'on ne s'endorme par nécessité.

Je comptais sur cette soirée pour me faire une idée de la fashion norvégienne ; je n'ai pu me former d'opinion ; au premier coup d'œil, les femmes de Christiania m'ont paru assez jolies, – mieux, assez gracieuses, – malgré deux défauts de beauté qui importent aux connaisseurs : les dents gâtées et les oreilles très grandes ; mais on voit de beaux teints, de beaux cheveux et des tailles élégantes pour des tailles du Nord. Voilà le résumé rapide de ce que j'ai pu voir à Christiania en deux jours ; prenez-le pour ce que cela est, une esquisse, rien de plus. Adieu.

LETTRE III.

DRONTHEIM.

Quel saut, mon cher frère, de la salle de spectacle de Christiania à une étroite cabine à bord du bateau à vapeur *le prince Gustave,* de la douce musique d'Auber au bruit sourd des vagues, d'un bon fauteuil de velours à un cadre rudement secoué, de l'atmosphère tempérée du ciel de Christiania à la bise aiguë du golfe de Drontheim ! Plus j'avance et mieux je sens s'éloigner de moi le soleil et la civilisation, cet autre soleil.

En quittant Christiania pour s'enfoncer vers le nord, on traverse un des plus beaux pays du monde ; Sandwolden, où l'on couche, devrait être cité comme Interlacken ou Chamonix ; le village est blotti dans la verdure, au fond d'un vallon qui s'ouvre sur de grands lacs parsemés d'îles ; l'horizon est borné par d'assez hautes montagnes couvertes de sapins, dont la silhouette sombre se découpe nettement sur l'azur pâle du ciel. Cela forme un tableau d'une sérénité de lignes, d'un calme majestueux, indescriptible ; c'est un paysage de Suisse avec plus de verdure, un paysage d'Écosse avec plus de grandeur. Je suis partie de Sandwolden à l'aube ; lorsque je suis montée en voiture, le soleil se levait radieux et splendide derrière les montagnes, et changeait peu à peu le vert profond des lacs en miroirs étincelants : je suis restée en extase, adorant Dieu qui a fait la nature si belle ! À travers un si beau pays, la route est, comme vous pensez, charmante, remplie d'incidents, de détours, de surprises ; on a rompu avec la monotonie suédoise, on traverse les cantons pittoresques de la Norvège, on approche des cantons sauvages.

Les chemins sont bordés de forêts vertes et épaisses, au milieu desquelles on entend l'amusant fracas de quantité de petits ruisseaux qui, par leur furie et leur bouillonnement, prennent des airs de torrents.

À Hund, où l'on couche le second jour, on commence à sentir les dernières ondulations des Dofrines (ou monts Kolen) ; on s'aperçoit du voisinage du Dovre-Field, la branche la plus élevée des Dofrines ; on franchit une chaîne de petites montagnes formées de mamelons superposés. Lorsque je passai, les neiges des grands pics, fondues au premier soleil, remplissaient les hauts vallons, qui débordaient comme des coupes trop pleines et, formaient des cascades coulant par larges nappes sans faire de ces bonds furieux, habituels aux cascades de la Suisse.

En Suède, il y a peu de villes ; en Norvège, il n'y en a pas du tout ; entre Christiania et Drontheim, on en trouve une seule, Lille-Hammer ; encore est-elle de construction si récente que la plupart des cartes ne l'indiquent pas. C'est, du reste, une affreuse petite ville, régulière, tirée au cordeau, froide et ennuyeuse, n'ayant plus de verdure et pas encore d'édifices ; c'est simplement un parallélogramme de quelques centaines de mètres, strictement rempli de ces tristes alvéoles carrées comme des boîtes, où s'enferme une multitude de gens qui ne sont plus des paysans et ne sont pas encore des citoyens ; période où les habitants ont les vices des deux états : la grossièreté des champs et la vanité des villes.

À mon grand regret, faute de chevaux, j'ai passé deux heures dans ce lieu monotone ; je n'ai pu m'y occuper à rien, pas même à dîner. Tout le commerce de comestibles de l'endroit n'a pu me procurer un morceau de viande. J'ai eu beaucoup de peine à faire comprendre à mon estomac que les habitants, ayant supprimé les prairies du voisinage pour en faire d'ambitieux chantiers, avaient du même coup supprimé les moutons. En se cotisant autour de moi, on est parvenu à me servir du saumon cru, du saumon fumé, du saumon à demi, salé, du pain et du beurre ; j'ai dîné avec ce second service, mes trop fréquentes rencontres précédentes avec le saumon sous toutes espèces de formes m'ayant depuis plusieurs jours dégoûtée de ce poisson.

La question gastronomique est d'une assez affligeante simplicité en Norvège ; on y mange aussi peu et aussi mal que possible ; passé Christiania, on ne trouve nulle part ni pain ni vin, ces deux bases de tout repas français. Ce qu'on nomme pain, dans ces provinces, n'a aucune analogie avec ce que nous appelons du même nom. Le pain norvégien a la forme et la dimension d'une assiette de porcelaine, il en a presque la consistance ; il est fait de farine d'orge et de seigle et d'une bonne dose de paille. Ces espèces de galettes dures se cuisent à de très longs intervalles ; on les perce d'un trou au milieu et on les enfile par douzaines dans de longs bâtons suspendus au plafond ; dans les maisons soignées, on les recouvre d'un linge, mais la plupart du temps cette précaution négligée donne beau jeu à la fumée et à la poussière.

Outre ce pain peu appétissant, et auquel je ne me résignai à toucher qu'après un long jeûne, on trouve pourtant (excepté à Lille-Hammer) des œufs et du lait ; on a souvent aussi du fromage sans sel et du beurre très salé ; ceci, avec l'immuable saumon, forme le fond du répertoire, assez restreint, comme vous voyez.

Cette pénurie paraît explicable sur un territoire si peu cultivé et si peu peuplé ; les habitations se font peu à peu si rares, qu'il arrive de voyager tout le jour sans voir une seule maison entre les relais, très éloignés les uns des autres. Ces relais ne sont pas des villages, mais une de ces fermes assez considérables appelées dans le pays *gaards*. Le *gaard* norvégien se compose d'une vaste habitation entourée de petits corps de logis servant de granges, d'étables, etc. La maison, faite de troncs de sapins à peine équarris, dont les interstices sont bouchés avec de la mousse, sert d'habitation au maître et à sa famille ; les domestiques et les bestiaux logent dans les petits bâtiments d'exploitation. Ces *gaards* forment autant de petites colonies tout à fait isolées qui se suffisent à elles-mêmes. Les grandes distances et la rigueur des hivers obligent ces familles de paysans à prévoir tous les besoins de la vie ; aussi sont-ils fort industrieux.

Les femmes filent le lin et le chanvre, tissent la toile et fabriquent une sorte de drap grossier et solide, appelé *wadmel,* dont les hommes se vêtent. Les hommes sont tour à tour laboureurs, forgerons, maçons, charpentiers, et au besoin cordonniers et tailleurs. Outre de bons vêtements et des meubles suffisants, les jeunes filles ont quelques dentelles, quelques bijoux, des fichus de soie rapportés de la ville par le père ; et puis dans chaque maison on aperçoit, respectueusement posé sur un bout de tapis, le gros volume, bibliothèque du pauvre, le livre qui remplace et dépasse tous les autres, le livre des livres — la Bible — et chaque petit enfant sollicité par sa mère saura vous en lire un verset. Douce et paisible existence ! froide, pure et égale comme l'azur du ciel du Nord ; région sereine et humble, sans rayons, sans, orages, que les cœurs fatigués regardent avec envie : *Invideo quia quiescunt,* dit Luther.

Cette heureuse population a sa beauté particulière, et il semble qu'on puisse lire la vie de tout homme dans sa physionomie placide. Le type norvégien est surtout sain et robuste ; les visages sont carrés et frais, les nez retroussés et charnus, les yeux d'un bleu pâle, les cheveux fins, blonds et frisés. Les enfants ont sur la tête de la soie plate presque blanche qui rappelle ces petits Jésus de cire accompagnés d'un agneau de carde de coton, qu'on voit sous verre dans les chambres d'auberges, en France. Les femmes, relativement plus grandes que les hommes, ont un éclat de teint magnifique et paraissent pour cela souvent jolies sans l'être. Elles ont beaucoup d'enfants, et, malgré le calme de leurs habitudes, semblent vieilles de bonne heure.

Voici la silhouette des personnages qui m'ont apparu ; quant au croquis du paysage, il serait très compliqué à faire autrement qu'avec un crayon.

À quelques lieues au-delà de Lille-Hammer, on entre dans la pittoresque province du Guldbransdal ; la route, taillée à pic au-dessus d'un précipice, se met à courir sur le versant d'une montagne, au pied de laquelle écume et bouillonne une rivière-torrent appelée le Lougen. De l'autre côté du Lougen se dresse une autre montagne plus haute, plus âpre, plus sombre encore que celle que l'on gravit ; d'innombrables cascades jaillissent de ses escarpements et vont rejoindre le torrent. Tout cela est très sauvage et très beau. Un album seul raconterait bien cette pittoresque et agreste Norvège ; j'en suis trop convaincue pour vous faire beaucoup de descriptions, et je passe tout de suite à un incident digne de la narration.

Un dimanche matin, vers dix heures, comme nous allions gagner une poste nommée Laur-gaard, je sommeillais à demi au fond de la voiture, dont j'avais fait relever la capote à cause d'une petite pluie fine et glaciale qui commençait à tomber. Nous étions tous dans cet état d'engourdissement où plonge la fatigue compliquée de froid et d'ennui, lorsque tout à coup la côte roide que les chevaux gravissaient péniblement se changea en une pente presque à pic. Il s'agissait de descendre l'équivalent de ce que nous venions d'escalader ; le guide reçut l'ordre de se mettre à la tête des chevaux afin de les maintenir ; mais, ne se méfiant pas des oscillations causées par les ressorts d'une voiture beaucoup trop parisienne pour de semblables chemins, il ne retint pas assez ses chevaux, et la voiture, entraînée par son propre poids, roula très vite, sortit de la voie et fut précipitée dans le gouffre au fond duquel mugissait le Lougen. Nous fîmes deux tours sur nous-mêmes, tout craqua horriblement, et je me rendis compte, avec la vivacité que la pensée acquiert dans les moments suprêmes, que nous allions être infailliblement broyés, puis noyés... Dieu, dans sa bonté, nous sauva de ce péril de mort ! Quelques maigres sapins croissaient au milieu des quartiers de rocs, sur le flanc déchiré du précipice ; ils s'engagèrent dans l'orbe d'une de nos roues et arrêtèrent ainsi les bonds de la calèche, qui resta suspendue au-dessus de l'abîme.

J'étais meurtrie de la tête aux pieds, mais, par une sorte de miracle, je n'étais pas blessée ; personne n'était blessé. Un des chevaux seulement se trouvait engagé dans une crevasse d'où il semblait impossible de le retirer. Lorsque la voiture s'arrêta, je me trouvai ensevelie sous une avalanche de coussins, de livres, de cartes, de bouteilles, de provisions de toute espèce. Les caissons et les poches s'étaient vidés et avaient versé sur nous le plus inextricable tohu-bohu. Tout étonnée d'être encore vivante, je sortis de la voiture avec les plus grandes précautions, afin d'éviter un ébranlement capable de lui faire recommencer son horrible course ; puis m'accrochant aux branches d'arbres, aux pierres, aux ronces du précipice, je parvins à en sortir avec des peines infinies. Je m'assis, épuisée, sur le bord de la route, et, plongeant mes regards dans le gouffre, j'y aperçus la calèche ; vue ainsi, elle faisait l'effet d'une cage d'oiseau accrochée à un vieux mur.

Tandis que le cocher et le guide délibéraient sur le parti à prendre pour obtenir des secours, je vis venir à nous un jeune officier norvégien assis sur une de ces voitures du pays, composées d'une sorte de fauteuil posé sur un large train ; le jeune homme, bien enveloppé dans son manteau ciré, fumant une longue pipe à bout d'ambre, s'en allait rapidement et commodément à Drontheim. Mon domestique s'approcha de lui et raconta en quelques mots notre accident. L'officier s'arrêta un moment, l'écouta patiemment et froidement, puis fouetta son cheval et continua sa route, après m'avoir examinée avec plus de curiosité que d'intérêt. Je devais être horrible ; mon visage était enflé par les contusions, pâli par la frayeur, et mes vêtements froissés, mouillés, souillés de boue, complétaient un ensemble peu gracieux.

On me le prouva bien !...

Il fallait donc nous tirer d'affaire tout seuls. Le cocher nous y aida : il enfourcha le cheval le moins éclopé, et s'en fut à Laurgaard chercher du monde. Heureusement c'était un dimanche, jour où tous les hommes d'un *gaard* se réunissent pour jouer et fumer. Après deux heures, qui me parurent mortellement longues, notre émissaire revint avec quinze hommes munis de cordes. On déchargea la calèche ; on remit comme on put dans les malles défoncées tout ce qui s'en était échappé, et, après avoir passé deux câbles sous la caisse, on la hissa jusque sur le chemin ; ensuite on y attela un cheval et on la mena au pas. Quant à nous, il nous fallut faire à pied les trois lieues qui nous séparaient encore de Laurgaard.

J'y arrivai dans un état de malaise indicible ; depuis que tout danger était passé, je sentais mieux les douleurs de mes meurtrissures, et j'eusse à ce moment payé bien cher le bonheur de quelques jours de repos ; mais il ne nous était pas permis de nous arrêter au-delà du temps nécessaire au raccommodage de nos roues et au remplacement de notre timon, brisé dans la chute ; cela se fit rapidement, car, le soir même de ce jour néfaste, je remontais en voiture avec l'intention de courir toute la nuit pour réparer ce temps d'arrêt. Cette détermination, prise en une autre saison, eût pu nous exposer à de nouveaux et sérieux dangers ; mais heureusement la nuit dure peu en Norvège au mois de juin, et à dix heures du soir, lorsque nous repartîmes, la lumière était encore très suffisante pour distinguer tous les objets.

La poste d'après Laurgaard se nomme Hougen ; j'aspirais à y arriver afin d'obtenir un verre de lait pour calmer mon ardente soif ; je fus désappointée. Hougen n'était pas même un *gaard*. Lorsque la voiture s'arrêta, je ne vis aucune habitation loin ou près de nous ; les chevaux nous attendaient près d'un poteau au milieu de la route, gardés par un enfant de treize à quatorze ans, maigre, pâle, chétif, à la physionomie souffrante et sauvage ; je crus voir le gnome malfaisant de cette solitude. L'enfant regarda la calèche avec méfiance ; il n'avait jamais vu de véhicule de cette forme, et il manifesta la plus grande répugnance à s'asseoir auprès du cocher sur ce siège raccommodé avec des cordes, dont la tournure n'était pas fort rassurante ; néanmoins il se décida, et, à peine installé, il se mit à exciter ses chevaux d'une voix aigre et énergique, qui les fit partir comme des flèches.

Notre bizarre petit postillon nous déposa au milieu d'une sorte de village composé de sept ou huit maisons soutenues en l'air comme par enchantement ; elles étaient élevées, aux quatre angles, sur des piliers de pierre, et le ciel, qu'on apercevait par échappées sous la base de ces habitations, produisait le plus singulier effet. Cet exhaussement fort bien entendu a pour objet de garantir les maisons contre l'amoncellement des neiges pendant l'hiver. Ce village, nommé Tofte, le seul que nous eussions rencontré depuis trois jours, est le but, pieux des pérégrinations des habitants des *gaards* environnants, parce qu'il possède une église bâtie en bois, peinte en gris et surmontée de l'invariable clocher carré ayant forme de guérite. Autour de l'église, de grandes lames de pierre posées à terre indiquent les tombes d'un cimetière. Rien de plus morne que ce grand bâtiment disgracieux, ce sol aride, ces pierres grises ce ciel de la même nuance, tout ce tableau de la même teinte froide et uniforme ; l'âme en emporte une impression profondément triste.

Ce hameau sert de confins aux chemins praticables ; on y prend deux chevaux de renfort pour tenter les pentes escarpées du Dovre, puis on s'enfonce dans ses gorges redoutables. Alors la végétation cesse ; le printemps, qu'on a vu s'épanouir vingt lieues plus bas, disparaît et fait place à l'hiver ; pas une feuille aux arbres, pas un coin de terre égayé par l'herbe verte, et nous sommes en juin ; des buissons noirs et hérissés bordent la route, et quelques arbres rabougris se pelotonnent sous leur enveloppe de neige. De temps en temps des troncs d'arbres tortueux, tombés en travers de la route, nous barraient le passage ainsi que d'énormes serpents, et de grosses pierres verdâtres, à moitié cachées dans des mares d'eau bourbeuse, me paraissaient être de monstrueux crapauds. Un moment je crus apercevoir au milieu de la route un spectre à demi sorti de son linceul, allongeant de notre côté ses grands bras décharnés ; c'était un bouleau dont le tronc était encore enseveli sous la neige et dont les branches noircies s'étendaient vers nous.

Ces gorges ont des aspects d'un lugubre très varié ; quelquefois nous passions des défilés étroits, entre des pans de neige de plus de cinquante pieds de haut ; puis, la route s'élargissant, nous voyions bondir de toutes parts des cascades si nombreuses et si effroyablement bruyantes que, quelle que fût la manière dont on criât, il était impossible de s'entendre les uns les autres. Le pâle crépuscule du Nord glissait ses lueurs ternes et incertaines sur ces sombres tableaux et y ajoutait je ne sais quelle mystérieuse horreur. Pendant quelques lieues, je pus me borner à observer tout à mon aise et me laisser aller à une rêverie tenant un peu du cauchemar ; mais il vint un moment où je dus prendre plus activement ma part des tribulations de notre petite caravane. En approchant des cimes du Dovre-Field, la couche de neige de la route s'était peu à peu épaissie, et, lorsque la voiture en eut jusqu'au-dessus des roues de devant, il devint impossible de lui faire faire un pas de plus sans l'alléger ; sur les observations du guide, tout le monde descendit, et je dus ainsi continuer la route à pied. La chose n'était pas facile : la neige, amollie par quelques douces journées, n'avait plus aucune consistance ; on y enfonçait jusqu'aux genoux, et souvent l'endroit où on posait le pied se détachait d'un seul bloc, et on allait rouler dans quelque crevasse, heureusement peu profonde. Pendant deux lieues, il nous fallut lutter à chaque pas contre ces petites avalanches, et nous arrivâmes à Fogstuen, *gaard* situé sur un des plateaux les plus élevés du Dovre, dans un état d'épuisement complet. Je dus faire comme tout le monde, me réconforter avec un verre d'eau-de-vie de grain qui me fit l'effet du meilleur nectar du monde.

Assez près de Fogstuen, plusieurs cascades se rencontrent et forment un beau et large torrent dont on nous avait vanté les sinuosités pittoresques ; nous le cherchâmes sans le trouver ; bien plus, notre guide fut longtemps à découvrir le pont de bois sur lequel nous le devions traverser : poteaux indicateurs, torrent, pont, tout était enseveli sous la même couche de neige. Cependant il fallait avancer ; après un minutieux sondage, le pont fut reconnu et la voiture passa. Arrivés sur l'autre bord, nous vîmes à dix pas de nous le grand poteau désignant la tête du pont : le guide s'était trompé, nous venions de passer sur un pont de neige !

Je me sentis pâlir, en comprenant l'imminence du danger auquel nous venions d'échapper ; l'idée d'être engloutie sous cette montagne de neige et de périr étouffée dans cette eau glacée, sous cette sombre voûte, m'inspirait un indicible effroi. Nous suivîmes ce perfide torrent pendant encore environ cent toises, le devinant sans l'apercevoir ; enfin, par une large crevasse, je pus sonder la profondeur de l'abîme où nous devions être engloutis ; j'allai le regarder de près : l'eau coulait sous une voûte de neige de plus de quarante pieds d'épaisseur !

Fogstuen se réduit à deux chétives cabanes, placées là seulement afin de loger pendant l'été des chevaux à la disposition des voyageurs ; l'hiver, les paysans descendent dans les vallées, ces latitudes du Dovre étant alors complètement inhabitables. À quelques pas de ce maigre petit gaard, la montagne est magnifiquement fendue du haut en bas, comme par le tranchant d'une épée surhumaine, et du point le plus élevé de sa crête s'élance une prodigieuse cascade qui, malgré son immense nappe d'eau, est transformée en vapeur avant d'arriver au fond du précipice. On ne saurait imaginer un point de vue d'une sauvagerie plus superbe : la pensée et le regard restent interdits devant de tels spectacles ; ils payent de toutes les fatigues, dédommagent de tous les dangers, et créent dans la mémoire des souvenirs précieux et ineffaçables.

À Fogstuen, on en a fini avec les escarpements ; jusqu'à Jerkind, on n'a à traverser qu'un plateau large d'une dizaine de lieues. À peine a-t-on quitté le gaard, on ne voit plus devant soi qu'une immense plaine. Nous fîmes ce trajet avec une rapidité magique : les chevaux de Fogstuen, excités par un long repos, s'emportèrent et prirent une allure effrénée. À notre gauche s'étendait un lac immense encore glacé ; à notre droite, la plaine de neige déroulait à perte de vue ses ondulations imperceptibles et son implacable blancheur ; des poteaux, destinés à fixer les limites du chemin, rompaient seuls, de loin en loin, la rigidité de la ligne de l'horizon. Ces poteaux, peints en rouge et surmontés d'une barre transversale, avaient l'apparence sinistre de potences. Nous courions avec une légèreté de fantômes à travers cet étrange pays, changeant de place sans changer d'horizon, ce qui donnait à notre course une apparence surnaturelle. Je ne pouvais me lasser de regarder autour de moi, et je voyais toujours la neige, toujours les eaux immobiles du lac, toujours les poteaux couleur de sang. Peu à peu cette espèce d'enfer glacé s'anima : je vis du feu sortir de dessous les pieds des chevaux ; les poteaux remuèrent lentement leurs grands bras et s'approchèrent de la voiture ; de grandes chouettes blanches volèrent près de mon visage, me regardant avec leurs horribles yeux fixes et presque humains, en poussant des cris d'enfant qu'on égorge ; une terreur invincible s'empara de moi ; je restai immobile, silencieuse, les yeux grands ouverts, la poitrine oppressée, ne sachant si je rêvais, si je vivais, ou si j'étais transportée hors du monde réel.

À six heures du matin, j'arrivai à Jerkind ; on me porta dans un lit ; j'avais une fièvre ardente et un délire complet.

Jerkind est un gaard considérable et riche ; il sert de point de ralliement aux rares voyageurs qui entreprennent l'ascension du Snähatten (chapeau de neige), un des pics les plus élevés du Dovre-Field. Les habitants de Jerkind, à force d'industrie intelligente, sont parvenus à établir dans ce lieu privé de toute espèce de ressources un campement presque confortable ; leur petite colonie, séparée du reste du monde, a une physionomie laborieuse, active et heureuse, qui réjouit le voyageur attristé par les sombres aspects du pays environnant.

Un hasard malencontreux avait amené à Jerkind, quelques heures avant nous, un pasteur protestant qui allait prendre possession d'une petite paroisse près de Drontheim ; ce pasteur était accompagné de sa famille, savoir : sa femme et onze enfants, dont les âges rapprochés rendaient difficile à comprendre leur commune origine, et dont les chevelures avaient comme pris à tâche de représenter toutes les nuances possibles du blond, en commençant par la filasse la plus argentée pour arriver à l'acajou le plus foncé. Cette nichée de têtes dorées avait envahi tous les oreillers de la maison, et la bonne hôtesse de Jerkind eut grand-peine à m'organiser un lit dans un cellier obscur. On put à peine m'y laisser quelques heures ; dès que le repos eut calmé ma fièvre de fatigue, il fallut repartir. Je me levai encore très endolorie, et, tandis qu'on attelait, je visitai le gaard ; j'arrivai ainsi dans une grande pièce, garde-robe commune à tous les habitants. Dans cette espèce de friperie, où les bas s'alignaient près des chapeaux, où les culottes se mêlaient aux robes, le tout étendu sur des cordes se croisant en tous sens, je fis choix de deux costumes de fête complets de paysans norvégiens. L'hôtesse consentit à me les vendre. L'habillement de l'homme est d'un Louis XV pur : grand habit à boutons brillants, culotte de peau piquée, gilet long à fleurs brodées, bas chinés, souliers à boucles et large chapeau de feutre. Le costume de la femme ne ressemble pas du tout au Pompadour, pendant naturel de ce gentilhomme de 1755. C'est une longue et étroite jupe de drap vert, avec des fleurs brodées en laine de couleurs vives ; un bonnet toquet en soie noire brochée de vert, garni d'une dentelle d'argent, et pour complément une pièce d'estomac en drap rouge sur laquelle on a attaché sans ordre du clinquant d'or et d'argent, des perles de verre et quantité de bouffettes de petits rubans bariolés, le tout entouré, comme le toquet, d'une assez haute dentelle de fil d'argent. Cet accessoire de la toilette, quoique fort baroque, produit un très joli effet sur ce costume de nuances sombres.

Le costume de tous les jours est plus simple : les hommes s'enveloppent dans de longues redingotes et se coiffent de bonnets de laine rouge taillés et posés comme le bonnet phrygien, de sanglante mémoire chez nous ; les femmes portent la robe de laine foncée très longue, le grand tablier de coton bleu ou rouge, et le béguin noir, qui sied parfaitement à leur chevelure d'or pâle.

Je fis emballer soigneusement mes deux déguisements, et j'y joignis trois peaux de loup blanc, produits de la chasse du fils de la maison, qui me les céda pour trente-cinq francs. Quelque connu que soit *le loup blanc* en France, il s'y vendrait plus cher.

Encore un peu étourdie par la fièvre, je fis, je ne sais trop comment, la route jusqu'à Kongswold ; il me sembla seulement que nous tournions indéfiniment dans une plaine rousse et aride. À Kongswold, point de chevaux ; par extraordinaire, une maison sale ; puis des enfants criaillant autour de nous et mon cocher vociférant contre le paysan, qui refusait de se déranger pour aller chercher ses bêtes, sous prétexte qu'elles étaient trop loin : c'était plus qu'il n'en fallait pour me faire fuir. Je laissai mes gens s'enrouer à l'envi, et je fis quelques pas aux alentours du gaard. Malgré mon malaise et mon humeur, je restai frappée de la beauté neuve, farouche, abrupte du vallon de Kongswold. La maison est posée au pied d'une demi-lune de montagnes hérissées de rochers bizarres, au milieu desquels descendent, se heurtent et s'entrecroisent une innombrable quantité de cascades ; une d'elles, large comme une rivière et violente comme un torrent, jaillit du sommet, arrache à chacun de ses bonds quelque fragment du rocher, puis se précipite avec une incroyable furie dans un pli du vallon, où elle disparaît sans qu'on puisse s'expliquer comment. Je commençai par admirer ; puis savez-vous l'effet que cela me produisit ? je m'endormis. Étendue sur la pierre humide, couverte par la froide vapeur de l'eau, bercée par ce tonnerre, je goûtai là quatre heures du repos le plus profond, et j'y dormirais je crois encore, si, les chevaux étant arrivés, on ne m'avait enfin découverte dans la retraite que j'osais partager avec une énorme grenouille aux yeux calmes, naïade de la cascade, tout étonnée de recevoir une mortelle.

Près de Kongswold, la route s'attache au flanc âpre de la montagne, où elle forme à peine saillie, elle étreint le géant de granit dans une longue et mince spirale ; souple comme un lacet, elle fait mille détours, passe par-dessus les rochers, évite les cascades, tourne les précipices, et, vue de loin, doit sembler pareille à une corniche légère et capricieuse courant autour d'un colosse informe. Par moments on se trouve dans une gorge si resserrée, qu'un arbre jeté en guise de pont pourrait aider à traverser le précipice et faire gagner l'autre versant. C'est quelque chose d'effrayant, de regarder d'aussi près une de ces énormes montagnes des grandes chaînes du globe : l'œil plonge dans des gouffres qui, de loin, ne seraient que des fentes, et se fatigue à en mesurer la profondeur, partout des pierres aiguës et noires, détachées des cimes, gisent pêle-mêle sur la pente, comme tenues en équilibre et prêtes à recommencer leur course au moindre ébranlement ; en haut la neige inaccessible, au milieu les rochers infranchissables, en bas l'abîme insondable ! pas un brin d'herbe, pas une fleur, pas un oiseau ; rien qu'un lichen pierreux, sorte de gale qui ronge lentement le granit ; rien que le bruit du vent qui pleure et les grondements des torrents. On se figure ainsi les lieux bouleversés par le souffle de la malédiction divine, où l'ange de la Vengeance poursuit l'ombre criminelle de Caïn.

À quelques lieues de Kongswold, on commence à descendre ; la route s'aplanit, s'améliore et s'égaye à la fois ; on en a fini avec les défilés les plus dangereux ; les sommets du Dovre sont franchis, on revoit des bouquets de sapins ; au-dessus s'élève, de loin en loin, une colonne de fumée bleuâtre, indice d'un gaard hospitalier. Enfin on atteint Sockness, la dernière étape avant Drontheim.

Drontheim, ou, si vous voulez, Trondheim, comme disent les habitants et les géographes, est une ville de bois qui brûle assez régulièrement tous les dix ans. Les habitants en ont pris leur parti ; ils font la part du feu, et, à voir leurs maisons, ils ne la font pas trop regrettable. Leurs rues sont larges, spacieuses, tirées au cordeau, bordées de petits bâtiments peints en blanc ou en rouge, d'une tournure mesquine et froide. Drontheim est une ville riche, et fait, sans qu'il y paraisse dans ses allures extérieures, un commerce considérable ; les magasins de détail y sont organisés de façon si discrète qu'il devient difficile de les deviner. En furetant dans les rues, on demeure surpris d'apercevoir, au fond de pièces éclairées par de petits châssis garnis de verres troubles, des fourrures précieuses et de luxueuses étoffes entassées pêle-mêle sur des rayons avec des jarretières de laine, de la filasse et des boutons d'os. Si on entre dans un de ces capharnaüms, on obtient difficilement de se faire montrer des marchandises. Le boutiquier norvégien ignore l'art de faire acheter, à peine consent-il à vendre ; il dédaigne les manières complaisantes qui sont de rigueur dans sa profession ; il fume magistralement dans un coin, et, lorsqu'on l'aborde, il prend un air rogue qui semble engager le passant à bien réfléchir avant de le déranger. Il faut vraiment avoir un besoin absolu d'un objet pour ne pas se retirer devant les mines rébarbatives de ces honnêtes citadins. Avec une pareille méthode on fait bien de ne pas entreprendre le commerce des choses de fantaisie ; car l'ennui d'acquérir dépassant le plaisir de posséder, il s'ensuivrait que l'acheteur s'abstiendrait.

Au milieu des baraques proprettes de Drontheim, on aperçoit un admirable monument : c'est la cathédrale, consacrée autrefois à saint Olaf ou Olaüs ; elle est là, haute, solide, inébranlable comme la pensée de Dieu au milieu des choses périssables. Sa construction première doit remonter au Xe siècle, les transepts des deux nefs sont à grandes arcades rondes soutenues et séparées par un pilier ; le chœur est du plus pur gothique : il fut terminé, je crois, à la fin du XIIe siècle, par le savant archevêque Eystein.

En 1540, la cathédrale était encore vénérée et splendide ; elle avait résisté aux orages furieux du Nord, à ses longs hivers qui désagrègent la pierre même, à trois siècles de guerre, à quatre incendies. En 1540, la réforme pénétra en Norvège, et par elle la cathédrale fut appauvrie, mutilée, dépouillée. La réforme vendit les vases sacrés, dispersa les reliques, brisa les statues. Aujourd'hui la châsse miraculeuse de saint Olaf, si lourde qu'il fallait soixante hommes pour la porter, les reliquaires étincelants de pierreries qui ornaient le maître autel, sont remplacés par une copie du Christ de Thorwaldsen, tandis que l'abondante végétation de plantes de pierre entourant les colonnettes de la nef disparaît sous les loges de bois à rideaux rouges où se placent les protestants pour entendre le service ; plus de statues sculptées dans le chœur, plus de tombes révérées dans les chapelles, plus de lampes dans le sanctuaire : tout ce que les orages, les incendies et le fanatisme destructeur du XVIe siècle avaient épargné est enfoui et empâté dans un horrible badigeon gris bleu ou dans des draperies de calicot. Cette pauvre église ne peut plus même se faire une beauté avec sa vétusté ; elle est comme un vieux soldat qu'on forcerait à cacher ses blessures avec des oripeaux.

Lorsque je la visitai, il pleuvait à torrents ; les grandes ogives, privées de leurs vitraux de couleur, laissaient tomber sur les dalles un jour terne et blafard, en harmonie avec le délabrement de l'édifice ; il semblait que le ciel lui-même regardât d'un œil triste cette grande et magnifique basilique, jadis témoin de tant de pompes, entourée de tant de vénération, dotée de tant de trésors, maintenant veuve dépouillée et sombre du catholicisme qui l'a édifiée.

Je n'assiste jamais sans un profond sentiment de regret à la transformation d'une église gothique en temple protestant ; je souffre de voir dévaster, fût-ce au nom de l'Évangile, une de ces vieilles basiliques si pleines de grandeur et de poésie. Mon sentiment d'artiste se trouve ici en jeu, et non ma foi religieuse ; vous ne devez donc pas voir dans mes paroles une attaque au protestantisme ; car je suis de ceux qui croient que toute conviction mérite le respect, et que toute religion y a droit.

En quittant la cathédrale, je rentrai vite dans la boîte à compartiments décorée du nom d'hôtel, où je logeais, afin de m'habiller pour dîner chez M. Riss, gouverneur de la ville. À quatre heures (heure indiquée), j'arrivai au palais du gouverneur, un peu mouillée, car il est impossible à Drontheim de se procurer une voiture ; un traîneau, à la bonne heure.

Le *palais* du gouverneur, comme on dit, est une immense construction en bois, n'ayant d'un palais que le nom et les dimensions ; il est situé dans la *Monkgade* (rue des Moines), la plus belle rue de Drontheim. Comme la Canebière de Marseille, la Monkgade a pour perspective un large golfe tout couvert de navires.

Je trouvai chez M. le gouverneur un accueil gracieux et empressé, une cordialité affable qui me replaça tout à coup sous les latitudes les plus élégantes.

Mme Riss parle un peu français, et son intelligence supplée parfaitement à sa science. Plusieurs jeunes femmes de sa société parlaient anglais, et une conversation assez suivie put s'établir entre nous. Au premier abord, ces dames m'examinaient d'un air curieux dont je ne comprenais pas le motif ; il me fut expliqué quand l'une d'elles m'apprit qu'avant moi aucune Parisienne n'était venue à Drontheim : j'étais plus qu'une rareté ; j'étais une nouveauté.

À quatre heures et demie, on apporta sur des plateaux des liqueurs, des épices et quelques salaisons ; chaque convive fit honneur à ce prologue de repas, puis on passa dans la salle à manger, où était dressée une table de quarante couverts. Le service se fit à la russe, c'est-à-dire sans qu'aucun plat fût posé sur la table chargée de fleurs artificielles, de cristaux et d'argenterie. De grandes corbeilles d'argent pleines d'oranges, occupant les deux bouts de la table, constituaient une véritable magnificence gastronomique, les ananas étant beaucoup plus communs à Paris que les oranges à Drontheim. Au moment où je prenais place près de lui, M. Riss m'offrit un gros bouquet de muguet blanc, et je fus très sensible à cette aimable attention de mon hôte ; mon voisin de droite me demanda alors si je ne trouvais pas bien étonnant de voir un si gros bouquet de cette petite fleur, si difficile à faire pousser en serre. J'admirai, à son exemple, me gardant de lui dire que cette fleur si précieuse à Drontheim se foule aux pieds dans les bois de France, et nous paraît si commune au printemps, que nous oublions trop combien elle est charmante.

Je me méfiais des cuisiniers de la métropole du Nord ; pourtant je n'osai refuser dès le début, et en si bonne compagnie. Je me laissai servir du potage. Je vis dans mon assiette une quantité de petites boules nageant dans un jus violet ; il s'exhalait de là une odeur spiritueuse de fâcheux présage. J'essayai de m'attaquer d'abord à une grosse boule jaune qui me parut un innocent jaune d'œuf dur... Je crus manger du feu. Le traître avait été abondamment poudré de piment. J'eus la lâche idée de tout laisser ; mais les regards étaient fixés sur moi ; je fis une invocation à l'hospitalité, et rassemblant tout mon courage, je continuai d'avaler cette infernale soupe. Au milieu du conflit de goûts, de saveurs et d'arômes qui ahurissaient complètement mon palais, je distinguai, dans cette mêlée bizarre, du sucre, du jus de gibier, du piment, du vin, des œufs et toutes les épices connues ; l'addition d'un peu de poudre à canon ne me paraîtrait pas invraisemblable. Il faudrait vous faire un menu tout entier pour vous décrire la quantité de mets inusités chez nous que je vis ensuite servir ; je noterai seulement une sauce de gibier au girofle et au rhum dont je me repentis d'avoir essayé. Au milieu de ces étrangetés, on nous présenta quantité de choses excellentes, d'énormes poissons et des pièces rôties superbes, très dignes de la table d'un gouverneur presque vice-roi.

Je remarquai avec regret l'absence des carafes et des verres à boire de l'eau ; je déplorai également la parcimonie avec laquelle était servi le pain blanc ; chaque convive en avait un petit morceau gros comme la moitié d'un œuf, et aucun n'eut la fantaisie d'en redemander. Vers le milieu du dîner, on commença à porter des toasts ; je reçus un nombre de politesses dont ma vanité s'accommodait mieux que mon cerveau ; je dus porter mon verre à mes lèvres une quarantaine de fois, et cela eût pu même avoir des inconvénients pour ma raison, si l'eau-de-vie des gaards ne m'avait heureusement aguerrie contre les spiritueux. À sept heures on sortit de table pour revenir dans le salon, et, avant de s'asseoir, chacun des invités alla donner une poignée de main à tous les autres, en l'accompagnant, suivant son sexe, d'une révérence ou d'un salut. Après, le bal commença, et lorsque je me retirai, vers dix heures et demie, je laissai toute la réunion valsant au grand jour, ce qui donnait à cette fête une physionomie tout à fait particulière.

Drontheim a son monument historique ; c'est la forteresse de Monkholm, autrefois prison d'État, aujourd'hui citadelle-arsenal. Monkholm est bâti sur une île de rochers située à une demi-lieue de la ville ; primitivement c'était un couvent, comme son nom l'indique (*monk,* moine, et *holm,* rocher). À Monkholm fut renfermé pendant sa longue captivité le Danois Schumacker, comte de Griffenfeld, le rédacteur de la célèbre loi royale de 1660, qui changea la monarchie élective du Danemark en monarchie héréditaire. L'ordonnance commence par ces mots :

« Frédéric III, par la grâce de Dieu roi de Danemark et de Norvège, des Vandales et des Goths, duc de Slesvig, de Holstein, de Stormarle, de Dytmarse, comte d'Oldenbourg et de Delmenhorst : savoir faisons, etc., etc. » Ces titres pompeux ne précédaient que l'œuvre d'un ambitieux parvenu. En inspirant cette loi au faible Frédéric, Schumacker servait à la fois sa haine et ses projets d'élévation : il enlevait à une aristocratie hautaine le précieux privilège d'élire ses souverains, et se vengeait en même temps des dédains adressés par elle au fils du cabaretier d'un faubourg de Copenhague.

Le souvenir de sa basse origine, ou peut-être un écho de ce sentiment de justice si difficile à étouffer dans le cœur de l'homme, lui fit introduire dans cette loi un article qui la rend respectable aux yeux de la postérité. L'article 21 enlève aux grands du royaume le droit de vie et de mort sur leurs serfs.

La puissance de Schumacker s'accrut encore sous le règne de Christian V ; il ne porta plus que le nom de comte de Griffenfeld, et ses fonctions de grand chancelier devinrent les premières du royaume. Dès lors son ambition n'eut plus de bornes ; arbitre de la paix et de la guerre, il voulut profiter, comme le roi lui-même, des avantages remportés par les troupes danoises en Poméranie. Le traité qui soumettait à Christian V la ville de Wisman donnait en fief à Schumacker l'île de Wolin ; en même temps il faisait demander la main d'une princesse d'Augustembourg et était sur le point de l'obtenir. Il était monté si haut que le roi s'aperçut de cette presque égalité entre lui et un sujet, et l'orgueil royal réveillé décida la perte du favori. Sur un ordre de Christian, Schumacker arrêté, accusé du crime de lèse-majesté, est condamné à perdre la tête.

Le 5 juin 1676, la multitude de Copenhague voit avec stupeur dresser l'échafaud du comte de Griffenfeld, et marcher au supplice cet homme devant qui elle avait tremblé si souvent. Schumacker ne faiblit pas un instant ; il reste fier et ferme, même devant le billot, et y pose la tête sans pâlir. À ce moment un aide de camp du roi fend la foule, élève en l'air un pli cacheté du sceau royal et s'écrie : *Grâce à Schumacker !*

La peine capitale était commuée en une prison perpétuelle ; le faible Christian V n'avait pas voulu imiter jusqu'au bout le faible Louis XIII, et peut-être la tête sanglante de Cinq-Mars avait-elle préservé la tête de Schumacker.

Enfermé dans la sombre forteresse de Monkholm, Schumacker, qui avait sondé l'abîme des vanités de ce monde, ne tourna plus son esprit que vers les choses éternelles. On le vit pendant de longues années se promener silencieusement dans le petit jardin de Monkholm, et là, les yeux fixés sur la vaste mer, sur les cieux infinis, il traduisait les psaumes de David en vers danois. Cette parole du roi prophète *: La voix de l'Éternel brise les cèdres mêmes ; l'homme puissant n'échappe point par sa grande force,* semblait d'autant plus vraie, commentée par ce grand ambitieux ; et cette autre : *Bienheureux est l'homme à qui Dieu n'impute pas son iniquité, béni est celui dont la transgression est pardonnée,* devait s'imprégner d'une nouvelle douceur pour ce prisonnier qui avait si noblement remplacé l'orgueil du puissant par la résignation du croyant.

Schumacker mourut à Drontheim, après avoir supporté vingt-trois années d'une captivité rigoureuse.

Aujourd'hui Monkholm a beaucoup perdu de sa physionomie monumentale ; la grosse tour de la forteresse se tient seule debout ; ses épaisses murailles sont encore intactes, mais les escaliers ont croulé, les planchers ont fléchi sous l'effort du temps, et l'étroite fenêtre de la chambre de Griffenfeld n'est plus accessible qu'aux oiseaux du ciel.

Tous les autres corps de logis de la forteresse ont été convertis en casemates et abritent les paisibles boulets de la Norvège. Un phare utile aux matelots a été construit à l'endroit où était le banc favori de l'illustre prisonnier.

De la plate-forme de ce phare, on découvre un horizon magnifique : à gauche, la grande mer déroule ses larges plaines, et adoucit ses teintes azurées jusqu'à ce qu'elles se confondent avec le ciel, tandis qu'à droite les pilotis des maisons de Drontheim, peints de couleurs vives, lui font une ceinture à raies bariolées ; derrière le port, les petits toits écrasés de la ville s'échelonnent sur des pentes pittoresques, dominés et protégés par la haute cathédrale et par le large vaisseau de la forteresse de Christianstern ; au loin les crêtes aiguës des montagnes du Dovre déchirent çà et là leur rideau de nuage et forment comme les créneaux de l'immense muraille de rochers qui entoure le vallon où est Drontheim.

J'aurais volontiers passé plusieurs heures devant ce vaste tableau ; mais on me pressa beaucoup de retourner à la ville, afin de ne pas manquer une représentation théâtrale extraordinaire qui avait lieu le soir même. Après avoir dîné chez le consul de Danemark, où je retrouvai un grand nombre de mes aimables convives de la veille, je me laissai conduire au théâtre. Je n'y restai pas une demi-heure. Qu'il vous suffise de savoir que je me trouvai dans un lieu grand comme un théâtre de la banlieue, obscur comme une cave, où des danseurs de cordes, inférieurs à ceux de la foire, déployaient leurs talents. Voilà où en est l'art dramatique dans la capitale du Drontheimus, dans la noble et antique Nidards[16], dans cette ville reine de la Scandinavie, seule digne encore aujourd'hui de couronner les souverains de la Norvège.

La veille du jour où je devais quitter Drontheim et m'embarquer pour Hammerfest, on me conseilla de faire une excursion aux cascades de Leerfoss, situées à quelques lieues de la ville. Je partis donc de grand matin, malgré une petite pluie fine et froide d'assez mauvais augure. Autour de Drontheim, les routes sont faites d'après le système russe, avec des troncs de sapins posés à côté les uns des autres et formant un plancher grossier et inégal ; comme les arbres ne sont même pas équarris, on est secoué de la plus rude manière ; lorsqu'on rencontre des endroits où les arbres sont pourris, on a alors à traverser de véritables fondrières, et le fatigant se transforme en dangereux. Lorsqu'on arrive à Leerfoss, la vue de la cascade paye bien des cahots du trajet. Représentez-vous une rivière entière tombant en une seule nappe de plus de quatre-vingts pieds de haut, et venant se briser au milieu de rochers de basalte noir, contre lesquels elle bouillonne avec une rage magnifique. Les impassibles rochers lui présentent leurs dos arrondis, rendus par l'eau luisants et moirés, et semblent de gros poissons endormis sur le sable ; sous cette forme paisible, ils offrent à la cascade une résistance qui l'oblige à diviser ses eaux en plusieurs petits torrents dont la course se continue agitée et bruyante pendant quelques centaines de pas ; puis tout se calme, la rivière a retrouvé un nouveau lit et reprend ses allures tranquilles.

Au bord de l'eau, au-dessous même de la chute, on a établi une fonderie de cuivre ; la cascade fait marcher les grandes roues des machines ; l'homme a utilisé sa violence, il profite de sa furie. J'ai visité cette fonderie ; j'y ai vu en mouvement toutes ces effroyables choses qu'on nomme des mécaniques, véritables bêtes de la création de

---

[16] Ancien nom de Drontheim.

l'homme, puissantes, redoutables, autant que les plus terribles monstres. Ce qu'il s'agitait là de scies, de roues, d'engrenages, de marteaux, je ne saurais le dire ; j'ai seulement été effrayée par une horrible machine dont la tête, munie d'un tranchant, coupait avec un mouvement doux et régulier des barres de cuivre plus grosses que des troncs d'arbres. Au milieu de tout cela s'agitait un peuple d'hommes noirs et demi-nus, qui, éclairés par les flamboiements rougeâtres des fournaises, avaient bien l'air des démons de cet enfer. Les coups redoublés des marteaux, les grincements des scies, les plaintes des roues, les pétillements des brasiers, les bouillonnements du métal en fusion, tout cela formait un inexprimable fracas sans cesse dominé par le bruit assourdissant de la cascade. Cette voix continue et formidable qui mugissait audehors, c'était la protestation constante de la création éternelle de Dieu contre la création éphémère de l'homme !

À la fonderie, on me conseilla de rejoindre l'autre chute d'eau par un sentier tracé au bord de la rivière. La pluie avait cessé ; le sentier s'ouvrait devant moi tout couvert d'herbe touffue étoilée de pâquerettes et de boutons-d'or ; une broussaille bien verte jetait ses branches capricieuses autour du tronc lisse de quelques bouleaux ; à vrai dire, c'était un charmant sentier ; mais le ciel était bien noir. La prudence me disait : « Monte en voiture ; » ma fantaisie me disait : « Prends le sentier. » Je pris le sentier.

Au bout de dix minutes, la pluie recommença ; au bout de vingt, elle tomba à torrents et entraîna par sa violence le talus où s'appuyait le sentier du côté de la rivière ; ma promenade se changea alors en une fatigue intolérable, et devint presque un supplice. Le sentier défoncé et glissant se fit impraticable ; je tombai dans une boue d'où je ne pouvais parvenir à m'arracher ; mes vêtements mouillés vinrent ajouter à mes peines ; ma robe, une vieille robe de velours que j'avais mise à cause du froid, se gorgea tellement d'eau que je ne pus plus la porter et qu'elle me priva de remuer les jambes ; j'arrivai à me traîner comme une limace. Afin de ne pas glisser dans la rivière, je m'accrochais aux plantes et aux branchages ; mais tant d'efforts épuisèrent mes forces ; cette pluie persistante me glaça, et il vint un moment où, renonçant à sortir de ce sentier interminable et maudit, je m'assis dans la boue en pleurant de rage. Heureusement mon cocher avait eu l'esprit de venir au-devant de moi par la grand-route avec du monde de la fonderie ; il me découvrit dans ma détresse ; on m'enveloppa d'un manteau ; je pris le bras d'un robuste paysan muni d'un long bâton ferré, et, après deux ou trois chutes moins dangereuses que les précédentes, je pus regagner la voiture. Inutile d'ajouter que je ne songeai pas à aller admirer l'autre cascade de Leerfoss, et que je donnai l'ordre de me ramener au plus vite à Drontheim. J'arrivai à l'hôtel à dix heures du soir, à moitié morte de fatigue et de froid. Les misères de cette journée ne se terminèrent pas là : je devais m'embarquer le lendemain pour Hammerfest ; en mon absence, mes caisses avaient été transportées à bord ; je n'avais plus rien à ma disposition pour me changer, pas de robe, pas de chaussure, rien absolument. Je dus, après m'être débarrassée, à force d'ablutions, de la couche de terre glaise qui faisait de moi une sorte de statue, me draper dans un drap de lit, me chausser de serviettes et passer la nuit à blanchir et à sécher mes vêtements. Je dois être entièrement inaccessible aux pleurésies, puisque je n'en ai pas gagné une cette fois-là.

Adieu, je repars encore ; vous n'aurez plus maintenant de mes nouvelles que datées du cap Nord.

LETTRE IV.

HAMMERFEST.

Me voici enfin à Hammerfest, cher frère, après bien des peines, bien des accidents, et surtout un nombre trop grand de nuits passées sans sommeil, dont les traces de fatigue se lisent sur mon visage ; mais qui connaît mon visage ?... Le lendemain de mon arrivée on m'a remis une lettre de vous : elle me cherchait depuis Christiania, et m'avait accompagnée sur le bateau à vapeur, quoique affranchie par vous jusqu'à Paris, elle m'a coûté vingt et un francs de port ! Pour le courrier habituel, ce tarif pourrait sembler gênant ; mais dans ma situation je n'ai pas trouvé que ce fût payer trop cher de vos nouvelles à tous.

Hammerfest ! ces dix lettres ne vous font pas un effet bien extraordinaire, n'est-ce pas ? c'est un nom quelconque, un nom de dix lettres comme Châteaudun ou Carpentras ! Hammerfest ! c'est pourtant la ville unique dans son genre, la ville exceptionnelle entre toutes ; c'est la ville *la plus septentrionale qui existe ;* c'est le : dernier groupe d'habitations de l'Europe.

Je suis à Hammerfest depuis quinze jours, et tout à l'heure je vous dirai en détail quelle vie j'ai menée dans cet étrange coin du monde ; mais avant, je veux vous raconter comment on y arrive.

Il y a encore peu d'années, on mettait un mois à faire le trajet entre Drontheim et Hammerfest ; maintenant, grâce au bateau à vapeur dont le roi Bernadotte a doté le

Finmark, on le fait en huit jours. Pour bien comprendre combien il est étonnant qu'un pareil voyage se fasse aussi rapidement, il faut jeter un coup d'œil sur la carte de Norvège et regarder cette longue côte qui borne la Norvège de Drontheim au cap Nord ; on voit la carte couverte de petites taches et de petits points noirs de différentes grosseurs. Ces petites taches de toutes formes sont d'innombrables îles, et les petits points noirs sont des milliers de rochers. En regardant une carte marine, où tous les écueils, même ceux cachés sous l'eau sont indiqués, on a peine à imaginer comment l'homme a pu parvenir à faire naviguer de gros navires dans des parages aussi dangereux.

C'était une téméraire entreprise autrefois d'aller de Drontheim à Hammerfest ; le voyage se faisait dans des barques de pêcheurs à peine pontées ; on était exposé au froid, à la pluie glaciale, aux brouillards épais et malsains ; on avançait lentement et péniblement, luttant sans cesse contre des courants perfides et des coups de vent violents ; chaque soir il fallait aborder et se contenter du pauvre refuge de quelque saleur de morue pour passer la nuit. Maintenant, tout est bien changé : si on n'est pas trop accessible au mal de mer, on peut s'embarquer sans crainte ; le bateau à vapeur est solide, le capitaine instruit, le pilote habile ; on trouve à bord une nourriture convenable et des aménagements commodes.

La rade de Drontheim nous fit de très méchants adieux ; nous la quittâmes par un froid vif et une bise très piquante ; la mer déferlait violemment contre les récifs tout autour de nous, et posait un panache d'écume blanche sur leurs têtes de pierre.

Au bout de quelques heures de navigation, la brume devint épaisse au point de nous empêcher de manœuvrer ; nous étions dans une atmosphère d'ouate grise : c'était à ne pouvoir respirer, on jeta l'ancre, et nous restâmes pendant six heures dans une petite baie, rudement secoués, quoique au mouillage.

À l'aube, quelques rayons d'un jour terne filtrèrent à travers le brouillard, et je pus regarder la côte près de laquelle nous avions trouvé un abri. Je vis quatre chétives cabanes de bois, peintes en, rouge sang-de-bœuf, couvertes en gazon, entourées de hangars où séchaient quelques poissons. Immédiatement derrière les maisons s'élevait un grand rocher gris, marbré çà et là de quelques plaques de neige salies par un commencement de dégel ; ces pauvres masures étaient resserrées entre la mer toujours furieuse et les mamelons toujours arides, comme entre deux obstacles infranchissables qui les isolaient du reste du monde.

« Quelle horrible situation ! dis-je au capitaine du bateau, qui parlait très bien anglais et avec lequel j'avais lié conversation ; comment des hommes peuvent-ils vivre dans un pareil lieu ?

– Non seulement ils y vivent, me répondit-il, mais ils refusent de le quitter ; ces pauvres pêcheurs du Finmark sont très attachés à leur pays. Il y a quelques années, de riches marchands de Copenhague me chargèrent de proposer à quelques familles de nos paysans côtiers de venir s'établir en Danemark pour exercer leur industrie de saleurs de poisson ; je fis en vain valoir auprès d'eux les avantages pécuniaires qu'on leur offrait et les charmes d'un climat bien doux comparé à celui d'ici ; tous refusèrent de quitter ces horribles coins de terre stérile qu'ils appellent leur patrie. »

En écoutant le capitaine, je me demandais quel sentiment profond et inexplicable attache l'homme au lieu où il est né. Existe-t-il une sorte de sympathie mystérieuse entre son cœur et les premiers objets qui ont frappé sa vue ? D'où vient que les plus grossiers préfèrent leurs souvenirs à leur bien-être ? Ô toute-puissance de l'âme, n'est-ce point là une de tes manifestations les plus touchantes ?...

Je ne vous dirai pas les noms de tous les petits havres où nous abordions chaque jour : ils sont inconnus et inutiles à connaître ; je ne vous ferai pas de description sur chacun, car en dépeindre un c'est les décrire tous. Notre premier mouillage vous donne une idée complète de tous les autres ; la seule différence des aspects était celle-ci :

parfois les maisons étaient grises au lieu d'être rouges, et puis leur nombre variait de trois à dix ; du reste, pour horizon, toujours les mêmes rochers, et pour premiers plans, toujours les mêmes récifs. On ne saurait rien imaginer de plus tristement monotone. Le troisième jour de notre navigation, je fus tout heureuse d'apercevoir un changement à notre invariable décoration : nous passâmes devant une montagne qu'un jeu de la nature avait percée de part en part ; la longue galerie de cette espèce de tunnel est le refuge et le palais des oiseaux de mer, les seuls oiseaux qu'on voie dans ces parages ; les grandes mouettes blanches, si élégantes, les goëlands de toutes grosseurs, ces oiseaux à gros bec, à plumage gris et rouge, nommés vulgairement perroquets de mer, étaient là par bandes innombrables ; mais je vis surtout une prodigieuse quantité d'éders. L'éder est cette espèce de canard agile qui produit l'édredon. On ne tue pas l'oiseau pour se procurer son précieux duvet ; lui-même l'arrache de dessous ses ailes pour en garnir son nid ; à l'époque de la ponte, on cherche les nids toujours cachés dans les creux des rochers au bord de la mer, et on en dérobe le duvet ; la courageuse bête se dépouille alors de nouveau afin de regarnir le nid où ses petits doivent éclore.

Près de la montagne percée, le bateau à vapeur fut accosté par une barque où gesticulait un petit homme fort impatient d'arriver à bord ; ce petit homme, bien vêtu de drap vert, ayant du beau linge blanc, et, contre la coutume norvégienne, les cheveux soigneusement arrangés, me fit l'effet d'un touriste assez élégant ; il était environné de plusieurs corbeilles fermées qu'on embarqua avec lui. À peine sur le pont, il ouvrit ses corbeilles ; elles étaient pleines de couteaux de différentes dimensions ; cet élégant était un coutelier, dont le bateau à vapeur amenait la clientèle.

Ce coutelier a du reste une réputation dans tout le Finmark, et de très loin on donne commission de lui faire des achats ; ses produits sont excellents et, ce qui ne gâte rien, charmants. C'est une sorte de coutelier artiste et primitif à la fois ; il sculpte et incruste les manches de ses couteaux et de ses poignards avec un goût infini, et il en fabrique les lames d'après l'ancienne méthode des armes scandinaves en cuivre, avec un simple bord en acier pour le tranchant.

Ce petit homme avait l'air vif, intelligent, curieux et éminemment sociable. Après l'avoir mis en belle humeur en lui achetant une raisonnable quantité de couteaux, je m'amusai à le faire causer. En peu de mots il me dit sa vie.

Il vivait seul avec sa femme et ses enfants sur une presqu'île voisine de la montagne percée ; l'hiver, il faisait des couteaux en famille, les travaux de la forge étant, comme il le faisait judicieusement remarquer, les plus égayants qu'on pût choisir dans un pays où le froid dure neuf mois ; l'été, il pêchait et *jouissait du jour,* puis il avait pour grandes fêtes les passages du bateau à vapeur. Ces jours-là, il tirait de l'armoire son habit de noce en drap vert et le beau linge fin tissé par sa femme, et, remplissant ses corbeilles de ses meilleurs couteaux, il venait à bord. Pour lui le bateau était un spectacle splendide, un lieu plein d'enchantements. Voir ce grand et étonnant navire qui marchait sans voiles, sans rameurs, vendre quantité de couteaux, boire du vin, causer avec beaucoup de monde, cela lui faisait éprouver toutes les jouissances à la fois ; c'était sa foire, ses étrennes, son carnaval tout ensemble, tous les plaisirs, toutes les gaietés d'une année concentrés sur quelques heures. Vers le soir, il redescendait dans sa barque, la poche lourde d'argent, la tête lourde de vin, et s'en retournait à sa maison isolée. Il remettait l'habit vert dans l'armoire en songeant déjà au jour où il l'en retirerait. Combien de gens sont à Paris qui ont tous les jours du vin, du soleil et du monde, et qui s'ennuient ! Le bonheur n'est qu'une comparaison.

Après avoir dépassé la montagne percée, nous nous trouvâmes dans un bras de mer assez étroit pour avoir l'air d'une rivière. Parfois les murailles de granit de la côte se rapprochaient de manière à ne laisser au bateau que la place nécessaire pour passer. Notre manœuvre en ces moments-là me rappelait certains jeux de voltige du cirque, où l'on voit les écuyers sauter dans d'étroits cerceaux ou entre des piquets rapprochés. Le bateau était lancé à toute vapeur entre deux piliers de granit ; une déviation d'un mètre nous eût écrasés comme une mouche sur ces terribles écueils ; mais chaque fois nous passions au milieu d'eux avec tant de grâce et d'agilité que, après avoir légèrement tremblé, je l'avoue, j'avais fini par prendre un certain plaisir à assister à cette victoire de l'adresse sur le danger. J'aurais dû dès l'abord être parfaitement tranquille, car rien n'égale la précision et l'habileté des pilotes du Finmark. De temps en temps la muraille naturelle s'interrompait à notre gauche, et alors la pleine mer faisait irruption autour de nous avec un triomphe et une fureur magnifiques à voir.

Après avoir doublé je ne sais combien de caps, longé d'innombrables bancs de rochers, évité des milliers de récifs, le 19 juin, à quatre heures du soir, nous passâmes le cercle polaire arctique par 66 degrés de latitude nord, comme vous savez. Dans les environs du cercle polaire, les montagnes de la côte deviennent plus hautes et plus escarpées ; la neige qui, près de Drontheim, apparaît par taches, envahit peu à peu toutes les pentes ; la végétation s'amoindrit ; à de rares intervalles, quelques bouleaux maigres et privés de feuilles montrent leurs têtes ébouriffées comme d'énormes perruques à la Louis XIV ; le lichen seul accroche ses racines ténues dans les crevasses des rochers rongés par la neige.

Comme contraste à ce morne paysage, le bateau présentait l'aspect le plus animé. On s'arrêtait fréquemment dans de petites anses pour prendre ou laisser des passagers. Ceux-ci arrivaient toujours dans les meilleures dispositions, de façon que notre pont était sans cesse encombré d'une foule remuante et joyeuse. Le bateau à vapeur joue en Finmark le rôle d'omnibus, lui seul favorise les communications entre les groupes d'habitations ordinairement séparées par dix ou douze lieues d'une côte dangereuse. Les montagnes de l'intérieur sont infranchissables. Le bateau à vapeur est le lien précieux qui rapproche les habitants du Nordland les uns des autres. On voit arriver chaque année avec bonheur ce symbole de toutes les joies : le bateau, c'est la vie qui revient, c'est l'été et ses rayons bienfaisants, ce sont les amis, les douces provenances du sud, et les modes, et les nouvelles, et les romans, et parfois même les étrangers, chose encore rare pourtant.

Aussi, comme on fête le bateau, comme on le salue, comme on l'acclame, comme chaque petit port hisse vite son drapeau neuf quand il paraît, comme toute femme vide ses tiroirs pour lui rendre visite !... Pour une Norvégienne d'une position aisée, le bateau représente encore plus que tout cela : il permet le luxe suprême, si longtemps impossible, d'un voyage d'agrément. Toutes les élégantes du Nordland réservent leur toilette pour cette époque, et Dieu sait ce qu'on peut économiser ou fabriquer de belles choses en une année ! On en économise tant qu'on en a trop, et, comme on n'a qu'un jour pour faire voir le soleil à tout cela, ma foi, tant pis, on met tout à la fois ! Je ne voyais autour de moi que robes de soie des nuances les plus gaies, chapeaux roses, écharpes bariolées, cachemires précieux, plumes, blondes, rubans, fleurs, dentelles, marabouts ; et de l'or ! de l'or à profusion : au cou, aux oreilles, à la ceinture, aux doigts, dans les cheveux ! Chaque femme était un mélange de portemanteau et d'écrin, un trousseau compliqué d'une corbeille. C'était fort original d'ensemble et cela avait sa couleur locale à soi ; inutile d'ajouter que tous ces costumes avaient la louable prétention d'imiter nos modes. On copie les modes françaises sous toutes les latitudes. Ce qu'on rencontre d'abord dans les coins les plus reculés du globe, c'est une femme habillée à la mode de Paris. Si le coup d'œil de l'artiste est médiocrement satisfait au point de vue pittoresque, l'amour-propre national du touriste a quelque motif d'être flatté. En effet la suprématie de la France apparaît bien complètement en voyage : nos vêtements, nos livres, nos journaux, nos pièces de théâtre se retrouvent partout ; nous nous soumettons les autres nations par l'intérieur et par l'extérieur, par le costume et par les idées ; nous leur donnons nos modes et nos livres, double et pacifique conquête faisant chaque année un pas à la plus grande gloire de la civilisation !

Le 20 juin, de grand matin, en interrogeant l'horizon avec la lunette marine du capitaine, le temps étant assez calme autour de nous, je vis avec étonnement la mer prendre un aspect étrange à une certaine distance. Vers un endroit d'où je ne pouvais détacher mes regards, je distinguai de grandes vagues, hautes comme des collines, accourant de tous les points de l'horizon, se précipitant les unes sur les autres avec une fureur inouïe pour disparaître comme englouties dans un abîme : c'était très beau, très effrayant et très incompréhensible ; je ne pouvais m'expliquer ce phénomène ; je crus à une trombe et le dis au capitaine.

« Oh ! ceci est une trombe permanente et éternelle, me répondit-il ; c'est le plus terrible tourbillon du monde entier ; c'est le *maëlstrom ;* il attire les vaisseaux à plusieurs lieues de distance, et, dès qu'on sent l'influence de son courant, on est irrévocablement perdu ; aussi nous tenons-nous à distance prudente, comme vous le voyez. Le maëlstrom a une antique réputation ; il était redouté des anciens qui, dans leur langage imagé, le nommaient *le nombril de la mer.* »

Cette explication me rendit d'autant plus attentive à considérer ce gouffre célèbre à mesure que nous en approchions. Tout à coup, j'aperçus devant nous, directement au nord du maëlstrom, un groupe de hautes montagnes ; par un hasard assez fréquent dans la mer du Nord, nous étions alors dans une zone d'épais brouillard, tandis que ces montagnes étaient entourées d'une pure atmosphère ; à travers notre voile de brume, je distinguais mal leur base ; mais leurs cimes de neige, éclairées par un pâle rayon de soleil, formaient une gigantesque scie blanche entamant la voûte bleue du ciel. Au bout d'une demi-heure, nous étions assez près de ces montagnes, et je savais leur nom : c'étaient les îles Loffoden ; leur aspect me parut misérable et affreux. Figurez-vous une plage étroite, demi-circulaire, dont le sol est formé d'une immense alluvion de galets noirs et gris, sans cesse remués par les flots avec un bruit uniforme et étourdissant : c'est le port. Sur tous les points de cette plage s'élèvent de grands échafaudages de bois pareils à des potences, où pendent de grands lambeaux de chair livides, tordus, hideux. Les potences sont des séchoirs, et les pendus des morues. Au milieu de tout cela il y a quelques masures, dont le bois est devenu presque noir sous l'influence du froid et de l'humidité. L'œil, pour se consoler, ne peut même pas errer autour de la plage et se reposer sur l'étendue ; il rencontre immédiatement le flanc aride et sombre des grandes montagnes de granit. Ajoutez que tous les plans de ce lugubre tableau sont noirs, gris ou blancs ; on n'est pas habitué à cette absence de couleur dans les œuvres de Dieu, et on en éprouve une impression étrange ; ce n'est pas un paysage, c'est un immense dessin à la manière noire, ébauché par l'ange de la désolation.

Les îles Loffoden sont vraisemblablement un amas de rochers apportés pêle-mêle par l'Océan dans quelque bouleversement diluvien ; dans tout le groupe d'îles, on ne trouverait pas assez de terre pour faire pousser un boisseau d'orge ; mais en compensation, si tant est que des poissons compensent des épis, Dieu y envoie toute espèce de poissons, des morues surtout. Les morues apparaissent dans ces parages nombreuses et excellentes ; les pêcheurs de Christiania et même de Bergen viennent aux Loffoden pendant toute la saison de la pêche. C'est une dure vie que celle de ces pêcheurs. Ils font d'abord deux ou trois cents lieues avec de mauvais bateaux sur une mer des plus perfides ; arrivés aux Loffoden, ils habitent de misérables huttes, où ils sont à peine garantis des intempéries ; ils ont une nourriture malsaine qui souvent leur donne le scorbut ; enfin, pendant leur séjour, ils exposent sans cesse leur vie dans les travaux de la pêche. Au bout de tant de périls et de peines, il y a un bénéfice qui ne dépasse jamais trois ou quatre cents francs ! Et cependant ces hommes ne se trouvent pas malheureux ; ils ne sont pas tristes ; bien mieux, ils préfèrent cette rude existence à tout autre métier ; le fils du pêcheur est toujours pêcheur ; il aime sa vie sans cesse disputée à la mer, et dédaigne le sort plus doux et plus monotone du paysan, qui cultive son champ étroit et s'endort sur un plancher solide. Le pêcheur, c'est l'amant du danger, cette poésie des hommes primitifs.

Comme nous quittions les Loffoden, le temps devint affreux ; un coup de vent débouqua violemment de derrière les îles et nous jeta sur le côté, en même temps que de gros nuages noirs nous couvraient d'une averse glaciale. La cabine du bateau, très encombrée de monde, était devenue inhabitable ; les sifflements du vent, les gémissements de la machine luttant péniblement contre les grosses vagues, les bruits aigus de tous les verres et de toutes les assiettes qui s'entrechoquaient, les coups sourds des ballots mal amarrés tombant les uns sur les autres, les grincements des tables, des lits, des bancs, les cris inarticulés des femmes effrayées, les grognements des malades, tout cela faisait le plus inexprimable tapage qu'on puisse rêver, l'orchestre d'un charivari tout composé de plaintes, comme il doit y en avoir en enfer. Dans les chambres, dans les escaliers, l'encombrement était nauséabond et affreux : c'était à ne savoir où se réfugier. Je trouvai la pluie encore préférable à la contagion du mal de mer, et je me confinai sur le pont, près de la coupée, d'où je regardais philosophiquement la mer jouer avec notre coquille de noix. J'eus dans mon coin une compagnie à laquelle j'étais loin de m'attendre, et qui d'abord me surprit beaucoup : ce fut celle de deux belles baleines. Je vis s'élever au-dessus de l'eau, tout près de moi, une espèce de petit monticule noirâtre, d'où sortaient deux minces jets d'eau ; un peu plus loin, j'en aperçus un second de même forme : c'étaient les têtes de ces bêtes monstrueuses, dont les squelettes du Jardin des Plantes ne nous donnent guère l'idée ; quoique prévenue, je fus épouvantée, tant il me semblait facile à ces énormes masses de renverser notre navire, si elles le voulaient. Elles n'eurent pas d'intention si méchante, et je suppose que la simple curiosité les attirait près de nous ; elles voulaient sans doute examiner de près ce poisson à roues d'une espèce inconnue ; par moments elles s'approchaient de nous tout à fait, et je pouvais parfaitement les distinguer, malgré l'écume de notre sillage et les tourbillons d'eau qu'elles lançaient en l'air. Ce qui me frappa alors, ce fut l'insupportable odeur de leur souffle, une odeur putride, cadavéreuse et suffocante. Quelqu'un du bord me dit que cette odeur est causée par un grand nombre de parasites hideux, dont ces pauvres monstres sont dévorés tout vifs ; ces parasites s'attachent à eux et leur font, particulièrement dans la bouche, des plaies profondes où se met la putréfaction.

L'explication me paraît plausible, je ne saurais dire si elle est exacte.

Des baleines, mon intérêt passa à ce qui pouvait au monde former avec elles le contraste le plus complet ; je m'occupai d'un bouquet ; voici comment : il y avait parmi les passagers un grand jeune homme pâle, blond, mince, silencieux, contre l'habitude norvégienne, et que je voyais plusieurs fois par jour s'enfermer dans sa cabine avec une carafe d'eau ; ses inexplicables et fréquents tête-à-tête avec une carafe m'avaient donné les plus coupables pensées ; j'avais supposé, et je m'en accuse, que la carafe pouvait bien contenir autre chose que de l'eau. Un jour, par la porte entr'ouverte, j'eus le mot de mon énigme : le contenu de la carafe était pour un bouquet, un petit mignon bouquet de roses et de géraniums que ce jeune homme soignait depuis Drontheim avec une sollicitude d'amant ou de savant. Le jour du coup de vent, il avait, de peur d'accident, transporté avec lui sur le pont son fragile trésor, et il le garantissait de la pluie avec son propre chapeau. Malgré ses précautions, une rose s'était effeuillée dans une secousse, et il en regardait tristement les pétales pâlis, tombés sur un coin de mon manteau.

« Madame, me dit-il en assez bon anglais, ayez la bonté de ne pas remuer, afin que je les ramasse. »

Il les recueillit précieusement et les mit dans une petite boîte.

« Monsieur, allez-vous encore bien loin avec ce bouquet ? lui demandai-je.

– Jusqu'à Talwig, près d'Hammerfest, et je porte ce bouquet à ma mère ; il lui causera une grande joie. Figurez-vous, madame, que ma mère n'a pas vu de roses depuis dix ans ; elle n'est pas Norvégienne, elle est Anglaise ; pauvre mère ! Comme ce petit bouquet va l'émouvoir profondément, en lui rappelant son beau pays, où il fait chaud, où il y a des rosiers en pleine terre ! »

Pour un Norvégien, l'Angleterre c'est le sud.

« Mais il est bien difficile de conserver toute une semaine des fleurs coupées ; n'auriez-vous pas mieux fait d'acheter à Drontheim, pour madame votre mère, un rosier vivant dans un pot ? Elle en eût joui plus longtemps. »

Le pauvre garçon rougit à ma question et ne répondit pas. Je n'avais pas réfléchi, en la faisant, au prix énorme d'un rosier à Drontheim ; l'acquisition en eût été au-dessus de ses moyens, et il n'osait pas l'avouer.

Faute de pouvoir observer dans les cabines les élégantes d'outre-cercle polaire, sans cesse absorbées dans le mal de mer, je m'intéressai à une jeune fille qui, comme moi, restait toujours sur le pont. C'était une jeune paysanne de dix-huit ans environ, d'apparence pauvre, mais propre ; elle avait de magnifiques cheveux blond clair, très bouffants, qu'elle refoulait sans cesse avec une certaine grâce sauvage sous son petit béguin de soie noire. Elle s'était embarquée seule ; elle allait à Hammerfest pour y être servante chez un négociant. Dès le premier jour, la pauvre enfant souffrit horriblement du mal de mer ; la cabine des secondes places était repoussante, elle préféra rester sur le pont ; elle était là isolée, pauvre, souffrante, timide ; personne ne faisait attention à elle, hors un grand jeune homme vêtu comme un marchand aisé, qui se promenait tout le jour de long en large en fumant, et qui lui jetait de temps en temps un regard de pitié sympathique. Pendant le coup de vent des Loffoden, la petite étant extrêmement malade, le grand garçon se décida et se mit à la soigner de son mieux. Je ne pus suivre tous les développements de cette idylle maritime ; mais quelques jours après notre quasi-tempête, j'en connus le dénouement. Je vis le couple du jeune marchand et de la petite servante s'entretenir, tendrement appuyés l'un sur l'autre et se souriant d'un air heureux, le tout à la plus grande gloire de la morale : ils étaient fiancés ; ils avaient échangé leurs anneaux d'argent ; aussitôt arrivés à Hammerfest, un prêtre devait bénir leur union. Ainsi, partis étrangers l'un à l'autre, ils arrivèrent époux, et cela en huit jours ! Il est impossible de mieux mener les choses, même dans un vaudeville. J'ai emporté la meilleure opinion de ce brave garçon, pour qui une femme en proie au mal de mer avait pu être séduisante ; j'ai vu là la révélation d'un bon cœur.

En approchant de Tromsoë (prononcez Tromseu), les écueils deviennent si nombreux et si pressés qu'on pourrait les prendre pour des troupeaux de monstres marins dont on entrevoit à fleur d'eau les écailles rugueuses ; en revanche, la côte s'adoucit un peu ; ces montagnes s'abaissent, les crevasses se comblent et permettent à de petits bouquets de bouleaux d'y jeter leurs racines ; les mousses sont plus variées ; le paysage est encore triste, il n'est plus désolé.

Tromsoë est la seule ville qu'on trouve sur la côte, outre Drontheim et Hammerfest ; elle est située vers le 69° de latitude nord. Elle remonte à une assez haute antiquité ; dès le XIIIe siècle, son port sûr et profond était le lieu de ralliement de tous les pêcheurs de morues et de baleines. Pendant le XVIe siècle, Tromsoë jouit d'une prospérité commerciale presque entièrement évanouie aujourd'hui, et qui lui a été enlevée par Hammerfest, ville plus moderne et entrepôt actuel de tout le commerce de la Norvège avec la Russie. Je me sers du mot ville, et je crains bien que cette expression ne vous donne la plus fausse idée des lieux dont je parle ; ce sont d'étranges villes que Tromsoë et Hammerfest, et fort peu dignes de ce nom. Jugez-en : Tromsoë, c'est un port entouré de hangars de bois, et une rue, une seule rue, la Canebière de l'endroit, donnant d'un côté sur la mer et terminée à l'autre bout par un glacier ; un énorme glacier vert et bleu, très complet, très réel, très capable de vous engloutir sous une avalanche, si vous aviez la curiosité d'aller l'observer de trop près. Cette rue à singulière perspective est montueuse et non pavée ; dès le dégel, le sol est entièrement défoncé, plein de trous remplis d'une boue noire et épaisse ; on a jeté au milieu du chemin quelques grosses pierres et de longues planches, à l'aide desquelles on arrive à n'avoir de fange que jusqu'aux chevilles. Les deux côtés de cette avenue difficile sont bordés de maisons de bois revêtues de la couche de peinture rouge ou grise, uniforme invariable des habitations du Finmark ; la plupart des maisons sont posées sur des piliers de bois et se tiennent en l'air comme sur des tables basses ; sage précaution contre les neiges de l'hiver, mais qui produit pour des yeux français l'effet le plus bizarre. Toutes ces maisons sont habitées par des marchands : ce sont beaucoup plutôt des magasins que des boutiques ; l'art d'appeler l'acheteur par les séductions de l'étalage est entièrement inconnu aux commerçants de Tromsoë ; il serait du reste peu utile ; il n'y a pas d'inattendu possible dans un pareil lieu, et des voyageurs tels que nous ne s'y voient peut-être pas tous les vingt ans. Quant aux voyageuses, j'eus l'honneur d'en donner le premier échantillon. Les boutiques sont donc de grandes salles, où règne un inexprimable encombrement composé de poisson salé, de fourrures et de rubans, trois objets résumant les besoins du peuple du Nordland : il se nourrit du poisson, se couvre des fourrures et se pare des rubans. Ces rubans diffèrent beaucoup des nôtres : mélange d'indigence et de luxe, ils sont presque toujours en coton broché d'or ou d'argent ; ceux de soie sont très rares et énormément chers. Tromsoë, comme toute la côte stérile de la Norvège occidentale, n'est alimenté que par les provenances étrangères ; les Russes y amènent du beurre, de la farine, des eaux-de-vie de grain ; les Danois et les Hollandais, des pommes de terre, du vin, du bœuf salé, des moutons, des poules, du jambon, etc. On y vit mal et chèrement ; le poisson et la viande de renne seuls y sont à bas prix. À propos de viande de renne, c'est à Tromsoë qu'on me servit pour la première fois de cette venaison inconnue au café de Paris et à la Maison-d'Or. Le renne a une chair noire et tendre rappelant un peu le foie de veau, avec un assez haut goût sauvageon qui étonne le palais ; c'est un de ces mets dont on médit d'abord et qu'on apprécie ensuite. Le reste de notre repas se composait de pommes de terre cuites à l'eau et d'un potage fait avec des grains d'orge et des cerises sèches nageant dans de l'eau rougie. Ce chaudeau fantaisiste abusait trop de notre appétit pour être accepté ; on s'en tint au solide, arrosé de fin de Porto. Le repas était servi dans une espèce halle de planches blanchies à la chaux, dont nous eûmes la jouissance tout un jour. Le festin et ce palais coûtèrent deux *species*[17] (environ onze francs) par personne ; il est vrai, que sur la porte de cette maison si durement hospitalière, on avait écrit pompeusement, ou plutôt ironiquement, ces mots : *Hôtel du Nord.*

Nous passâmes un jour à Tromsoë ; c'est beaucoup plus longtemps qu'il ne faut pour le savoir par cœur et avoir hâte de le quitter ; je me rembarquai donc volontiers, et le lendemain nous étions à Hammerfest.

Hammerfest est entre le 70° et le 71° de latitude nord, dans une petite île nommée Hwaloë (île de la Baleine). La ville n'est pas précisément au cap Nord, elle en est distante d'environ vingt lieues ; le cap Nord forme l'extrémité de l'île Mageroë (île Maigre), où il n'existe aucune habitation. Hammerfest, je vous l'ai dit, est la dernière ville du monde ; les maisons y sont en bois, comme dans tout le Nordland. La pierre abonde partout dans ces contrées ; mais nulle part on n'en bâtit les habitations ; la pierre ne résiste pas comme le bois aux froids rigoureux de ces latitudes ; elle se fend, se sépare, se désagrège même tout à fait à la longue ; il faut donc que les navires apportent à Hammerfest, outre toutes les denrées alimentaires, les bois de construction et le combustible. La ville, lorsqu'on arrive, ressemble assez à Tromsoë ; le port est circulaire, entouré de grands magasins qui, ser-

[17] Monnaie norvégienne valant à peu près cinq francs quinze centimes de France.

vant seulement d'entrepôts, sont sans fenêtres et ont d'énormes cadenas à toutes les portes : cela leur donne une grande ressemblance avec des prisons.

Le premier jour de mon arrivée, j'eus la surprise la plus complète que m'eût encore procurée mon voyage. Je m'étais établie tant bien que mal, et mon premier soin avait été de me mettre à écrire à ma mère ; ma lettre finie, me sentant fatiguée, je me préoccupai de mon installation pour la nuit. J'appelai mon domestique.

« François quelle heure est-il ?

– Madame, il est minuit et quart.

– Comment, minuit ! il fait grand jour ; vous vous trompez, il n'est pas minuit. »

Alors François, avec la gravité d'un homme qui a la raison de son côté, alla me chercher le chronomètre, et le plaçant devant moi :

« Madame peut voir, » dit-il.

Le chronomètre marquait minuit dix-sept minutes.

« À quelle heure se couche donc le soleil ici ? demandai-je alors à François ; vous êtes déjà venu à Hammerfest l'an dernier, vous devez le savoir ?

– Mais, madame, il ne se couche pas du tout en cette saison.

– Et combien de temps cela dure-t-il ?

– Depuis la mi-juin jusqu'à la fin d'août. »

Je sortis pour voir cet étrange soleil de minuit ; le temps était bas, triste, couvert, mais on y voyait parfaitement aussi clair que dans la journée. Pendant ma traversée, j'avais oublié d'observer la longueur croissante des jours ; chaque soir j'allais me reposer durant quelques heures, et j'avais ainsi atteint, sans m'en apercevoir, cette région du globe où l'obscurité ne paraît pas au ciel pendant toute une saison.

Hammerfest est la seule ville où il y ait véritablement trois mois de jour et trois mois de nuit.

Hammerfest a la forme d'un croissant ; les maisons sont groupées dans le petit espace laissé libre entre les montagnes et la mer ; ces montagnes hautes, noires, infranchissables, lui interdisent de s'étendre plus loin.

Chaque année, à l'époque du dégel, des quartiers de roc se détachent des montagnes et viennent rouler au milieu des maisons ; les habitants d'Hammerfest se sont accoutumés à ce danger inévitable et ne s'en inquiètent pas ; lorsqu'ils entendent des craquements dans la neige, ils se retirent vers le port, et, quand la terrible avalanche est tombée, ils retournent vers leur logis, si toutefois le logis n'est pas écrasé. Hammerfest compte à peu près cinq cents habitants et se compose d'environ soixante maisons de bois, barbouillées d'ocre, parmi lesquelles une douzaine au plus sont habitables ; les autres sont de chétives cabanes construites par les Norvégiens pauvres, ou des huttes où s'abritent les Lapons côtiers. Les édifices sont quatre maisons à deux étages, peintes en blanc et ornées de filets verts et bleus, précisément comme les assiettes des petits restaurants. C'est là que respire l'aristocratie du pays ; aristocratie marchande, comme vous pensez bien : car la seule rage du commerce peut engager des hommes riches à résider dans un lieu aussi affreusement misérable.

Un certain négociant d'Hammerfest, un nommé M. A., qui a eu l'art de pêcher dans l'huile de baleine une fortune d'un million, et qui a l'ineptie de ne pas aller la dépenser ailleurs, possède même un jardin ; il y a quelques jours, on m'offrit de me le montrer ; j'acceptai. On me fit entrer dans un enclos de quinze mètres d'étendue, où de petits compartiments de terre noire se dessinaient sur des allées de terre noire, le tout parfaitement vierge d'une tache de verdure ; on ne pouvait distinguer les allées des plates-bandes que parce que les unes étaient battues et les autres labourées.

« C'est là le jardin dont on m'a tant parlé ? dis-je en regardant cette espèce de cour non pavée.

– Oui, madame.

– Mais il n'y a pas là une fleur, ni même un brin d'herbe.

– Oh ! sans doute, mais il y a des graines semées, et dans quelques jours elles lèveront ; si l'été est beau, on aura peut-être quelques salades ; l'année dernière on en a eu douze, et des pavots et des renoncules de quoi faire au moins trois bouquets.

– Pourquoi alors m'avez-vous amenée ici avant qu'il *y* eût rien à voir ?

– Comment, madame, rien à voir ! et toute cette terre !... »

C'était la terre amassée en aussi grande quantité qu'on offrait à mon admiration.

Il faut aller à Hammerfest pour bien comprendre que les diamants et les fleurs sont au fond la même chose, sont les formes différentes de la même pensée de Dieu. Les pierres précieuses sont des espèces de fleurs rares que la terre cache dans son sein ; à Paris, où il y en a peu, où elles coûtent cher, toute femme les admire et les désire, quoiqu'elle ait des roses pour rien : à Hammerfest, où les fleurs sont plus que rares, sont presque impossibles, les femmes les adorent, et aucun diadème de pierreries n'a été mieux reçu que ne le serait dans ce coin du monde le bouquet jeté chaque soir sur un meuble par l'élégante Parisienne à son retour du bal.

Une femme d'Hammerfest possède, depuis longues années, un rosier qui ne donne pas une rose par an et reste pourtant l'objet de l'envie universelle ; une autre plaça un jour devant moi, sur sa commode, des plantes de pommes de terre : elle espérait les voir fleurir, et sa joie était extrême.

L'unique rue de la ville est longue d'environ deux cents pas, large de dix ; elle prend le croissant du port en diagonale. Elle n'est pas pavée ; on s'est contenté de poser de loin en loin sur le sol des fragments de rochers plats, sans lesquels on enfoncerait complètement dans la boue. Cette rue a pour embranchements quelques ruelles étroites, absolument inabordables dès qu'il pleut.

Les maisons de bois déploient leur façade sur la rue principale. Les ruelles sont bordées des chaumières norvégiennes ; ces pauvres logis n'ont jamais qu'un rez-de-chaussée ; les murs sont faits de troncs de sapins, dont les interstices sont remplis avec de la mousse ou de vieux câbles mis en charpie. Une cabane est divisée en deux compartiments ; la pièce d'entrée sert de cuisine, de salon et de salle à manger ; une immense cheminée, construite avec des lames de pierre grise, occupe un pan de mur presque entier ; cette cheminée, de forme tout à fait primitive, s'élève jusqu'au toit sans se rétrécir. La pièce du fond est l'habitation de toute la famille ; elle fait aussi office de magasin pour les vêtements et les provisions ; c'est le *gaard* de la Norvège méridionale, rétréci, appauvri, attristé sous l'influence d'une terre inculte et d'un climat meurtrier. La plupart de ces masures ont des pieds comme les maisons de Tromsoë, et se soutiennent sur quatre gros troncs de sapin. Elles sont couvertes de gazon qui forme les seules plaques de verdure du paysage. Il est fort singulier de voir chaque matin les femmes monter leurs chèvres sur le toit à l'aide d'une échelle, afin que les pauvres bêtes puissent brouter un peu de nourriture fraîche. Le dessous des maisons abrite, comme le ferait une remise, les filets pour la pêche, le bois, les traîneaux, les outils et tous les menus ustensiles qui gêneraient dans l'intérieur. Chose remarquable, tous ces objets sont ainsi sur la voie publique, à la portée de tout le monde, et il ne se commet jamais de vol.

Les habitants de Finmark allient la plus grande probité à un extrême amour du lucre ; ils rançonnent sans pitié les rares étrangers qu'ils aperçoivent chaque année, mettent toutes choses usuelles à des prix exagérés, et ne détourneraient pas un bout de fil. Ils vendent leurs denrées trois fois ce qu'elles valent ; mais on loge chez eux sans la garantie d'une serrure, et on n'est jamais volé. La difficulté des communications, l'impossibilité où serait le coupable de se défaire d'un objet dérobé, viennent bien en aide à leur bonne nature ; mais enfin, tel qu'il est, le fait vaut la peine d'être constaté.

Le port n'est pas entouré de quais ; seulement, pour la commodité des embarquements, on a construit une plate-forme en bois, sorte de balcon circulaire qui court le long de tous les hangars. Quand un navire veut décharger une cargaison, il suffit de poser une longue planche entre la porte du magasin et le pont du navire pour établir un va-et-vient. Cela peut être très commode pour les matelots, mais c'est assurément fort laid ; car cette plate-forme interdit la circulation sur le port et prive le voyageur de la seule vue belle, même à Hammerfest, la vue de la mer.

Pendant les mois d'été, les navires étrangers arrivent en assez grand nombre dans le petit port ; les Russes et les Hollandais s'y montrent en majorité ; ils apportent à peu près tout ce qui se consomme et s'use à Hammerfest. Les Russes sont chargés de farine, de beurre, de bois ; les Hollandais amènent des pommes de terre, du vin, des denrées coloniales ; quelques bâtiments de Hambourg font le commerce des étoffes, du savon et des meubles. Parmi les marins, les Russes se font remarquer par leur physionomie particulière ; ils produisent un contraste marqué avec les habitants du Finmark, qui semblent souffrir plus qu'eux des rigueurs de leur horrible climat, les matelots russes sont généralement grands, blonds, vigoureux, barbus et colorés ; les Norvégiens sont frêles, laids, pâles, ont les cheveux clairs et la barbe rare. Le caractère des deux peuples diffère également : les Russes passent pour intelligents, actifs et gais ; les Norvégiens m'ont paru lents, bavards, curieux, et, quoique ne volant jamais, cherchant toujours à tromper, ce qui, chez les marchands, ne passe pas pour être la même chose.

Les trois mois d'été, ou plutôt les trois mois de clarté, sont pour le marchand d'Hammerfest le moment où il doit réaliser son bénéfice de toute l'année et dépenser toute son activité ; dès le mois de septembre, les navires n'arrivent plus ; ceux qui se trouvent dans le port partent les uns après les autres. Les Russes s'en vont les premiers, parce qu'ils retournent chez eux en doublant le cap Nord, où les glaces arrivent de bonne heure, et regagnent Arkangel par une des côtes les plus dangereuses du monde ; les navires hollandais et anglais partent ensuite. Peu à peu le port devient désert, le ciel s'assombrit, les nuits, d'abord courtes, s'allongent rapidement jusqu'à ce que l'obscurité soit absolue, jusqu'à ce que les nuits de vingt-quatre heures aient remplacé les jours de vingt-quatre heures. Un froid dont nous ne pouvons nous faire une idée, atteignant d'ordinaire trente-cinq degrés au-dessous de zéro, vient accroître l'horreur de ces ténèbres et y ajoute ses souffrances. On ne peut songer sans un sentiment de profonde pitié à la destinée des malheureux condamnés à passer leur vie entière dans de si dures conditions ; mais ce qui paraît incompréhensible, c'est de voir des hommes assez surexcités par la soif d'acquérir pour venir chercher la fortune sur cette terre déshéritée, et pour renoncer par un espoir de lucre au soleil, dont toute joie comme toute fleur a besoin pour éclore.

À la pointe nord du croissant que forme la ville s'élève la seule vaste construction d'Hammerfest ; c'est le temple où ces adorateurs de l'or recueillent leurs richesses, sous la forme assurément la moins tentante que puisse prendre la richesse : celle de l'huile de poisson. Lorsqu'on approche de cette espèce de laboratoire, il s'en exhale une odeur infecte ; si l'on y entre, on est presque suffoqué ; j'y ai pourtant pénétré. L'intérieur est très sombre, à peine éclairé par des ouvertures inégales ménagées dans les murs, bouchées l'été avec de la toile à voile et refermées hermétiquement l'hiver. Au milieu du hangar, dans une immense cuve de fonte, bouillent incessamment des poissons dépecés ; une rigole placée en pente et communiquant avec le haut de la cuve reçoit l'huile qui monte à la surface de l'eau et la conduit dans des auges de pierre, où elle refroidit avant d'être mise dans des tonneaux et livrée au commerce ; cette monstrueuse marmite toujours en fonction, les quartiers de chair rangés sur de larges tables, les os énormes des morses et des baleines entassés dans les coins, donnent à ce lieu l'aspect fantastique et horrible de la cuisine de quelque ogre colossal ; lorsqu'on y est une fois entré, je vous jure qu'on n'a pas envie d'y retourner.

À l'extrémité sud du croissant est située la maisonnette d'un homme nommé Bank, qui exerce dans ce pays perdu le métier original d'aubergiste ; sa maison de bois de sapin n'a pas plus de quatre mètres, et l'appartement d'honneur, retenu pour moi, se compose de deux pièces de huit pieds carrés chacune, et peu élevées de plafond, car j'y touche avec la main. Évidemment l'architecte de l'édifice n'avait prévu que les Laponnes ; le mobilier est réduit à sa plus simple expression, un lit où rivalisent la planche et l'édredon, formant l'antithèse la plus désagréable ; une table et deux fauteuils de bois. Le voyageur est libre de mettre des clous dans les murailles, seule façon de remédier aux armoires absentes. Les fenêtres et les portes sont des miniatures proportionnées aux chambres ; les unes ont trois pieds et les autres à peine cinq ; on ne peut regarder dehors sans ôter son chapeau ni entrer sans se baisser ; en outre, les habitants aiment tant la clarté, qu'ils ne placent jamais rien aux fenêtres pour intercepter la lumière. On doit donc, l'été, subir la clarté perpétuelle ou se faire une obscurité factice à l'aide de châles et de manteaux qu'on accroche devant ses vitres. Malgré cet expédient, auquel j'avais eu recours, j'eus beaucoup de peine à me faire à ces journées sans limites : elles me jetaient dans un malaise et une anxiété inexprimables ; l'ordre de mes habitudes se trouvait entièrement interverti ; je me levais à midi, je dînais à onze heures du soir, j'allais me promener à deux heures du matin ; je ne savais plus quand je devais me coucher ni me lever, et le sommeil m'était devenu presque impossible. Si l'on n'avait pas à Hammerfest une montre et un calendrier, on ne saurait bientôt plus comment on vit, et on pourrait arriver à en être en avance ou en retard de quinze jours avec le reste du monde, sans s'en apercevoir. Le régime de ce séjour ne touche au luxe par aucun côté, comme vous pensez ; si l'on est mal logé, on est plus mal nourri, et la monotonie du menu auquel on est réduit n'en est pas le moindre défaut. Le veau et le saumon forment le fond immuable de la nourriture ; les soupes se varient entre l'orge aux tranches de citron et le seigle aux cerises sèches ; les jours de gala, on obtient des pommes de terre, du renne rôti et du lait. Sous l'influence de ce traitement, on arriverait à faire des folies pour un bouillon ; mais des folies n'auraient pas suffi pour atteindre ce rêve de mon estomac en détresse : il eût fallu des prodiges qu'aucun Dieu ne fit en ma faveur. L'ordinaire insipide de la maison Bank coûte quarante francs par personne par semaine.

Quatre fois par mois, les Lapons arrivent en foule à Hammerfest ; ils apportent le produit de leur pêche et viennent trafiquer avec les Russes. Ces jours-là, la petite ville s'anime d'une façon pittoresque et intéressante ; le port s'emplit de barques doublées de peaux de phoques, et une population étrange se répand de tous côtés. En échange de leur poisson, les Lapons remportent du beurre et des vêtements ; ils y ajoutent quelquefois de la farine, et de l'eau-de-vie toujours. Les marchés se font le plus souvent sans l'intervention de l'argent, et il est curieux de voir l'adresse russe aux prises avec l'astuce laponne. D'ordinaire chacun s'en retourne content, convaincu d'avoir attrapé son partenaire, qui se réjouit de son côté pour la même cause ; parfois il y a litige, et alors les clameurs éclatent de part et d'autre et ne tardent pas à atteindre le diapason le plus violent. Mais le vent emporte toujours la fureur des adversaires : le Lapon lésé ne passe jamais de l'injure à l'attaque en face du Russe cauteleux ; le nain se souvient à temps de la vigueur du géant ; la dispute s'éteint dans l'eau-de-vie, qui sert à tous deux : elle aide l'un à oublier sa disgrâce et l'autre à se réjouir de son succès.

Non seulement il vient des Lapons à Hammerfest pour faire du commerce, mais un certain nombre d'entre eux y habitent et ont quitté la vie nomade pour la vie sédentaire. Mon séjour de plusieurs semaines dans cette ville aurait pu être plein d'intérêt et fécond en observations neuves, si j'avais su parler ou tout au moins comprendre le lapon et le norvégien ; mon ignorance de ces langues m'a réduite à tout juger par mes yeux seulement, de sorte que beaucoup de choses me sont échappées, et je serai contrainte à vous donner des croquis au lieu de portraits. Néanmoins, puisque le moment est venu de vous parler de ce peuple, si peu connu encore, je le ferai avec quelques détails, et ce sera le sujet de ma prochaine lettre.

LETTRE V.

LES LAPONS.

Géographiquement parlant, la Laponie est le pays compris entre le 64° et le 72° de latitude nord et le 22° et le 40° de longitude est. La Laponie présente à peu près la forme d'un triangle dont la partie la plus large serait tournée vers le nord et dont la pointe poserait sur Torneå, au fond de la mer Baltique. Elle a pour limites : à l'est, la rivière Kémi, dont les affluents remontent jusqu'au lac Kola, près de l'océan Glacial, et à l'ouest, la rivière Luloa, qui prend sa source près de Bodoë, sur la mer du Nord. Outre ses deux rivières, qui l'enferment comme dans deux bras, elle est traversée presque en ligne droite, du cap Nord à la mer Baltique, par trois fleuves qui finissent par n'en faire qu'un, l'Alten, le Muonio et le Torneå. Pour être complètement exact, on ne devrait appeler Laponie que la région commençant au-delà du cercle polaire ; mais beaucoup de voyageurs et de géographes désignant sous ce nom des provinces situées au sud de Torneå, je ne pense pas assigner à la Laponie de trop larges limites en la circonscrivant comme je viens de le faire.

Quantité de fables absurdes ont été dites et acceptées sur les Lapons, et malgré les progrès qui, de notre temps, rendent assez faciles les voyages lointains, la Laponie est restée matière à curiosité. Peu de voyageurs s'aventureront jamais dans des régions à la fois si dangereuses et si ingrates à explorer ; je pense donc ne devoir négliger aucun détail sur les rares et étranges habitants de ce pays.

Des recherches ethnologiques approfondies me sont interdites par mon ignorance ; mais, sans prétendre faire de la science, il paraît évident que les Lapons tirent leur origine de peuplades asiatiques, des Mongols, ou plutôt des anciens Scythes ouraliens, avec lesquels ils ont une analogie physique très marquée. Leurs cheveux noirs et droits, leur visage carré, leurs pommettes saillantes, leur nez aplati, leurs yeux petits et relevés des coins les font trop différer de toutes les populations du Nord pour qu'il soit possible de leur assigner une commune origine. Leur taille est encore une autre dissemblance : les Lapons, sans représenter précisément les pygmées qu'Hercule emporta dans sa peau de lion, sont pourtant d'une stature qui contraste avec les belles tailles des contrées septentrionales. Il est rare de rencontrer parmi eux un homme ayant cinq pieds de haut ; ils sont fréquemment entre quatre pieds quatre pouces et quatre pieds dix pouces ; leur moyenne, on le voit, est de beaucoup inférieure à celle des autres peuples d'Europe. Leur langage en fait aussi un peuple à part, ils parlent un idiome incompréhensible pour les Russes ou les Norvégiens, avec lesquels ils sont constamment en rapport. Ce qui viendrait à l'appui de mon opinion sur leur filiation, c'est la grande ressemblance de certaines expressions usitées chez eux avec la langue des Tartares. Leur costume est le costume élémentaire de tout peuple primitif et chasseur, et ne doit guère différer de celui de Magog, fils de Japhet. Les peaux des animaux en font tous les frais ; ils portent en tout temps, pour premier vêtement, une peau de mouton dont la laine est tournée en dedans ; cette espèce de sayon se recouvre, l'hiver, d'une blouse en peau de renne, l'été, d'une blouse de wadmel gris ou bleu foncé, garnie de bandes de drap de diverses couleurs. Le collet de ces blouses, toujours roide et élevé, est orné de petits morceaux de drap rouge, de pasquilles d'étain encadrées dans des piqûres assez habilement exécutées ; la fente de la blouse et les poignets reçoivent les mêmes enjolivements.

La ceinture de peau de renne qui retient la blouse sert de spécimen du luxe de chacun ; tout Lapon y attache des plaques de cuivre, des boutons d'étain ou des plaques d'argent grossièrement ciselées, selon sa fortune. Les hommes portent les cheveux longs, flottant sur leurs épaules, et se couvrent la tête d'une calotte de drap garnie comme la blouse de bandes de plusieurs couleurs ; ils se garantissent les jambes avec des jambières de peau de renne et se chaussent d'un sabot de la même peau, précisément fait comme nos sabots de bois, mais formant demi-botte, ce qui permet de le fixer avec de minces lanières de cuir. Ils emplissent ces chaussures de menues herbes bien sèches, et y enferment leurs pieds tout nus.

Les femmes sont vêtues comme les hommes, à l'exception de leur coiffure, qui est très bizarre : figurez-vous un casque de drap bleu ou vert, lequel casque s'arrondit autour du visage comme un bonnet, et se trouve même parfois déshonoré par une dentelle de coton, qui rend celle qui le porte aussi fière que laide. Cette forme de coiffure est obtenue par un morceau de bois taillé en cimier, qu'elles posent sur leur tête avant de mettre leur bonnet. Ce cimier oblige l'étoffe à garder une forme martiale qui fait de toutes les femmes laponnes autant de Minerves burlesques ; pour compléter cet ensemble et se distinguer des hommes, elles coupent leurs cheveux tout près de la tête, de sorte que, si elles semblent désagréables avec leur bonnet, elles deviennent affreuses quand elles l'ôtent. Quelques-unes entrecroisent sur leurs jambes des rubans de laine rouge qui de loin ont l'air de bas rouges ; toutes portent à leur côté un petit étui de peau contenant du fil, des ciseaux et, ce qui est moins féminin, du tabac à fumer. Point de Laponne qui ne fume, hors la période de la première jeunesse, et cette habitude ne contribuait pas peu aux méprises que je faisais entre les deux sexes dans les premiers temps de mon séjour à Hammerfest. Il paraît que l'hiver, c'est encore pire : hommes et femmes ajoutent alors au costume que je viens de décrire un dernier et ample vêtement à capuchon, fait de peaux de rennes dont on laisse le poil en dehors ; ainsi accoutrés, Lapons et Laponnes ne ressemblent plus qu'à de gros ours gris marchant sur leurs pattes de derrière.

Je m'aperçois que j'ai oublié le point essentiel du bagage des hommes, c'est-à-dire le sac de peau attaché au cou par deux lanières et reposant sur la poitrine entre la première et la seconde blouse ; ce sac représente à la fois leur arsenal, leur garde-manger et leur coffre-fort. Un jour j'obtins d'un Lapon de vider cette précieuse réserve devant moi ; il en tira un couteau, un grand vieux pistolet sans chien auquel il paraissait attacher la plus grande importance, quatre *species,* du tabac à fumer (je n'en ai vu aucun priser), une boîte d'écorce de bouleau remplie de beurre de lait de renne, un morceau de poisson fumé et toute une provision de petit foin destiné à remplacer celui de sa chaussure dans le cas où il l'aurait mouillé ; je dois ajouter, malgré l'inélégance du détail, que ce foin lui avait déjà servi à cet usage. D'après cet aperçu, vous pouvez comprendre qu'il s'exhale d'ordinaire de ces sacs une odeur prodigieusement repoussante.

Au milieu de toutes ces laideurs, une chose pleine d'un goût charmant s'offre aux yeux du voyageur. Cette chose, c'est le berceau des petits enfants : tout le luxe, toute la poésie du pauvre Lapon s'est réfugiée là ; la tendresse maternelle a su rencontrer l'élégance ; le cœur rempli d'un doux sentiment a su créer le gracieux. L'enfant lapon est placé dans un objet qui tient à la fois du meuble, du vêtement et du nid. Ce berceau, fait de bois léger recouvert de cuir, a la forme d'un soulier très rond du bout, l'empeigne servant de rebord tout autour et de capote s'arrondissant au-dessus de la tête de l'enfant et le protégeant sans le gêner. On double cette légère armature de plusieurs épaisseurs de la fourrure de ces jolis lièvres blancs comme le duvet d'un cygne, et, pour que la petite créature, mollement et chaudement emmaillotée dans cette douce fourrure, ne puisse pas tomber, on attache sous le berceau de minces courroies qui se recroisent plusieurs fois et la maintiennent sans la serrer. Tout autour de la capote on suspend des colliers de perles de couleurs et de petites chaînettes de cuivre ou d'argent, dont la vue et le petit cliquetis amusent et égayent l'enfant. Ce berceau est très intelligemment approprié aux habitudes d'un peuple nomade, son poids, sa forme, sa matière, le rendent commode à la mère. Dans les longues marches, la Laponne attache le berceau de son dernier né sur son dos comme une guitare ; il ne lui cause ni embarras ni fatigue. Pendant les haltes, elle le suspend à l'aide d'une courroie à une perche plantée en terre, et le moindre mouvement de l'enfant imprime à son berceau un balancement qui l'empêche de s'apercevoir qu'il n'est plus porté par sa mère.

Outre ces berceaux si bien construits, les Lapons fabriquent un certain nombre de petits meubles et d'ustensiles à leur usage ; ils sculptent le bois de sapin en coffres et en cuillères, le bois de bouleau en boîtes où ils renferment le beurre. Ils font des manches de couteaux et des supports de chenets en corne de renne. Les femmes piquent adroitement les ceintures et les bordures des blouses ; elles ornent aussi, avec un goût qui a une certaine saveur primitive, les harnais de fête de leurs rennes. Presque tous savent construire un traîneau ou faire des patins. Rien n'est plus étrange que de voir un Lapon adaptant à ses pieds ces patins infiniment plus longs qu'il n'est haut. Ces patins ont de six à sept pieds de longueur ; ils ont la forme d'une planche étroite recourbée des deux bouts, sur laquelle le pied est retenu vers le milieu par une courroie ; la planche est recouverte d'une peau de phoque, dont la fourrure a une extrême analogie avec la peau tigrée du léopard. Cette fourrure courte et roide permet de faire glisser les patins sur la neige avec une étonnante rapidité.

Comme les Scythes, leurs ancêtres probables, les Lapons n'ont aucune notion d'agriculture ; ce sont des cosaques à pied ; ils vivent errants, sous leur tente, les uns pasteurs de rennes, les autres pêcheurs de phoques. Un petit nombre de ces derniers s'est, depuis quelques années, fixé à Hammerfest, et leurs misérables cabanes forment la dernière catégorie des habitations de la ville, si l'on peut appeler habitations des huttes de forme conique dont la base s'enfonce assez profondément dans le sol ; cela m'a paru construit avec de vieux débris de navires et de la mousse foulée recouverte de terre. S'il m'est possible d'employer cette expression, je dirai que je crus voir des tentes de terre. L'intérieur n'a aucune division ; le feu se fait au milieu de la hutte, sur des pierres plates, et la fumée s'échappe par un trou laissé au haut du toit ; quelques coffres servant de lit et remplis à cet effet d'herbes marines séchées, des seaux de bois, un chaudron, composent d'ordinaire tout le mobilier de ces pauvres demeures.

Il ne faudrait pas juger définitivement les Lapons sur ce qu'on observe de leurs mœurs à Hammerfest ; ils viennent à la ville seulement à de rares intervalles, afin de conclure des marchés ou de faire des achats, et ces jours-là, on ne voit dominer en eux que la passion de tout peuple sauvage : l'ivrognerie ! On les rencontre partout en groupes de cinq ou six, assis sous quelque maison parmi les vieux traîneaux, les ustensiles et les fagots, et là, se tenant étroitement embrassés, ils se murmurent à l'oreille des confidences entrecoupées de hoquets, et échangent à chaque minute un *coulak* attendri *(coulak,* leur mot favori, celui qu'ils placent sans cesse dans leurs discours, veut dire *écoute)* ; ils puisent ainsi ensemble à la même bouteille d'eau-de-vie, jusqu'à ce qu'ils s'endorment dans une commune ivresse.

Sous la tente, dans ses longues courses, dans sa hutte, les jours ordinaires, le Lapon n'est pas cette espèce d'animal immonde qui se roule sur un sol fangeux dans l'abrutissement de l'ivresse ; il vit paisible, laborieux, s'occupe des soins du ménage, prépare la nourriture, tandis que sa femme se préoccupe de ses enfants ou travaille à la confection de quelques vêtements. Mais, par quelque côté qu'on la considère, la situation de ce pauvre peuple est toujours misérable et infime. Pour nous, elle peut être peinte par ces quelques mots : il ne mange pas de pain et ne porte pas de linge, voilà pour la misère physique ; il ignore toute science et tout art, voilà pour la misère morale.

Le Lapon ne chante jamais ; il n'a pas même cette musique qu'on pourrait appeler naturelle et dont toute peuplade sauvage a, dit-on, connaissance. Le guerrier *peau rouge* de l'Amérique du Nord, le colossal habitant de la Terre de Feu, le Cafre stupide et grossier récite son chant de guerre, de mort ou de triomphe, sur un rythme cadencé et avec des éclats de voix qui forment une sorte d'harmonie bizarre et primitive. Le Lapon, lui, n'a même pas cela ; il semble que le chant, cette manifestation de la joie de l'homme, ne puisse se produire sous ce ciel glacé et au milieu de ténèbres presque continuelles.

Les Lapons sont chrétiens depuis environ deux cents ans ; ce fut Frédéric IV de Danemark qui, vers l'an 1622, envoya les premiers missionnaires en Laponie, pour y faire connaître l'Évangile, et, pendant plus d'un siècle, les rois de Danemark continuèrent à entretenir des missions dans ce but. Le christianisme eut peu d'effet sur les Lapons ; il redressa leurs consciences ignorantes, sans éveiller leurs esprits apathiques ; ils sont aujourd'hui encore à peu près tels qu'ils étaient avant sa venue ; ils ont substitué le dogme divin et civilisateur aux fictions d'une mythologie obscure et bizarre, sans que leurs mœurs s'en soient modifiées. Du reste, toute la religion étant réduite pour eux à la tradition orale, la dévotion de chacun se proportionne à sa mémoire. L'instruction est à ce degré chez eux, qu'un Lapon instruit jusqu'à l'alphabet correspond chez nous au jeune homme sorti le premier de l'École polytechnique.

Les Lapons ne comprennent rien du grand sens moral de la religion ; ils en observent routinièrement les pratiques, parce que toute ignorance a besoin de superstitions et toute faiblesse d'autorité. Ils ne connaissent des péchés capitaux que la paresse, l'avarice et l'intempérance ; toutes leurs vertus sont négatives ; leur douceur est mollesse, leur continence froideur, leur probité indifférence ; on ne voit chez eux ni colère, ni luxure, ni envie, mais aussi point de courage, d'imagination, de passion ou d'activité. Ils n'ont aucun développement intellectuel ou industriel et ne cherchent même pas à l'acquérir. Touchant à la civilisation par trois côtés de leurs limites (la Norvège, la Suède, la Russie), ils n'en ont rien emprunté, rien compris, rien désiré ; ils vivent dans leur inertie presque sans besoins, sans jouissances, sans aspirations. C'est au total un peuple misérable et grossier, végétant dans une sorte d'engourdissement moral et physique, et bien fait pour habiter ce bout glacé du monde, d'où toute vie se retire avec le soleil.

J'aurais désiré assister à quelques-unes de leurs cérémonies religieuses ; mais, pendant mon séjour à Hammerfest, je n'ai pu voir qu'un mariage.

L'église d'Hammerfest ressemble autant à une grange qu'à une église : c'est un grand bâtiment en bois peint en gris, insignifiant et froid à l'extérieur, comme toutes les constructions de planches, nu et triste à l'intérieur, comme toutes les églises réformées. Des bancs de sapin, serrés les uns contre les autres, couvrent les dalles verdâtres et inégales, et sont dominés par une chaire qui ressemble infiniment trop à une guérite.

Le jour du mariage dont je parle, une assistance nombreuse amena les époux jusqu'au seuil de l'église. Là les parents et les amis intimes des fiancés entrèrent seuls avec eux et se placèrent en face de la chaire, les hommes d'un côté, les femmes de l'autre. Le futur, un des plus petits Lapons que j'aie vus (il ne devait pas avoir quatre pieds de hauteur), portait une robe de wadmel gris bordée de trois bandes de drap gros bleu, rouge et jaune, dont il avait l'air très orgueilleux. Il n'était pas précisément laid ; ses épais cheveux noirs encadraient bien son visage carré, imberbe, et faisaient ressortir son teint coloré et sain. Quant à la femme, elle était d'une laideur amère, à peine tempérée par son extrême jeunesse. Ses petits yeux enfoncés et bordés de rouge, sa bouche énorme montrant des dents aiguës et écartées, sa peau brune et rude, sa taille massive, ses mains courtes et sales, en faisaient une espèce de monstre. Telle on représenterait la sœur de Caliban, ou une des filles de l'ogre des contes de fées. C'était un ensemble pire que laid : repoussant. Elle portait le costume ordinaire des Laponnes, et n'y avait ajouté pour la solennité qu'une coiffe-casque ornée de petites plaques d'argent, derrière laquelle pendait une énorme touffe de rubans de coton tramés de cuivre et d'argent. Les libéralités de sa famille ou de son fiancé lui avaient, en outre, permis d'attacher après elle une quantité de petits fichus de laine ou de coton de fabrique anglaise, choisis des couleurs les plus éclatantes. Tout cela était accroché autour d'elle pêle-mêle, comme à un portemanteau, et ces tons tranchés, ces lambeaux flottants, ce désordre criard et heurté, contribuaient à rendre son costume aussi disgracieux que sa personne.

Chacun se tenait debout et en silence autour de la chaire. Bientôt le ministre arriva. Il lut les versets consacrés, unit les mains des époux, échangea leurs anneaux, puis leur fit en langue laponne, une allocution qui dut être touchante, car tout le monde se mit à pleurer à chaudes larmes.

Mon ignorance de la rhétorique laponne ne me permit pas de prendre part à l'émotion générale ; mais en regardant les contorsions de physionomie de tout cet horrible petit monde, j'entrevis à la laideur humaine des horizons variés et infinis que je n'avais même pas soupçonnés jusqu'alors.

Cette partie de la cérémonie achevée, le marié retourna au milieu de ses amis d'un côté de l'église, et la mariée près de ses compagnes de l'autre ; puis toute l'assistance entonna un psaume d'une voix fausse et rauque à faire fuir des ânes. C'est la seule circonstance où j'aie entendu chanter des Lapons, si ce que j'entendis alors peut s'appeler un chant. Une remarque à faire en passant, à propos de la voix laponne, c'est que généralement les femmes ont le timbre sourd et enroué, et que les hommes, au contraire, l'ont grêle et glapissant. Les yeux fermés, on pourrait se méprendre souvent sur leur sexe.

En sortant de l'église, je fus tout éblouie par un rayon de soleil ; c'était à peu près le premier que j'eusse aperçu à Hammerfest, et il me rappela tout d'un coup et si vivement la France, que mon cœur se gonfla sous une inexprimable émotion. Ce temps rare et admirable me donna l'idée de faire une excursion à pied le long de la côte ouest d'Hammerfest. Je gravis non sans peine les rochers qui défendent la baie de tous côtés ; à chaque instant mon pied se prenait dans une crevasse, ou enfonçait dans de petits talus blanchâtres, mous comme de la laine ; vestiges de la végétation de l'année précédente, petites touffes de plantes saisies par la neige avant de s'être épanouies, pauvres fleurettes enveloppées dans leur linceul avant que le soleil les eût fait vivre !

Après une heure d'une course digne d'une chèvre sauvage, je parvins enfin à un haut plateau d'où l'on domine toute la baie, et là je fus amplement dédommagée de mes peines. Le grand voile de brume qui jusqu'à ce jour avait caché l'horizon était enfin déchiré de toutes parts ; les rayons lumineux tombant obliquement sur les toits de gazon d'Hammerfest les faisaient étinceler comme une poignée d'émeraudes jetées sur un drap noir. En face de moi, les îles Soroë élevaient dans le ciel leurs pics aigus couverts de neige, où se jouaient toutes les couleurs du prisme. Les grands rochers de basalte de la côte étaient couverts d'éders qui saluaient ce beau temps de leurs cris joyeux. Enfin, au loin, entre les Soroë et la pointe de Hwaloë, j'apercevais la passe du nord, le chemin du Spitzberg ; les grandes vagues vertes de l'océan Glacial venaient mourir sur la grève avec un bruit solennel et doux, et, en les écoutant, je songeais que bientôt j'irais près du pôle, d'où elles viennent.

Ma promenade fut longue ; j'explorai complètement tout le plateau praticable dominant la côte ; en regagnant la maison Bank, je trouvai sur mon trajet un petit cap assez élevé, formé par un grand rocher au milieu duquel s'ouvrait une étroite grotte, ou plutôt une sorte de petite niche, où je me reposai commodément pendant une heure ; cette trouvaille était précieuse : elle me permettait, en m'assurant un abri, de venir à l'avenir me promener sans redouter les trop fréquentes averses du ciel d'Hammerfest. À partir de ce jour je montai souvent jusqu'à cette espèce d'observatoire, et prenais plaisir à voir les barques entrer et sortir du port. C'est pendant une de ces vigies volontaires que j'aperçus, en interrogeant l'horizon, la belle voilure d'un grand navire ; le navire approcha, et je distinguai bientôt le pavillon tricolore attaché à l'un de ses mâts. C'était *la Recherche,* la corvette que nous attendions ! J'éprouvai à sa vue une émotion à laquelle je ne m'attendais pas ; je sentis frémir en moi toutes ces fibres profondes qui répondent au mot patrie.

J'ignorais jusqu'aux noms de mes futurs compagnons de voyage : M. Gaimard seul, parmi eux, m'était connu. Cependant, ce navire m'eût-il amené mes amis les plus chers, je ne l'eusse pas mieux accueilli dans mon cœur ; j'allais voir des visages français, entendre parler ma langue et quitter Hammerfest. Triple joie !

La corvette mouilla heureusement ; les officiers et les membres de la commission scientifique vinrent à terre : M. Gaimard nous présenta tout cet état-major. Je reçus une vingtaine de saluts auxquels je répondis par autant de révérences ; mon mari reçut de ces messieurs l'accueil le plus cordial, puis on s'occupa immédiatement de notre départ pour le Spitzberg. La corvette, en quittant Brest, s'était arrêtée quelques jours aux îles Féroë : de là un retard qui ne lui permettait pas de séjourner à Hammerfest. On résolut cependant de profiter de l'arrivée du bateau à vapeur de Drontheim, attendu le lendemain, pour faire une excursion à Havesund, près le cap Nord.

Le commandant du bateau à vapeur consentit à retarder son départ d'un jour pour favoriser cette petite expédition, et un matin, à sept heures, par un temps pur et une mer calme, nous partîmes pour Havesund. À midi nous étions arrivés.

Havesund est une petite baie bien abritée, où se trouve une seule habitation ; cette maison, bâtie en bois, solide, vaste, peinte en gris, est en tout semblable à celles des marchands aisés d'Hammerfest. Havesund mérite pourtant une mention à part, une attention spéciale.

Havesund est le dernier logis humain du globe ; c'est le dernier lieu habité de la limite nord de l'Europe. Avec quel recueillement ne regarde-t-on pas sur un rocher élevé cette pauvre maison, posée en face de l'Océan immense ! Havesund, c'est le cap de l'homme sur l'infini de la solitude ! Entre Havesund, où il y a un jour de trois mois et une nuit de trois mois, et le pôle, l'axe du monde, où l'année se partage en un seul jour et une seule nuit, il n'y a que quatre cent cinquante lieues de mer, le trajet que fait un bateau à vapeur en six jours. Derrière Havesund, il y a toutes les habitations de l'Europe ; devant, il n'y a plus que la mer insondable et les glaces éternelles. Quel lieu pour un penseur ! quelle halte pour un croyant !

Havesund est la demeure d'un riche marchand nommé M. Ullique, lequel passe sa vie à échanger de l'huile de baleine contre de l'eau-de-vie et des peaux de phoques contre de la farine. Je dis sa vie, je devrais dire son été ; car, dans cet horrible lieu, dès que viennent les nuits et avec elles les froids, la mer se glace, et toutes communications sont forcément interrompues. Pendant les huit ou neuf mois d'hiver, M. Ullique ne peut que se chauffer et supputer ses produits de l'année. Il faut qu'ils soient bien beaux pour être payés si chers !

Havesund n'est pas seulement un point géographique unique, c'est encore un lieu historique.

Un jour de l'été de 1795, un jeune homme du nom de Froberg, accompagné d'un ami qui prenait celui de Muller, débarqua d'un petit vaisseau danois et se fit descendre sur la côte près d'Alten ; de là il continua sa route à cheval jusqu'à Hammerfest, où un bateau le prit et le conduisit à Havesund. Arrivés là, les deux amis reçurent l'hospitalité du père de M. Ullique, qui les mena lui-même au cap Nord, but de leur longue pérégrination, et ne les laissa partir que comblés des soins les plus affectueux. Quelques années plus tard, le père de M. Ullique apprenait que ce jeune étranger, dont la distinction et l'instruction lui avaient laissé un souvenir profond, avait un autre nom que celui de Froberg : il s'appelait *Louis-*

Philippe d'Orléans ; son compagnon Muller se nommait M. de Montjoye.

Le bon père Ullique resta toute sa vie sous l'émotion rétrospective de l'honneur fait à sa maison, et ses sentiments d'admiration et de sympathie pour le prince d'Orléans le firent élever son fils dans les sentiments les plus enthousiastes pour tout ce qui porte le nom français.

Le prince d'Orléans, devenu roi des Français, n'avait pas non plus oublié la cordiale réception de la famille du marchand d'Havesund, et nous étions chargés d'en consacrer le souvenir, en offrant à M. Ullique un fort beau buste en bronze, portrait et présent du roi des Français.

La famille norvégienne était dans le ravissement.

L'inauguration du buste se fit avec une certaine solennité, au bruit de vingt et un coups de canon, tirés à bord du bateau à vapeur, des étourdissants hourras des Norvégiens venus de tous côtés, et des pétillements du vin de Champagne, dont les bouchons sautaient de toutes parts.

M. Ullique a cinq filles blondes et roses, qui aidaient fort gracieusement leur mère à faire les honneurs de cette petite fête. Les jeunes filles me firent voir la maison dans le plus grand détail, puis me menèrent dans une sorte de petit jardin-serre, moitié abrité, moitié couvert, où on était parvenu à force d'artifices à faire pousser quelques petites fleurs. Je ne craignis pas de dépouiller ce trésor de l'horticulture polaire, afin de tresser une couronne qui devait être déposée par nous sur la tête du roi. Je réunis tout ce qui était fleuri dans le précieux jardin : trois violettes, deux andromèdes à fleurs bleues, quelques boutons d'or, des saxifrages étoilés, une touffe de myosotis ; j'entremêlai cela de feuilles d'oseille et de cochléaria, guirlande un peu trop culinaire, mais faite des seules feuilles vertes qu'on pût se procurer.

Jamais plus humble couronne n'eut des honneurs plus magnifiques. Les Norvégiens étaient émerveillés de voir tant de fleurs, comme ils disaient, et les demoiselles Ullique regardaient avec un égal orgueil leur jardin dévasté et le buste couronné.

En y réfléchissant, ce buste du roi et moi, — moi, qui déjà à Drontheim avais fait voir le premier visage de Française qu'on eût aperçu en Finmark — ce buste et moi, dis-je, étions quelque chose d'assez inusité, par ces 71° 10' de latitude. Cependant nous n'eûmes pas les honneurs de l'étrangeté ; il y avait là quelque chose, je vous assure, de bien plus imprévu, de bien plus singulier, d'autrement inattendu, que la face coulée en bronze de ce roi, qui cinquante ans auparavant était venu pauvre et proscrit dans ce même lieu ; ou la figure d'une Parisienne, qui un jour, en sortant de l'Opéra, s'en était allée explorer les régions polaires. Oui, il y avait là quelque chose d'encore plus impossible. — Il y avait, — je le donnerais à deviner en mille, on n'y arriverait pas ! — Il y avait *un perroquet !* Quoi ! un perroquet à Havesund, au bout du monde, dans cette glace, dans ces ténèbres ? Oui, un perroquet vivant ; c'est-à-dire, cela avait bien été un perroquet, mais cela avait presque cessé d'en être un.

Voici comment je découvris la bête :

En visitant la maison avec les jeunes filles, j'aperçus une cage enveloppée de laine, garantie des courants d'air par un petit paravent de bois et posée près d'un poêle tiède. Dans un coin de la cage se tenait de l'air le plus piteux et le plus désolé un volatile suspect ; les pattes recroquevillées et goutteuses, le bec écaillé et pâle, les plumes ébouriffées et pendantes, le tout revêtu d'une couleur si douteuse et si improbable que je ne pus pas éclaircir si c'était du vert devenu grisâtre ou du gris devenu verdâtre. Quels que fussent les ravages produits par le climat du cap Nord sur l'oiseau, il vivait. Au bruit de ma voix, il tourna vers moi sa petite tête chauve, me regarda de son œil rond, terne et triste, et rentra dans son immobilité. L'inspection attentive de ces vestiges m'avait démontré qu'ils appartenaient à un perroquet.

« Parle-t-il ? demandai-je à l'aînée des demoiselles Ullique, qui comprenait un peu l'anglais.

– Non, madame, il n'a jamais fait entendre aucun son depuis dix ans ; seulement il fait un petit bruit souvent en éternuant.

– Et comment vit-il ?

– Il mange peu et dort presque toujours ; il ne s'éveille tout à fait que lorsque le soleil brille.

– Et le soleil brille donc de temps en temps à Havesund ?

– Ah ! madame, cinq ou six fois par an tout au plus !... »

Du haut des rochers d'Havesund on aperçoit à peu de distance, à la pointe de l'île Mageroë, une énorme masse de rochers ayant quelque ressemblance avec une tour carrée, colossale, demi-ruinée : c'est le cap Nord.

Je voyais donc enfin se dresser près de moi la grande forteresse de la terre qui depuis tant de siècles défend l'Europe des empiétements de l'Océan furieux. On s'aperçoit que la victoire persistante du géant de granit n'a pas toujours été facile ; ses larges flancs sont sillonnés de crevasses profondes ; ses gigantesques assises sont ébranlées et écornées ; çà et là, on distingue quelque échancrure : c'est l'endroit où une vague a enlevé un bloc de pierre. Je voyais donc enfin ce célèbre cap Nord, atteint par un si petit nombre de voyageurs ; je le voyais sous un ciel pur, lorsque les flots verts de l'Océan calmé jetaient à peine quelques broderies d'écume blanche sur ses piliers massifs ; je le voyais sous son aspect paisible, éclairé par la magie d'un beau jour, et j'étais émue. Que doit-ce être l'hiver, lorsque l'Océan gonflé de tempêtes précipite ses montagnes liquides sur la montagne solide ; lorsque les masses de glaces se brisent avec fracas contre les arêtes de granit, alors que les ouragans déchaînés mêlent leurs grondements à ces tonnerres, et que la lueur vague et pâlissante de l'aurore boréale projette ses rayons blafards sur cette lutte éternelle et terrible ? Oh ! ce doit être un spectacle à épouvanter le regard humain !

J'aurais vivement désiré faire l'ascension du cap Nord, fouler pour la première fois d'un pied féminin la plate-forme qui le termine, et cueillir un de ces jolis myosotis bleus qu'on recueille, m'a-t-on dit, sur l'une de ses pentes inférieures ; douces fleurs d'azur poussant près des abîmes, comme ces pensées d'espérance qui surgissent au milieu des tourmentes du désespoir. Mais mon désir était irréalisable, on s'était déjà arrêté trop longtemps ; les heures du bateau à vapeur étaient comptées ; le capitaine insista pour retourner à Hammerfest. On prit congé de l'hospitalier M. Ullique et de sa gracieuse famille ; d'innombrables hourras norvégiens nous saluèrent au départ, et leur bruyant enthousiasme dut surprendre les échos solitaires des rochers du cap Nord. La traversée du retour fut charmante, le temps, quoique froid, était admirable ; la mer ressemblait à un miroir d'émeraude ; à de grandes profondeurs, on voyait les poissons nager, jouer et se poursuivre ; le ciel bleu pâle, fouetté de petites nuées blanches, éclairé par le jour mystérieux des nuits polaires, avait des miroitements et des glacis de soie, et lorsque, vaincue par la fatigue de cette active journée, je m'endormis dans une petite chaloupe posée sur le pont, je ne savais plus si c'était le ciel qui ressemblait à de la moire, ou si mon ciel de lit était taillé dans un morceau du firmament.

Le lendemain de mon retour à Hammerfest, je m'embarquai pour le Spitzberg.

LETTRE VI.

LE SPITZBERG.

Mes départs sont d'ordinaire marqués par des accidents dus sans doute aux petites conspirations occultes des génies qui s'opposent à mon humeur voyageuse : en traversant Paris, c'était un cheval mal attelé qui pensa nous faire verser dès le début ; au Havre, un coup de mer si violent que nous avons brisé plusieurs palettes de nos roues ; à Amsterdam, un banc de sable où on s'engrava ; à Drontheim, une brume qui obligea à jeter l'ancre presque dans la rade. En quittant le port d'Hammerfest, un virement de bord opéré trop près de terre faillit briser notre beaupré, et à peine en mer, les vagues ayant fait de fortes avaries à la chaloupe du pilote, celui-ci prétendait nous faire rentrer au port afin de réparer sa barque ; mais tout s'arrangea : le charpentier vint en aide au pauvre pilote, et il put, après nous avoir mis en plein océan Glacial, retourner le cœur content près de sa femme et de ses enfants.

Nous avions quitté Hammerfest le 17 juillet, et je ne saurais vous rendre compte de mes impressions des premiers jours : ce serait trop monotone, car je trouvai à propos d'être très malade ; j'entendais dire autour de moi que le vent était plein sud et que nous marchions très bien ; mais ce m'était une faible compensation au triste état où me mettaient les complications du tangage et du roulis. Je m'y fis pourtant, et le quatrième jour je me sentis assez forte pour monter sur le pont et aller voir quel aspect a la mer par le 74° de latitude, sous lequel nous nous trouvions le 20 juillet. Elle m'apparut belle et terrible ; ce n'était plus ma berceuse d'Havesund. Les vagues grondaient autour de nous en se précipitant sur notre avant comme si elles avaient tenté de nous barrer le passage ; un vent glacé tordait les cordages et secouait rudement les voiles ; les mâts craquaient sous l'effort de leur résistance ; la corvette allait couchée sur un côté, orientée grand largue, ce qui est une manière de placer les voiles un peu de biais, très favorable à la marche. Tout le monde était content, nous avancions rapidement. Je jetai un coup d'œil curieux sur ce spectacle si nouveau pour moi, puis je redescendis afin de faire appel à ma réserve de flanelle pour pouvoir continuer mon rôle d'observateur ; car en quelques minutes, malgré le costume d'homme que j'avais endossé et qui paraît d'ordinaire si chaud aux femmes, j'avais senti trop vivement la dent aiguë de la bise polaire.

Tandis que nous subissions ces coups de vent et ce fatigant roulis, nous cherchions l'île Cherry. Elle nous apparut le 21 juillet au matin.

L'île Cherry, que beaucoup de géographes nomment *Beeren-Eiland* (l'île de l'Ours), fut découverte le 9 juin 1596, par un vaisseau hollandais qui s'était égaré en allant à la Nouvelle-Zemble. Guillaume Barentz était pilote de ce navire, et Heemskerke le commandait ; deux noms fameux parmi ceux des plus infatigables explorateurs des régions polaires.

En descendant à terre, l'équipage tua un ours de neuf pieds de long, et Heemskerke appela l'île Beeren-Eiland à cause de cette circonstance. Le 17 août 1603, Étienne Bennet, Anglais commandant le navire *The Grace,* aborda à Beeren-Eiland, et changea son nom en celui d'île Cherry, du nom de master Cherry, propriétaire de *la Grâce.*

Cherry ou Beeren-Eiland, pour lui rendre son premier nom, paraît avoir été autrefois le rendez-vous général des morses de l'océan Glacial, puisque Welden raconte que, dans l'été de 1608, son équipage tua sur les côtes de cette île plus de mille morses, dont on fit sur place de l'huile qu'on porta ensuite en Angleterre.

Jamais, dans leurs différentes expéditions, les Français n'avaient abordé à Cherry, nos navires l'avaient toujours trouvée entourée de plusieurs lieues de glaces, au milieu desquelles il était impossible de se frayer un passage. Cette année, la longueur de l'hiver, en retardant le dégel au Spitzberg, a laissé la mer libre et permis qu'on arrivât jusqu'aux côtes escarpées de l'île. Beeren-Eiland n'a ni golfe ni baie propre au mouillage des gros navires, elle a, par contre, une très redoutable ceinture d'écueils. Le capitaine, instruit de ces deux circonstances, mit la corvette en panne à une distance prudente, et permit seulement à deux chaloupes d'aller explorer cette terre inconnue. Je ne pris point part à cette expédition, et restai sur le pont, admirant l'étrange et magnifique aspect de la côte.

De loin l'île ressemble à une enceinte fortifiée par des géants ; ses formidables rochers, minés sans cesse par les flots, ont contracté des formes tout à fait monumentales ; vers la pointe nord, quelques-uns de ces grands rochers, percés de part en part, s'avancent dans la mer comme les arches immenses de quelque pont antédiluvien, que l'Océan polaire avec ses béliers de glace a pu seul parvenir à rompre. Non loin du pont, on voit un cirque entouré de gradins parfaitement réguliers. Au moment où je contemplais cette architecture, œuvre de la furie des vagues, des myriades de gros oiseaux de mer, posés sur les gradins du cirque, complétaient l'illusion et ressemblaient à des spectateurs pressés les uns contre les autres.

Les oiseaux de mer sont en quantités innombrables dans ces parages ; mouettes, pétrels, stercoraires, goëlands, éders, guillemots, et tant d'autres dont j'ignore les noms, voltigeaient par bandes autour de la corvette. Sur les rochers de Beeren-Eiland, on tua plusieurs de ces oies sauvages qu'on nomme, je crois, bernacles[18].

[18] Bernacles, *Anas lencopsis.*

Ces bernacles sont les mêmes oiseaux que les *rotgansen* de Hollande ; elles arrivent par bandes chaque année sur les côtes du Zuiderzée, où les accueillent fort bien, je devrais plutôt dire fort mal, les marchands de plumes pour literie. Une superstition populaire, assez accréditée, prétend que ces oiseaux déposent leurs œufs dans le creux de certains arbres, et les abandonnent ensuite, laissant au soleil le soin de les faire éclore. Pour donner à ce conte la plus grande vraisemblance, les vieilles *mères l'oie* néerlandaises ajoutent que les bernacles choisissent toujours des arbres situés près de la mer, afin que les petits oiseaux puissent aller nager tout de suite en sortant du nid. Tout ceci est ce qu'on peut bien véritablement appeler un canard d'histoire naturelle et même surnaturelle. La vérité est plus simple. Les bernacles sont des oiseaux émigrants ; l'été, ils vont faire leur ponte au milieu des paisibles solitudes des îles de l'océan Glacial, et l'hiver, ils regagnent des régions plus tempérées. Tous ceux de ces pauvres oiseaux que l'on trouva dans l'île de l'Ours étaient si sauvages, qu'ils n'étaient pas craintifs ; les mères couveuses se laissaient approcher avec un mélange de tendresse maternelle et de confiance qui aurait dû humaniser les matelots, et se firent assommer sur leur nid sans chercher à se défendre ou à s'enfuir.

À l'intérieur, Beeren-Eiland ne présentait qu'une vaste plaine de neige ; dans quelques endroits seulement, le dégel commençait et avait formé des ruisseaux qui glissaient silencieusement sur la neige, rubans d'argent posés sur du velours blanc.

Le géologue de l'expédition constata un fait curieux pour la science : il recueillit des fragments de polypiers, semblables, nous dit-il, à ceux qu'on trouve sous les tropiques. Les hydrographes firent une rectification importante pour les marins. Sur beaucoup de cartes, Cherry est indiquée comme étant par le 74° 30' de latitude nord, tandis que sa position bien déterminée est par le 76° 30' de latitude nord. C'est une erreur de cinquante lieues.

À peine les chaloupes étaient-elles revenues à bord après une absence de quelques heures, qu'une épaisse brume nous enveloppa, et Cherry disparut à nos yeux comme si un immense rideau de gaze grise eût été subitement tiré entre nous et une fantastique décoration.

À partir de cette journée, le temps redevint constamment mauvais ; la mer, tantôt violente, tantôt houleuse, ne nous laissait guère de répit, et la neige qui couvrait souvent le pont me privait même du délassement de la promenade. Pendant plus de quinze jours de suite nous ne pûmes dîner sans que la table et les chaises fussent solidement arrimées. Quant à la façon dont notre dîner était servi, je la trouvais presque amusante. On posait d'abord sur la table un grand couvercle de bois percé d'un nombre infini de petits trous où s'adaptaient des chevilles mobiles ; cela représentait fort bien un immense jeu de solitaire, au milieu duquel erraient une certaine quantité de plats, d'assiettes, de verres, etc., et autres nécessités d'un dîner ; les chevilles, adroitement ajustées, maintenaient chaque chose en place, et avec cette méthode on pouvait dîner assez à l'aise, malgré les plus affreuses secousses.

Le 28 juillet, nous passâmes en vue des terres de *Bellsund* (baie de la Cloche), que les expéditions précédentes n'avaient pu dépasser.

Le 29, on fêta à bord l'anniversaire des journées de Juillet ; le capitaine réunit tous les passagers à son état-major dans un grand dîner servi dans le carré ; la chère fut luxueuse, quoique tout entière composée de mets conservés, et l'humeur très gaie malgré le froid. Je noterai seulement ces deux particularités-ci : on dit des vers de circonstance qui se trouvèrent bons, et le cuisinier, pour faire prendre ses gelées, se contenta de les laisser pendant quelques moments exposées sur le pont.

Le 30, nous longeâmes une longue tranche de terre détachée de la grande côte, nommée l'île du Prince Charles. Enfin, le 31 juillet, nous entrâmes dans une petite baie profonde, désignée sur les cartes anglaises sous le nom de *Magdalena-Bay* (baie Madeleine).

Nous étions donc au but de notre long et aventureux voyage : au Spitzberg !

Le Spitzberg est une île plus au nord que le pays des Samoyèdes, que la Sibérie et que la Nouvelle-Zemble ; c'est une île bien véritablement placée aux confins du monde ; c'est un lieu étrange et peu connu en vérité : car, lorsque j'étais en Danemark et en Suède, plusieurs personnes, ayant entendu dire que j'allais au Spitzberg, me demandèrent si je comptais réellement *monter* jusqu'au sommet du Spitzberg. Le mot Spitzberg, qui signifie *montagne pointue,* les avait induites en erreur, et elles imitaient en cette circonstance le singe de La Fontaine, prenant le nom d'un port pour un nom d'homme.

Si peu connu qu'il soit, le Spitzberg a un maître ; il appartient à l'empereur de Russie, qui n'a pas encore imaginé d'en faire une succursale de la Sibérie. Ce serait du reste clémence ; là, on serait sûr de mourir dès le premier hiver. En novembre, le mercure gèle, on casse l'eau-de-vie à coups de hache, et on peut constater de 45 à 50° de froid.

L'île du Spitzberg est située entre le 77° et le 81° de latitude nord. Elle a soixante lieues de long sur environ trente-cinq de large. L'île a à peu près la forme d'une grande N dont le second jambage serait fort déchiqueté. Elle est ainsi entaillée par deux golfes très longs, l'un au sud, l'autre au nord, qui n'ont jamais été assez profondément explorés pour qu'on sache s'il n'y a pas de solution de continuité entre les terres. Quelques marins sont portés à croire que le Spitzberg forme deux îles toujours soudées entre elles par un large banc de glace ; mais qui ira voir ?

Des expéditions hollandaises et anglaises, qui ont hiverné dans ces parages, ont tenté de s'assurer du fait et n'ont pu réussir.

La côte que nous avons longée, celle où est située la baie Madeleine, est la côte ouest ; elle fait face aux terres encore inexplorées du nord du Groënland.

La baie Madeleine est à l'extrémité de l'île ; c'est le dernier mouillage possible pour un gros navire ; sa latitude est de 80° nord, c'est-à-dire une distance de deux cent cinquante lieues du pôle, un peu plus loin que de Paris à Marseille.

Le dernier rocher du Spitzberg, celui qui fait directement face au pôle, se nomme la pointe d'Hakluyt ; il est séparé de la baie Madeleine par une quinzaine de lieues.

La baie Madeleine, avec le goulet qui la précède, représente assez bien une carafe couchée ; elle est entourée de tous côtés par des montagnes de granit hautes de quinze ou dix-huit cents pieds ; entre chaque montagne il s'est formé d'immenses glaciers dont la hauteur augmente chaque année ; cette élévation croissante des glaciers est inévitable : un été de quelques semaines ne peut fondre complètement ces immenses amas de neige que répand sur le Spitzberg un hiver de dix mois, et dans un temps donné les glaciers atteindront presque le sommet des pics de granit. Ces glaciers sont tous de forme convexe, contrairement à ceux des Alpes, qui sont concaves.

Le jour de notre arrivée, il pleuvait de telle sorte que je ne pus quitter le bord ; mais le lendemain, de grand matin, je m'empressai d'aller à terre. Je dis à terre par habitude de narrateur ; je devrais dire à *neige,* car nulle part je ne vis la moindre parcelle de terre.

Pendant la nuit (encore un mot dont je ne devrais pas me servir, puisque nous n'avions pas de nuit), pendant mon sommeil plutôt, le dégel avait commencé, et la physionomie de la baie avait changé comme par miracle. À l'immobile solitude de la veille avait succédé le spectacle le plus agité.

Une flottille d'îles de glace entourait la corvette et couvrait la mer à perte de vue. Ces glaces du pôle, qu'aucune poussière n'a jamais souillées, aussi immaculées aujourd'hui qu'au premier jour de la création, sont teintes des couleurs les plus vives ; on dirait des rochers de pierres précieuses : c'est l'éclat du diamant, les nuances éblouissantes du saphir et de l'émeraude confondues dans une substance inconnue et merveilleuse. Ces îles flottantes, sans cesse minées par la mer, changent de forme à chaque instant ; par un mouvement brusque, la base devient sommet, une aiguille se transforme en un champignon, une colonne imite une immense table, une tour se change en escalier : tout cela si rapide et si inattendu qu'on songe malgré soi à quelque volonté surnaturelle présidant à ces transformations subites. Du reste, au premier moment, il me vint à l'esprit que j'avais sous les yeux les débris d'une ville de fées, détruite tout à coup par une puissance supérieure, et condamnée à disparaître sans même laisser de vestige. Je voyais se heurter autour de moi des morceaux d'architecture de tous les styles et de tous les temps : clochers, colonnes, minarets, ogives, pyramides, tourelles, coupoles, créneaux, volutes, arcades, frontons, assises colossales, sculptures délicates comme celles qui courent sur les menus piliers de nos cathédrales, tout était là confondu, mélangé dans un commun désastre. Cet ensemble étrange et merveilleux, la palette ne peut le reproduire, la description ne peut le faire comprendre !

On se représente, n'est-ce pas, ce lieu, où tout est froid et inerte, enveloppé d'un silence profond et lugubre ? Eh bien, c'est tout le contraire qu'il faut se figurer, rien ne peut rendre le formidable tumulte d'un jour de dégel au Spitzberg.

La mer, hérissée de glaces aiguës, clapote bruyamment ; les pics élevés de la côte glissent, se détachent et tombent dans le golfe avec un fracas épouvantable ; les montagnes craquent et se fendent ; les vagues se brisent furieuses contre les caps de granit ; les îles de glace, en se désorganisant, produisent des pétillements semblables à des décharges de mousqueterie ; le vent soulève des tourbillons de neige avec de rauques mugissements ; c'est terrible et magnifique : on croit entendre le chœur des abîmes du vieux monde préludant à un nouveau chaos.

On n'a jamais rien vu de comparable à ce qu'on voit et à ce qu'on entend là ; on n'a jamais imaginé quelque chose de pareil, même en rêve ! Cela tient à la fois du fantastique et du réel ; cela déconcerte la mémoire, hallucine l'esprit et le remplit d'un indicible sentiment, mélange d'épouvante et d'admiration !

Si le spectacle de la baie m'apparut magique, celui du rivage était sinistre.

De tous côtés le sol était couvert d'ossements de phoques et de morses, laissés par les pêcheurs norvégiens ou russes, qui venaient autrefois faire de l'huile de poisson jusque sous cette latitude élevée ; depuis plusieurs années ils y ont renoncé, les profits ne valant pas les périls d'une telle expédition. Ces grands os de poisson, blanchis par le temps et conservés par le froid, avaient l'air d'être les squelettes des géants, habitants de la ville qui, près de là, achevait de s'abîmer dans la mer. Les longs doigts décharnés des phoques, si semblables à ceux d'une main humaine, rendaient l'illusion frappante et me causaient une sorte de terreur. Je quittai ce charnier, et, me dirigeant avec précaution sur le terrain glissant, je m'acheminai vers l'intérieur du pays. Je me trouvai bientôt au milieu d'une espèce de cimetière ; cette fois, c'étaient bien des restes humains qui étaient gisants sur la neige. Plusieurs cercueils, à demi ouverts et vides, avaient dû contenir des corps que la dent des ours blancs était venue profaner. Dans l'impossibilité de creuser des fosses, à cause de l'épaisseur de la glace, on avait primitivement mis sur le couvercle des cercueils un certain nombre de pierres énormes destinées à servir de rempart contre les bêtes farouches ; mais les robustes bras *du gros homme en pelisse* (comme les pêcheurs norvégiens appellent pittoresquement l'ours blanc) avaient déplacé les pierres et dévasté les tombes ; plusieurs ossements étaient épars sur le sol, à moitié brisés et rongés : tristes reliefs du festin de l'ours. Je les recueillis avec soin et les replaçai pieusement dans les bières. Quelques tombes avaient été épargnées et contenaient des squelettes ou des corps à différents degrés de conservation ; la plupart des cercueils ne portaient aucune indication ; sur l'un d'eux, cependant, une main amie avait inscrit, avec un couteau, ces mots : *Dortrecht Hollande,* 1783. Un nom avait précédé cette date, mais il était fruste au point d'être illisible. Un autre marin venait de Brême ; sa mort remontait à 1697. Deux cercueils, placés dans un creux de rocher, étaient encore intacts ; les corps qu'ils renfermaient avaient non seulement leur chair, mais même leurs vêtements : aucune inscription n'indiquait l'époque de l'inhumation, ni le nom ou la nation des morts. Je comptai cinquante-deux tombes disséminées dans ce cimetière, plus affreux qu'aucun autre ; cimetière sans épitaphes, sans monuments, sans fleurs, sans souvenirs, sans larmes, sans regrets, sans prières ; cimetière désolé, où il semble que l'oubli enveloppe deux fois le mort, où ne s'entend jamais ni un soupir, ni une voix, ni un pas humain ; solitude terrible, silence profond et glacé, troublé seulement par le sourd hurlement de l'ours blanc ou le mugissement de la tempête !

J'étais saisie d'un indicible effroi au milieu de ces sépultures ; la pensée que je pouvais venir prendre ma place près d'elles m'apparut tout à coup dans toute son horreur : j'avais été prévenue des dangers de notre expédition ; j'en avais accepté et cru comprendre les risques ; cependant ces tombes me firent un moment frissonner, et, pour la première fois, je jetai un regard de regret vers la France, vers la famille, les amis, le beau ciel, la vie douce et facile que j'avais quittée pour les hasards d'une pérégrination si dangereuse ! Quant à ces pauvres morts que j'avais sous les yeux, leur histoire était la même pour tous. Ce n'étaient ni des savants excités par l'amour des découvertes, ni des curieux poussés par l'attrait de l'inconnu ; c'étaient d'honnêtes pêcheurs norvégiens, russes ou hollandais, venus là pour chercher, au milieu des plus rudes travaux, des dangers les plus certains, la subsistance de leur famille. D'abord tout allait bien pour eux : les morses étaient nombreux, les phoques faciles à atteindre ; on les chassait avec succès, on faisait de l'huile sur la côte même, on embarquait les grandes dents d'ivoire vert des morses, si estimées en Suède, on parlait du prix de la cargaison, et des profits, et des joies du retour. Puis tout à coup un froid inattendu survenait ; l'hiver les avait saisis inopinément, la mer s'était immobilisée autour de leur petit navire, la route de la patrie était fermée, fermée pour neuf mois, pour dix mois peut-être ;

dix mois en pareil lieu, c'est presque un arrêt de mort. Ainsi, ils se trouvaient exposés à subir quarante-cinq degrés de froid au milieu d'une nuit perpétuelle ! Quels drames ont vu ces solitudes ! Que durent être ces agonies ! Par quels prodiges de courage et de persévérance l'homme éloignait-il sa mort devenue de jour en jour plus inévitable ? De quelle manière soutenait-il cette lutte suprême ? D'abord on vivait sur le navire, économisant les provisions, se chauffant de graisse d'ours, d'os de poisson, d'huile et de tout ce qui se pouvait détruire à bord sans gêner par la suite la marche du bâtiment, car on ne touchait pas au navire lui-même ; l'homme songe à l'avenir, même dans les situations les plus désespérées, et sans doute chacun des pauvres pêcheurs a pensé voir s'accomplir pour lui ce miracle si rare : revenir d'un hivernage au Spitzberg. Les provisions épuisées, on se privait de plus en plus et l'on chassait avec une nouvelle ardeur l'ours et le renard bleu, seuls habitants de ces parages. Puis un jour, jour terrible, après la mort de quelque compagnon, après d'intolérables souffrances, on se décidait à se chauffer avec le navire ; on creusait des trous dans la glace, on organisait à terre une espèce de hutte, on s'y installait le mieux possible et l'on se chauffait. Enfin, on se chauffait ! oui ; mais, pendant que le corps se ranimait momentanément à la chaleur, l'âme se glaçait sous le désespoir ; ce feu consumait l'espérance, ce feu détruisait la plus grande force que Dieu ait donnée à l'homme. Le reste n'était plus que le dernier combat de l'instinct de conservation contre la mort, et la mort était toujours victorieuse ; un à un le petit équipage s'éclaircissait, et chacun de ces obscurs martyrs se couchait à son tour dans le cimetière glacé où je les avais trouvés. Tous, tous ainsi jusqu'au dernier : celui-là, plus robuste et plus infortuné que les autres, n'avait nulle main amie pour l'assister à sa dernière heure et préserver sa dépouille par de pieuses précautions ; celui-là devenait la proie des ours aussitôt qu'il avait rendu le dernier soupir, ou peut-être dès qu'il ne pouvait plus se défendre.

Je restai longtemps seule, près de ces tombes, songeant à ces destinées, pleine de pitié, émue, absorbée, rêvant et priant ; puis, je fis le dessin de la petite presqu'île où est situé le cimetière, et comme, en revenant à bord, je fis remarquer qu'elle n'était pas indiquée sur les grandes cartes, le capitaine la nomma *presqu'île des Tombeaux*.

Pendant deux ou trois jours, la pensée d'un hivernage possible m'obséda ; il paraît que je n'étais pas seule à bord à m'en préoccuper, et voici comment j'en fus instruite :

Un matin, j'étais silencieusement assise sur un canon, blottie sous un énorme manteau de fourrure, regardant tour à tour le ciel, la mer et leurs aspects étranges, lorsque mon nom prononcé au milieu d'un petit groupe de matelots attira mon attention. Les premiers mots que j'entendis distinctement furent ceux-ci :

« Aussi quelle idée d'avoir emmené une femme ! Est-ce que *c'est* des courses de femmes, des voyages comme celui-ci ?

– Ah ! ça, c'est vrai, dit un autre, et si nous sommes pris dans ces beaux cristaux-là, comme tu viens de l'expliquer, on peut être bien sûr qu'elle partira la première.

– Eh ! mon vieux, reprit le premier, elle ouvrira seulement la marche ; nous la suivrions de près, va ; nous avons bien un an de vivres à bord, mais nous n'avons pas de combustible ; ici, on ne trouve pas de bois de quoi allumer une pipe, et l'hiver il doit y souffler une drôle de bise, à en juger par la canicule !

– Et puis quelle femme est-ce ? dit un timonier, sur un ton légèrement méprisant ; une femme *pâlotte,* menue, maigrette, avec des pieds comme des biscuits à la cuiller et des mains à ne pas soulever un aviron ; une femme à casser sur le genou et à mettre les morceaux dans sa poche. Si c'était une femme de chez nous, encore (il était Breton) ! Dans le Ponant nous avons des commères qui ne sont pas embarrassées pour hisser une voile et manœuvrer une barque ; nos femmes valent presque un homme ; mais celle-là, avec sa mine mièvre de Parisienne, elle est frileuse comme une perruche du Sénégal. À supposer que nous serions pris, elle mourra au premier froid : c'est sûr. »

Il y eut un silence pendant lequel chacun ranima sa pipe ; puis celui qui avait parlé le premier reprit en manière de conclusion :

« Ah ! au fait, ça ne nous regarde pas ; c'est à ceux qui ont fait la bêtise de l'amener à s'en inquiéter. Eh bien ! si on hiverne, elle fera comme elle pourra ; elle fera comme tout le monde. »

Le maître d'équipage avait jusque-là écouté la conversation sans y prendre part ; à ce moment, il en renoua le fil interrompu en disant :

« Mes enfants, j'en suis fâché pour vous, mais vous n'avez pas le sens commun pour le quart d'heure, comment, vous, les quatre meilleurs et plus anciens matelots de l'équipage, vous n'avez pas plus d'esprit et de coup d'œil que ça ! Sur un point, je suis de votre avis : on a peut-être eu tort d'embarquer cette petite dame, mais c'est pour elle que ça peut être malheureux ; pour nous, c'est très heureux, et plus heureux, si nous hivernons dans ce chien de pays, que si nous nous en tirons.

– Comment cela ? dirent les matelots.

– C'est bien simple ; je vais vous l'expliquer. Elle est faible, elle est délicate n'est-ce pas ? tant mieux ! Ce serait elle qui partirait la première si on était pris ? tant mieux encore. Tout ça, c'est autant de raisons pour nous la rendre précieuse. Le plus dangereux dans les hivernages, voyez-vous, le plus difficile à éviter, c'est la démoralisation de l'équipage. Le capitaine Parry raconte que c'est contre le découragement de ses hommes qu'il eut surtout à lutter ; il dit dans sa relation combien il redoutait encore plus la faiblesse des esprits frappés d'épouvante que les rigueurs horribles du climat. Eh bien ! nous autres, ici, nous n'aurions rien à craindre de cette démoralisation si nous parvenions à conserver la vie de la jeune femme ; on dirait aux hommes qui molliraient : “Allons donc, n'avez-vous pas honte ? le froid n'est pas encore trop dur, vous voyez bien, puisqu'une femme le supporte." Et, je vous le dis, il faudrait tout faire pour conserver la vie de la petite dame ; sa présence au milieu de nous serait le courage et la santé de l'équipage ; du reste, le capitaine pense juste comme moi là-dessus, et il le disait l'autre jour au premier lieutenant en se promenant avec lui.

– Ah ! si le capitaine l'a dit, reprirent les matelots, alors c'est vrai. »

J'en avais assez entendu ; je me glissai doucement chez moi, dans la crainte d'être aperçue, et assurée que désormais, si la redoutable conjoncture d'un hivernage nous était destinée, l'égoïsme bien entendu de mes compagnons de voyage m'apporterait tout le secours nécessaire pour retarder ma mort autant que possible. Au reste, je regardais ma mort comme certaine, dans le cas où nous aurions été pris, à cause du malaise dont j'étais atteinte, malgré les soins qui m'étaient prodigués. J'occupais à bord l'appartement du capitaine, et il avait eu l'extrême bonté, en me le cédant, de le faire aménager de la façon la plus commode et la plus chaude : on avait couvert le plancher de plusieurs peaux de rennes, on avait hermétiquement fermé tous les hublots, on avait comblé le lit d'édredon ; c'était, à vrai dire, bien plus un nid qu'une chambre, et un nid où il y avait seulement ma place, et à grande peine. Eh bien !, malgré toutes ces excellentes précautions, je souffrais beaucoup du froid, et j'étais parfois obligée de me relever la nuit pour faire de l'exercice afin de me réchauffer. Ajoutez que je dormais à peine, je ne me couchais jamais avant deux ou trois heures du matin, et souvent même, à cette heure avancée, je ne pouvais trouver du repos. Ce jour continuel, ce ciel bizarre, invariable, ne subissant aucune modification à l'heure où nous avons coutume de le voir se couvrir d'ombres ; minuit devenu le frère jumeau de midi ; l'étrangeté de tout ce qui m'entourait, l'âpreté du climat, le bouleversement de toutes mes habitudes, et probablement aussi une nourriture ultra-tonique, indispensable dans ces latitudes, mais très inusitée pour moi, tout cela me tenait dans une agitation nerveuse particulière ; il me semblait traverser un cauchemar.

Dans des conditions d'existence si exceptionnelles, mon costume avait aussi dû subir de profondes variations ; il était devenu très commode et parfaitement disgracieux : je portais un pantalon d'homme et une chemise de mousse en gros drap bleu faisant blouse, une grosse cravate de laine rouge, une ceinture de cuir noir, des bottes doublées de feutre et une casquette de marin complétaient cet ensemble de toilette qui ne sera pas imité ; inutile d'ajouter qu'en dessous j'étais bourrée de flanelle. Lorsque je montais sur le pont, j'ajoutais à cette montagne de lainage un épais caban à capuchon qui faisait de moi le plus informe paquet ; j'avais coupé mes cheveux, devenus impossibles à démêler, à cause de leur longueur, par les roulis effroyables de la traversée ; additions et retranchements concouraient, comme vous voyez, à me rendre étrangement laide : mais, en pareil lieu, on ne songe qu'à souffrir du froid le moins possible, et toute coquetterie a tort.

Je vous parlerai tout à l'heure de mes occupations ; mais, dès à présent, je mentionne le seul divertissement qui me fût permis et offert par le pays ; il était, comme vous allez en juger, tout à fait en harmonie avec mon costume. Lorsqu'il ne neigeait pas, nous nous réunissions cinq ou six personnes du bord, et allions jouer à un jeu de *montagnes russes* beaucoup plus en droit de porter ce nom que tout ce qu'on a encore vu dans ce genre. Il fallait gravir deux ou trois cents pieds de hauteur, presque à pic, le long du flanc roide d'une des montagnes ; cette ascension était favorisée par une épaisse couche de neige ; les pieds des premiers voyageurs formaient des espèces de marches à l'aide desquelles les autres s'élevaient sans trop de difficultés. Arrivés à quelque plateau, on s'asseyait sur la pente et on se laissait glisser jusqu'en bas, en se dirigeant tant bien que mal avec les mains, afin de ne pas perdre l'équilibre ; ainsi on redescendait en deux ou trois minutes ce qu'on avait mis souvent deux heures à gravir ; c'était singulièrement amusant, et, ce qui valait encore mieux, fort réchauffant. Mon adresse ne fut pas tout de suite à la hauteur de ma hardiesse ; les premières fois il m'arriva souvent de perdre l'équilibre et de rouler comme une masse, tantôt sur la tête, tantôt sur le côté, soulevant autour de moi des tourbillons de neige dans mes efforts pour me raccrocher, riant de bon cœur de ma maladresse et faisant rire les autres, du reste ne risquant jamais de me faire grand mal, la neige fraîche formant sur la pente comme une couche de mousse épaisse ; le seul désagrément de ce jeu d'écoliers était de déposer toujours une certaine quantité de neige entre le cou et la cravate. Mais on risquerait bien davantage pour trouver un exercice amusant à faire au Spitzberg.

Au pied des grandes montagnes de granit, la neige forme seule le sol à une assez grande profondeur ; si avec le bâton ferré on creuse cette couche de neige, on trouve au fond, non de la terre, mais de la glace ; en donnant quelques coups de bâton ferré dans cette glace, elle se divise en une innombrable quantité de petits cristaux en forme d'aiguille, tout semblables à ceux qu'on voit pendre autour de certains lustres ; rien n'est plus joli à voir et plus agréable à croquer même par le froid, et, s'il était possible d'en obtenir de semblables artificiellement, cela figurerait à merveille dans nos bals, entre les sorbets et les fruits glacés. La neige a aussi sa singularité : elle perd parfois sa blanche et proverbiale couleur, pour devenir vert tendre ou rose pâle ; cette coloration, qu'on voit souvent envahir des plaines entières, est due à la présence de cryptogames imperceptibles qui se développent à la superficie de la neige, sous l'influence de certaines combinaisons atmosphériques. Ceci constitue la végétation la plus apparente du Spitzberg ; cependant, de patientes investigations peuvent faire découvrir au fond de quelques vallées, dans d'étroites crevasses garanties par des rochers, de petites plantes maigres, chétives, étiolées, qui penchent tristement leur tête vers le sol : c'est le saxifrage étoilé, la renoncule jaune, le pavot blanc. Sur les rochers même il croît un lichen pierreux très adhérent, assez pareil à de gros champignons séchés ; on rencontre aussi quelques touffes de mousse noirâtre, si imprégnées de l'humidité qu'elles se détachent par mottes sous le pied et ont l'aspect d'une éponge moisie ; lorsque, après plusieurs heures de courses dans les rochers, j'avais réussi à réunir un petit faisceau de plantes gros comme une botte d'allumettes, je revenais triomphante et je rangeais orgueilleusement mon butin de la journée dans des feuilles de papier gris. Voilà pour la Flore de la baie Madeleine ; la nomenclature d'histoire naturelle ne sera guère plus étendue.

Le Spitzberg abonde, dit-on, en ours blancs et en rennes sauvages. C'est possible ; pourtant nous n'avons vu aucun de ces animaux : est-ce effet du hasard, ou étions-nous arrivés à une latitude qu'ils abandonnent faute d'y pouvoir trouver leur nourriture ? Je ne résous pas la question. Nous fûmes en revanche entourés d'un grand nombre de phoques. Vous savez que le phoque est l'animal vulgairement appelé *chien marin ;* c'est un poisson amphibie, long de quatre ou cinq pieds, sans écailles, mais couvert d'un pelage court et rude, jaune sale ou grisâtre tacheté de noir comme la peau du léopard ; deux paires de mains fort longues lui tiennent lieu de nageoires et de pattes ; il s'en sert pour nager et pour se traîner sur les glaces ; sa tête ressemble à celle d'un chien à qui on a coupé les oreilles, et est embellie par deux grands yeux vert de mer, doux et limpides comme des yeux d'enfant. Ces pauvres phoques, avec leurs allures tranquilles et confiantes, m'intéressaient vraiment ; je ne pouvais voir tirer un coup de fusil sur eux sans ressentir un regret, et lorsque l'un d'eux, étant blessé, rougissait les glaces de son sang et tournait vers nous son regard presque humain, il me semblait avoir vu commettre une sorte de crime.

Pendant tout notre séjour nous ne vîmes qu'un seul morse (vache marine). Le morse est beaucoup plus gros, plus singulier et plus laid que le phoque ; le nom d'éléphant marin lui serait mieux approprié ; il a de l'éléphant la forme colossale, lourde et disgracieuse, la peau épaisse et rugueuse, les petits yeux, et, signe caractéristique, les défenses. Il sort de son énorme museau aplati comme une face de lion deux longues dents d'ivoire, différant de celles de l'éléphant en ce qu'elles se recourbent en dessous au lieu de se relever ; l'ivoire en est aussi plus verdâtre et plus poreux. Le morse est amphibie et a comme le phoque des nageoires-mains ; ses défenses lui servent à se cramponner aux glaces ou aux rochers lorsqu'il veut se hisser hors de l'eau ; sa taille varie de neuf à douze pieds de longueur ; il est recouvert d'une épaisse couche de graisse, ce qui le rend très précieux pour les pêcheurs norvégiens ; la pêche du morse est regardée par eux comme plus productive et moins dangereuse que celle de la baleine. Le morse n'est pas féroce et n'attaque pas l'homme, mais il se défend avec un indomptable courage ; on me raconta à Hammerfest que l'an dernier des pêcheurs, ayant découvert un petit morse dans une caverne au bord de la mer, s'en emparèrent et le mirent dans leur bateau ; le père et la mère morses, furieux de ne plus retrouver leur petit, poursuivirent l'embarcation, et l'un d'eux, s'étant accroché au bateau avec ses formidables défenses, le fit tellement pencher, qu'un des pêcheurs glissa dans la mer ; le morse se jeta sur lui avec fureur, et il fut impossible aux autres pêcheurs de sauver leur compagnon.

Outre l'huile que la chair du morse produit en abondance, les pêcheurs tirent parti de la peau de l'animal, dont on fait des soupentes de chariots, et de l'ivoire de ses dents, qu'on emploie de diverses manières. Les Russes sont très adroits pour travailler l'ivoire ; ils fabriquent de menus bijoux, des coffrets découpés comme de la dentelle, et particulièrement des chaînes formées de petits anneaux, comme celles que l'on nomme *jaseron ;* ces chaînes ainsi exécutées en ivoire rappellent l'habileté chinoise. La plupart de ces petites œuvres d'art et de patience arrivent de la Sibérie, où les prisonniers sculptent l'ivoire de morse comme nos galériens emploient à Toulon la noix de coco. Les morses, si rares à Magdalena-Bay, se trouvent en grand nombre sur les côtes méridionales du Spitzberg ; un bateau pêcheur en tue d'ordinaire deux ou trois cents par saison.

Sans être aussi nombreux qu'à Beeren-Eiland, les oiseaux de mer se montraient en grand nombre sur les glaces et sur les rochers, mais ils n'égayaient pas notre séjour, au contraire. L'oiseau de mer est à peine un oiseau ; il ne l'est ni par le ramage, ni par les mœurs ; il est vorace, farouche, criailleur et querelleur ; eût-il, comme le guillemot, les jolies pattes de corail de la perdrix rouge, il n'en a jamais la grâce craintive. L'oiseau de mer n'a pas de ramage, mais un cri qui varie du rauque au lugubre ; certaines espèces de goëlands se plaignent comme des enfants qui pleurent ; d'autres, nommés par les matelots *goddes,* poussent des ricanements étranges : rien ne repose l'œil dans ce sinistre pays, rien ne charme l'oreille ; tout y est triste, tout, jusqu'aux oiseaux !...

Quelques renards bleus furent tués par nos chasseurs ; ils étaient petits, chétifs et laids. Les renards bleus du Spitzberg ne ressemblent en rien aux renards d'Islande ou de Sibérie, dont la fourrure est si belle et si estimée. À force d'être bien garantis contre le froid, ils n'ont même plus sur le corps une fourrure, mais plusieurs couches de poils très épais et si mêlés, si pelotonnés, que c'est bien plutôt un matelas qu'une fourrure ; en outre, au lieu d'être de couleur un peu fauve comme les renards d'Islande, ils sont gris cendré. Leur peau est tout au plus bonne à faire des tapis. Comme toutes les bêtes destinées à notre table étaient mortes de froid, on essaya de manger de ces renards ; mais, quoique très fatiguée de la nourriture conservée, je la préférais cependant à la chair de ces animaux, qui a un goût sauvage très repoussant.

D'ours, de loups ou de rennes, nous n'en vîmes pas l'ombre, et les animaux dont je viens de vous parler forment, avec les méduses bleues et quelques autres zoophytes, les seuls êtres animés que nous aperçûmes pendant un séjour de six semaines à la baie Madeleine.

Dans tout autre lieu que ces régions polaires, un navire au mouillage est en sûreté ; au Spitzberg, je vous l'ai dit, la plus terrible chance n'est pas celle d'un naufrage, c'est celle d'un hivernage ; d'un jour à l'autre, d'une heure à l'autre, la baie qui vous abrite peut se changer en prison, et quelle prison ! Aucun cachot n'inspire une pareille terreur ! J'ai bien pu m'en rendre compte un jour : c'était le 7 août ; plusieurs personnes de l'expédition, voyant le temps clair et la neige balayée par un bon vent d'est, voulurent aller en chaloupes jusqu'à la pointe d'Hakluyt, le dernier cap au nord de la côte du Spitzberg. L'excursion devait durer une journée ; on n'avait pas voulu m'admettre ; je restai seule à bord avec le capitaine, qui, vous le savez, ne quitte jamais son navire. La première partie du jour se passa bien, et j'enviais le sort de ceux qui allaient se rapprocher du pôle de quelques lieues encore ; ils allaient peut-être arriver jusqu'à la grande banquise de glace, but de toutes nos ambitions. Je me fis des raisonnements de nature à calmer mon regret ; je finis par trouver ma situation déjà suffisamment élevée en latitude, et je me dis qu'il ne fallait pas trop jalouser ces pauvres hommes, dont l'orgueil n'avait pas exigé plus de douze ou quinze lieues d'avantage sur moi. Pour occuper ces longues heures où la corvette, privée de tous ses passagers, me semblait si déserte, je me mis à écrire des lettres et à remplir ainsi ma solitude avec tous les êtres chers que j'avais laissés loin de moi. Vers quatre heures, je fus forcée de m'interrompre ; je n'y voyais plus dans ma chambre ; une brume épaisse ne laissait plus passer de lumière à travers les épaisses rondelles de verre qui me tenaient lieu de fenêtre. Je montai sur le pont ; j'y trouvai le capitaine occupé à regarder à l'aide de sa lunette toute une flottille de grosses glaces qui prenait position à l'entrée de la baie ; ce spectacle me remplit d'une indicible angoisse.

« Capitaine, dis-je, que se passe-t-il ? la baie va être bientôt fermée par toutes ces glaces.

– Ne vous inquiétez pas, me répondit le commandant, il n'y a rien à craindre encore ; il ne fait pas assez froid pour que les glaces se soudent ; au reste, je vais envoyer une chaloupe là-bas pour reconnaître s'il s'est formé un barrage.

– Et si le banc est formé, que ferons-nous ? »

Le capitaine ne me répondit pas et donna l'ordre à la chaloupe de partir. Je la suivis des yeux avec anxiété ; je vis les hommes nager avec ardeur, tourner les grosses glaces, passer entre les plus petites, puis disparaître enfin dans ce champ d'îles flottantes. Au bout d'une heure ils étaient de retour ; ils avaient vainement essayé de sortir de la baie, il n'existait aucun passage ; ce froid, dont on ne se méfiait pas, avait été suffisant pour souder les glaces et en faire un infranchissable mur de rochers. Quoiqu'un marin se fasse une habitude de dissimuler ses impressions fâcheuses, le capitaine devint soucieux en écoutant le rapport des matelots ; quant à moi, mon cœur se serrait, et pour la première fois l'effroi m'entrait dans l'âme :

« Et nos voyageurs ! m'écriai-je ; comment vont-ils revenir ?

– C'est ce qui me préoccupe, dit le capitaine ; ils n'ont que deux jours de vivres ; c'est une imprudence.

– Et ils sont sur des chaloupes non pontées, exposés au froid, à la neige ; mon Dieu ! capitaine, cela peut devenir affreux ; que comptez-vous faire ?

– Tirer demain quelques coups de canon sur tout cela, et tenter d'y faire une trouée ; du reste, nous verrons ce que fera le vent cette nuit. »

Le capitaine demeura silencieux, se promenant de long en large sur le pont, sa lunette à la main, interrogeant à chaque instant le ciel et la mer. Pendant de longues heures rien ne changea d'aspect ; les pointes aiguës des glaces déchiraient çà et là l'épais voile de brume qui s'abaissait sur nos têtes, mais restaient immobiles ; mon cœur était plus triste encore que ce lugubre horizon, et je fis alors mes premières réflexions sur notre témérité, d'être venus exposer notre vie dans ces affreux parages, où tout incident est une catastrophe, où un changement de vent, un léger abaissement du thermomètre, peuvent apporter la mort !

Un vent qui avait toutes les allures d'un ouragan s'éleva vers minuit ; le vieil Océan secoua avec fureur sa crinière blanche d'écume ; d'énormes vagues se précipitèrent sur les glaces ; le banc craqua avec un grand bruit et se disjoignit ; jamais plus terrible tumulte ne causa une impression plus joyeuse ; la baie était libre, les chaloupes pouvaient rentrer !... Elles arrivèrent quelques heures après, et le danger qu'elles avaient couru leur prépara une réception doublement cordiale.

Le lendemain de ce jour, des hommes de l'équipage furent chargés de graver profondément, sur un gros rocher placé près de la côte, la date de notre arrivée, le nom de la corvette et celui de toutes les personnes faisant partie de l'expédition ; on me fit l'honneur de me mettre en tête de la liste, et si mon nom n'était pas le plus remarquable de tous, il était à coup sûr le plus étonnant à trouver dans un pareil lieu. Cette simple inscription, ne contenant que des noms et des dates, est bien loin du style emphatique de certains voyageurs ; si Regnard fût parvenu jusqu'au nord du Spitzberg, on ne peut imaginer ce qu'il aurait inscrit sur ce rocher ; il aurait probablement eu la prétention d'être sorti des limites du monde, lui qui affirme *avoir touché l'essieu du pôle* à Sukajerfi, en Laponie, par le 67° de latitude, c'est-à-dire 13° plus au sud que la baie Madeleine !

Ce rocher est la seule trace visible de notre séjour ; mais les cartes de géographie augmentées de côtes soigneusement relevées, les musées enrichis d'animaux, de plantes et d'échantillons minéralogiques, font foi qu'il n'a pas été mal employé. Je n'entreprendrai pas de vous communiquer le résultat des observations faites sur les oscillations de l'aiguille magnétique ; ceci est le domaine de la science, non le mien, je me bornerai seulement à vous rappeler que nous nous trouvions éloignés d'environ 10° de latitude du lieu où le commandant Ross place le pôle magnétique, qu'il dit être par 70° 5' 17" de latitude, et 96° 46' 45" de longitude ; il le constata ainsi en 1832, lors de cette terrible expédition où il passa sous ces latitudes quatre années, pris dans les glaces, sans que jamais la température permît au vaisseau de reprendre la mer. Si pareil malheur lui fût arrivé au Spitzberg, où le froid est plus intense, où les secourables Esquimaux ne se rencontrent pas, aucun homme ne serait probablement revenu de cette expédition, et le monde aurait à regretter deux de ses plus illustres voyageurs.

Les hydrographes avaient une large carrière à leurs travaux : côtes à relever, hauteurs à prendre, montagnes à dessiner, l'occupation ne leur manquait pas. Les naturalistes et les botanistes étaient moins heureux : on draguait à outrance pour ne conquérir que quelques zoophytes pareils à des morceaux de cristal, vraies pierreries de la mer qu'il fallait s'empresser de plonger dans l'esprit-de-vin si on ne voulait les voir se fondre et se décomposer à l'air ; on explorait le pays en tous sens pour rapporter une maigre pincée de ces petites plantes dont je vous ai parlé ; on chassait avec ardeur pour tuer quelques oiseaux de mer, un phoque ou un renard. La plupart du temps on était même privé par la neige de ces laborieux plaisirs, et l'on restait à bord ; le pont de la corvette offrait alors l'aspect le plus triste : il disparaissait sous un désagréable tapis blanc qui enveloppait tout, hors quelques coins où les matelots avaient tendu des toiles cirées pour se mettre à l'abri ; nos hommes, cachés sous de gros vêtements de fourrure ou de toison de chèvre, étaient bien les sauvages personnages de ce morne tableau.

Notre séjour ne pouvait, sans grave imprudence, se prolonger à la baie Madeleine ; aussi multipliait-on, dans les derniers jours, les excursions à terre. Il était rare que je n'en fisse pas partie, et d'ordinaire je m'isolais de mes compagnons de voyage ; j'aimais à me trouver par moments seule au milieu de cette nature grandiose et terrible ; j'y étais envahie par ce sentiment profondément religieux qui domine l'homme quand il se trouve face à face avec l'immensité. Les déserts ont leur poésie propre : déserts de sable, déserts de glace, c'est toujours l'infini de la solitude, et nulle voix ne parle à l'âme un langage plus émouvant. Oui, lorsque j'avais en face de moi le vaste océan Polaire chargé de bancs de glaces, quand les grands rochers noirs me masquaient la vue de la corvette, si tout à coup le vent s'élevait, si la mer grondait, si les glaciers s'écroulaient autour de moi avec leurs bruits formidables, si la neige m'enveloppait de ses violents tourbillons, alors il me semblait que j'entendais la voix même du Tout-Puissant, dont un souffle peut bouleverser le monde, et je me recueillais dans une muette prière.

Un jour cependant, un seul jour, il nous fut donné de voir le Spitzberg égayé : c'était le 10 août. Dès le matin, les grands rideaux de brume qui voilaient sans cesse l'horizon furent tirés comme par une main invisible, et, miracle ! le soleil, un vrai, beau, éclatant soleil apparut ; sous son influence, la baie devint admirable ! les nuages coururent dans le ciel, emportés comme de légers flocons ; les grands rochers laissèrent glisser leurs manteaux de neige ; la mer s'agita et frémit sous les glaces étincelantes qui s'y abîmaient de toutes parts : il semblait que les rayons du soleil eussent donné la vie à ce pays mort et sinistre, et que la terre entrât en travail de printemps. C'était le dégel, le dégel complet, bruyant et joyeux ; le dégel salué partout comme la fin de la saison triste. Hélas ! au Spitzberg, le dégel, le printemps, l'été, tout cela dure quelques heures ! Le lendemain même de ce beau jour, la brume obscurcit le ciel ; une sombre atmosphère fit place au jour éclatant, le froid revint plus intense, la rafale gémit lugubrement, les glaces restèrent immobiles, se soudant de nouveau aux rochers, et tout commença à se rendormir de ce sommeil glacé et funèbre qui dure plus de onze mois.

Le retour subit de l'hiver nous obligea à songer au départ ; toute tentative pour pénétrer plus au nord devenait impraticable ; quatre jours après cet avertissement, le 14 août, nous quittions la baie Madeleine, ramenés vers la pleine mer par nos chaloupes, montées par de vigoureux rameurs. Je ne m'embarquai pas sans aller faire une dernière prière sur la tombe de ces infortunés marins qui, après notre départ, ne recevraient peut-être plus jamais aucune visite humaine.

Je vis, avec un sentiment de profond allégement, disparaître successivement à mes yeux les montagnes déchirées, les pics aigus, les glaciers immenses de la baie Madeleine ; je me sentais sauvée d'un danger imminent, le plus grand assurément que je pusse jamais courir, celui d'être emprisonnée dans ces horribles glaces et d'y mourir, comme nos prédécesseurs, dans les affreuses tortures du froid ; en outre, la contemplation des sinistres beautés du Spitzberg m'avait jeté sur l'esprit un voile d'insurmontable tristesse. Ce pays est étrange et effrayant en effet, et, s'il ne saisit pas d'une épouvante absolue lorsqu'on l'aborde, c'est qu'on a été préparé par degrés à son lamentable aspect. Les îles de la Norvège, le cap Nord, sont des étapes ; leur vue habitue peu à peu à la désolation : mais s'il était possible d'être transporté sans transition de notre riant Paris à ces latitudes glacées, je ne doute pas qu'on ne vît les plus courageux saisis d'un sérieux effroi.

Le vent nous favorisa au retour comme à l'aller ; le 15, nous étions en vue des glaciers nommés les Trois-Couronnes, dont parlent Parry et Scoresby dans leurs relations.

Ces trois couronnes sont trois pyramides de glace d'une dimension colossale, qui dominent l'Océan comme les pyramides de pierre des Égyptiens dominent le désert. Sont-elles en glace pure, sont-elles en granit recouvert d'une épaisse couche de glace ? nul ne le sait ; elles apparaissent toujours immuables et éclatantes à l'œil charmé du navigateur. J'ignore si elles ont jamais été abordées. À mesure que nous revenions vers le sud, nous retrouvions un peu de vie autour de nous, les oiseaux étaient plus nombreux, quelques dauphins blancs montraient au-dessus des vagues leur dos de nacre. Le quatrième jour, nous nous vîmes entourés de baleines ; elles venaient curieusement autour de la corvette, comme pour bien examiner ce poisson inconnu plus gros qu'elles ; parfois elles s'avançaient très près de nous, et on aurait pu les distinguer dans leurs moindres détails, si elles se fussent tenues un seul moment tranquilles ; mais ces énormes bêtes sont extrêmement agiles, nagent avec une grande rapidité, font toujours des ricochets et n'élèvent leurs têtes monstrueuses hors de l'eau que juste le temps nécessaire pour respirer ; alors on ne peut même pas les examiner, car l'eau chassée violemment par leur souffle produit deux colonnes d'une sorte de neige au milieu de laquelle elles disparaissent.

Le 18 août, pour la première fois depuis le mois de juin, le soleil quitta l'horizon, mais bien peu d'instants, car l'aube se confondit avec le crépuscule pour former une lueur incertaine et indéfinissable. Nous marchâmes toutes voiles dehors avec un bon vent frais jusqu'au 21 ; mais alors la mer, houleuse jusque-là, devint violente et se rua sur la corvette comme elle ne l'avait pas encore fait. Nous fîmes plusieurs avaries ; notre poulaine fut enfoncée, malgré son armature de fer ; les vagues submergèrent le pont ; les baies et les cordages flottaient de toutes parts comme sur une petite mer ; on ferma les écoutilles, on cargua toutes les voiles et on laissa faire le coup de vent. À chaque instant, nous éprouvions des secousses terribles, et le capitaine dut faire tendre des cordes sur le pont pour aider chacun ; on s'y accrochait, car il était impossible de se tenir debout. J'eus le mal de mer de façon lamentable ; je ne quittai pourtant pas le pont, ne voulant pas perdre cette occasion de voir un vrai gros temps de l'océan Polaire. Bien empaquetée dans mon caban, montée sur un canon, cramponnée au bastingage, pendant toute la journée, je regardai. Les vagues étaient hautes, minces et transparentes, au point qu'on apercevait le ciel à travers chacune d'elles comme à travers un miroir trouble ; une écume légère s'agitait au-dessus de chaque vague comme un panache blanc ; toutes ces grandes vagues se précipitaient les unes sur les autres avec une fureur inouïe et faisaient un bruit assourdissant ; je n'avais jamais vu la mer ainsi, et je la trouvai si belle que j'oubliai d'en avoir peur. Cet ouragan avait considérablement refroidi l'atmosphère, et, le soir de ce jour, le froid m'obligea à me tenir dans ma chambre entre mes peaux de rennes et mon édredon. Ce froid ne dura heureusement pas ; le lendemain il s'était changé en brouillard épais. Les variations de température dans les régions polaires sont fréquentes et brusques ; du matin au soir, d'une heure à l'autre quelquefois, le thermomètre varie de dix et même de quinze degrés ; cela produit sur le voyageur une impression double : l'effet physique et l'effet optique, si je puis m'exprimer ainsi. On s'aperçoit tout naturellement que le temps s'est subitement refroidi ou réchauffé ; mais, en outre, on est tout étonné de passer sans transition d'un jour sombre à un jour clair, et *vice versa.* Lorsque, pendant notre traversée, le soleil, en se montrant, dissipait un moment la brume et la neige qui nous entouraient habituellement, il me semblait sortir d'un cauchemar affreux pour me retrouver dans la douce atmosphère des climats tempérés.

Le 22, le vent se reprit à souffler avec une nouvelle force, et, quoiqu'il servît notre marche, nous en fûmes fort incommodés ; le 24, nous étions en vue du cap Nord, mais il n'était pas possible d'essayer de s'approcher de terre par un pareil temps : nous eussions été infailliblement brisés sur les rochers de l'île Mageroë. Il fallut se tenir au large et attendre. Le 25, pour la première fois, la nuit eut environ une heure de complète obscurité. Enfin, le 26 au matin, le vent tomba, l'aube nous montra une mer blanche comme une plaine d'écume ; on déploya de nouveau les voiles, et en quelques heures nous gagnâmes le port d'Hammerfest.

Ô triste plage, collines nues et stériles, pauvres masures, misérables habitants ! avec quelle inexprimable émotion je vous revis ! J'étais de retour, j'étais sauvée, je me sentais fière et ravie. Si vous aviez pu me voir alors, vous m'eussiez trouvée bien pâle et bien maigrie, mais vous auriez eu, j'espère, quelque considération pour une femme ayant fait un voyage que *nulle* n'avait entrepris encore, et que nulle autre ne fera après, j'ose le prévoir.

Voici une lettre interminable, cher frère, presque un volume ; je vous en dirai encore très long dans ma suivante, car je ne pourrai vous écrire maintenant que lorsque j'aurai traversé la Laponie.

LETTRE VII.

MATTARINGUY.

Après avoir pris trois jours d'un repos indispensable, j'ai quitté Hammerfest le 28 août, par le même et unique bateau à vapeur du Finmark, qui m'y avait déjà amenée ; loin de vouloir retourner avec lui jusqu'à Drontheim, notre projet était de nous faire débarquer à Kaafiord, en laissant à bord du bateau toutes nos caisses et ne gardant avec nous que ce qui nous était strictement nécessaire pour entreprendre la traversée de la Laponie.

Kaafiord (prononcez Cofior), où nous descendîmes, est un petit port au fond d'une baie profonde : il est situé à vingt milles à peu près d'Hammerfest. Il y a quelques années, on y trouvait à peine cinq ou six cabanes habitées par des pêcheurs ou des Lapons côtiers ; aujourd'hui, c'est un gros village riche et industrieux, dont la vue réjouit le voyageur attristé de la misère du Finmark. Voici le secret de cette transformation : il existe à Kaafiord une mine de cuivre fort riche ; le gouvernement suédois en avait eu connaissance ; mais, trop pauvre pour faire les dépenses nécessaires aux premières années d'exploitation, il ne s'en était pas occupé. Une compagnie anglaise se forma dans l'intention d'exploiter ces mines, et sollicita du gouvernement suédois un privilège à cet effet ; il lui fut facilement accordé. Le peuple anglais possède à un haut degré le génie de l'industrie et de la colonisation. Les ingénieurs venus de Londres à Kaafiord le prouvèrent une fois de plus. Rien ne rebuta ce petit groupe d'hommes, ni les rigueurs d'un climat auprès duquel les brouillards de la Tamise sont de chauds zéphirs, ni les difficultés inhérentes à un pays sans végétation et sans habitants. Il n'y avait pas de bois, on fit venir de la houille d'Angleterre ; on manquait d'ouvriers, on en envoya chercher en Cornouaille ; en peu de temps tout fut transformé, et une petite colonie, composée seulement de deux familles, avait su transporter dans ce coin reculé du monde les mœurs civilisées et une partie du confort de la vieille Angleterre. Lorsque j'arrivai à Kaafiord, je marchai de surprises en surprises : je trouvai, au lieu des chétives maisons d'Hammerfest, des appartements vastes, bien meublés, bien clos et bien aérés à la fois, des poêles et des cheminées agencés en perfection, des tapis, des livres, quelques tableaux, un piano ; c'était à n'y pas croire. Nous reçûmes de MM. Crowe et Woodfall, concessionnaires des mines, de M. Thomas, ingénieur, et de leurs familles, l'accueil le plus cordial. La table de Kaafiord faisait aussi le contraste le plus complet avec nos menus d'Hammerfest ; grâce à de fréquentes relations entre les mines et la mère-patrie, on nous servit avec abondance et variété, et lorsque, réconfortés par un bon dîner, égayés par le spectacle de ces excellents hôtes qui s'empressaient autour de nous, nous nous trouvâmes le soir prenant le thé entre de jeunes miss décolletées et quelques hommes vêtus d'habits irréprochables, nous eûmes grand-peine à nous croire encore au bord de cet océan Glacial qui venait de nous offrir des aspects si terribles et si désolés. Dès qu'on passe le seuil de la maison anglaise, l'illusion se détruit bien vite, et les 70° de latitude nord se montrent écrits partout.

Kaafiord compte aujourd'hui plus de mille habitants, ouvriers compris, bien entendu ; la plupart de ses mineurs sont Anglais et Suédois ; ils se sont adjoint cependant dans ces dernières années des paysans du Finmark et même quelques Lapons, qui ont préféré le salaire assuré de l'ouvrier aux profits incertains du pêcheur. Toute la petite colonie vit dans une aisance et dans un bien-être relatif, comparé à la misérable existence de leurs Voisins ; aussi les enfants ont-ils, à Kaafiord, un visage de bonne santé que je n'étais plus habituée à rencontrer.

Le lendemain de mon arrivée, on me fit les honneurs des mines, on me les fit même trop bien ; car mon cicérone, M. Crowe fils, en vrai propriétaire, ne me fit pas grâce d'un caillou.

Quoique l'exploitation des mines de Kaafiord soit commencée depuis plusieurs années, elle est encore très incomplète ; les galeries sont nombreuses, mais toutes basses et humides ; en les parcourant on a souvent de l'eau jusqu'à la cheville ; les murailles suintent incessamment, et on reçoit sur la tête des gouttes d'eau glacée ; pour moi, le pis n'était pas cela, mais l'épaisse vapeur sulfureuse répandue dans les souterrains, j'en étais à demi suffoquée, et elle m'empêcha de voir à six pouces de distance, malgré la bonne grosse torche de résine que M. Crowe faisait porter devant moi. Cette excursion, comme vous voyez, manquait absolument de gaieté ; je regrettai beaucoup de l'avoir entreprise, mais je crus devoir à l'aimable hospitalité de mes hôtes de garder une contenance résignée. Pendant trois heures j'errai à travers un nombre infini d'escaliers inégaux, de pentes humides, d'échelles vacillantes, de voûtes basses et de galeries tortueuses à désespérer Thésée et son peloton. Enfin, au moment où j'allais demander merci, je me retrouvai au grand air, mouillée jusqu'aux os, fatiguée à l'excès et à moitié asphyxiée par les exhalaisons du soufre. « Hélas ! pensai-je en regardant avec amour le ciel gris et brumeux, qui me fit alors l'effet de resplendir, il y a pourtant de pauvres gens dont la vie se passe dans ces abîmes où j'ai failli étouffer pour une promenade. »

Pendant ce malencontreux examen, M. Crowe prenait obligeamment la peine de me donner des explications sur les opérations des mineurs, sur la façon de suivre les filons, d'ouvrir les nouvelles voies, de diriger les eaux ; j'avoue n'avoir pas prêté grande attention à ses descriptions : je n'avais pas l'humeur à la géologie. Tout en écoutant fort mal, pressée que j'étais de sortir de ces routes noires semblables à des défilés de l'enfer, je crois avoir compris cependant que la mine contenait, outre du cuivre, ou plutôt mêlés au cuivre, de l'arsenic, du cobalt, des morceaux de cristal de roche, du fer en assez grande proportion, de l'argent en petite quantité et des parcelles d'or pur.

Après avoir visité la montagne au-dedans, je voulus l'examiner au-dehors ; un rayon de soleil m'ayant favorisée le lendemain de ma visite à la mine, je me mis bravement à la gravir, sans autre compagnon que mon bâton ferré, le meilleur guide en pareille circonstance. Je traversai une espèce de jardin dont les colons anglais sont parvenus à entourer leur habitation, luttant à la fois contre le sol ingrat et le climat inclément, et je me trouvai au bout de peu de temps à même les rochers et les éboulements.

Cette montagne de Kaafiord, si sauvage il y a quelques années, a subi de singulières transformations depuis que l'industrie en a fait son domaine. En bas, elle est aplanie, bêchée, ratissée avec soin ; en haut, le pic et la poudre l'ont perforée jusqu'au cœur ; les grues lui ont enlevé ses grands ossements de granit ; elle est déchirée, bouleversée, éventrée de toutes parts. Dans les endroits que les redoutables mineurs n'ont pas encore envahis, elle nourrit trois ou quatre bouquets de pins maigres et de bouleaux chétifs ; puis, dans les interstices de toutes les pierres, au bord de toutes les crevasses, autour de tous les puits, croît la broussaille épaisse du myrtille, et ses touffes d'un vert sombre, constellées de petites baies bleuâtres, lui font comme un manteau charmant dont elle cache ses profondes blessures. En arrivant au sommet de la montagne, j'atteignis un plateau où les femmes des mineurs donnent aux pierres leur première façon en les concassant grossièrement. Comme j'étais en plein air et en plein jour, je suivis avec intérêt leurs opérations. Le minerai ainsi divisé est placé dans de larges conduits de bois placés sur la pente de la montagne ; ces conduits, sortes de rigoles massives, le font glisser jusqu'à quatre énormes cylindres de pierre posés horizontalement ; ces cylindres, mus par un torrent, tournent incessamment l'un contre l'autre avec une force qui réduit les pierres les plus dures en poussière. En sortant des meules, le minerai est placé dans de petits wagons et conduit par un étroit chemin de fer à l'édifice de la fonderie. Là il subit les sept façons qui lui sont nécessaires pour être complètement épuré, et tout cela se fait si rapidement, qu'il suffit de deux heures pour transformer les fragments du rocher de Kaafiord en belles barres de cuivre rouge, que des navires anglais emportent, non sans grand profit pour la société concessionnaire ; car le minerai de Kaafiord contient, m'a-t-on dit, environ 10 pour 100 de cuivre pur. Du haut de la montagne on a un panorama très vaste et très pittoresque, réunissant dans un même tableau les aspects de la nature la plus abrupte et les scènes de la vie civilisée.

Le petit golfe de Kaafiord a la forme d'un entonnoir ; le goulet d'entrée est si étroit que deux navires auraient, je crois, de la peine à y passer de front ; d'un côté du golfe, ses grands rochers s'élèvent à pic sur la mer ; de l'autre, la montagne descend en pentes et forme de temps en temps de petits plateaux où l'on a construit les maisons de bois des mineurs. Sur l'un des promontoires d'entrée on a élevé une église, petite, simple, peinte en gris, et qui, vue de loin, se confond avec, le rocher ; derrière l'église, à quelque distance, la fonderie montre incessamment la gueule ardente de ses fournaises et vomit d'épais tourbillons de fumée par ses quatre cheminées ; au fond du golfe, tapie dans le lieu le plus calme et le mieux abrité, la maison anglaise apparaît avec son toit rouge, ses murailles peintes et luisantes, son air d'aisance et d'ordre, et laisse sortir un groupe d'enfants qui va s'ébattre dans le petit parterre de renoncules, de pavots et de myosotis. La prière, le travail, la famille, la vie entière de l'homme dans ce qu'elle a de meilleur, est ainsi représentée dans ce petit golfe des côtes du Finmark.

Je passai quatre jours à Kaafiord, fort occupée des préparatifs de notre voyage à travers la Laponie. Les membres de la commission scientifique devaient également faire ce trajet difficile ; mais nous désirâmes partir avant eux. Mes hôtes firent beaucoup d'efforts pour me détourner du projet de revenir par la Laponie. « Vous ignorez, madame, me disaient-ils tous, les dangers des déserts de la Laponie ; figurez-vous des marais profonds, fangeux, impraticables ; vous serez obligée de faire plus de cent lieues sans rencontrer un toit, sans voir un chemin frayé ; si vous voulez absolument explorer cet affreux pays, attendez au moins les premières neiges ; alors, du moins, vous pourrez voyager en traîneaux sur la terre gelée, et vous traverserez en dix jours tout l'espace que vous mettrez peut-être six semaines à parcourir maintenant ; c'est folie d'entreprendre de gagner Torneå par cette saison de pluie et de dégel ! » Tout ceci était fort sensé et dit dans les meilleures intentions, seulement, comme, pour suivre le conseil, il eût fallu se décider à passer le reste de l'hiver à Stockholm et prolonger ainsi de trois mois un voyage déjà infiniment long, nous ne pûmes l'accepter.

Il n'y a pas de chevaux sur les côtes du Finmark ; ils y seraient ruineux et inutiles ; les communications étant impossibles par terre, tous les trajets se font donc par mer ; nous avions prévu cette difficulté et, dès notre premier séjour à Hammerfest, donné les ordres nécessaires pour faire venir, vers le 1er septembre, à Kaafiord, les six chevaux dont nous avions besoin ; ils arrivèrent en effet le 30 août, conduits par deux Norvégiens. Dès que j'appris leur arrivée, j'allai faire connaissance avec nos futures montures : c'étaient des chevaux de race norvégienne, petits, lourds, avec le poil ébouriffé, de grosses jambes et de longues queues ; des coureurs qui auraient fait, je vous jure, triste mine dans un handicap ou même aux Champs-Élysées. Ils étaient maigrement harnachés de cuirs usés et de cordes. Malgré cet extérieur peu encourageant, ce furent d'excellentes bêtes ; ils nous servirent vaillamment, et leur énergie nous tira de plus d'un mauvais pas. Je me trouvai d'abord assez embarrassée ; la présence d'une femme n'ayant pas été prévue, nos correspondants avaient négligé de se procurer une selle de femme, et je vis le moment où je serais obligée de faire l'homme jusque-là, de monter à califourchon, ce qui m'était, malgré mon costume, très gênant, et j'ajoute très effrayant ; car je ne suis pas du tout adroite dans cette attitude. Un de nos bons Anglais me vint en aide en me cédant une vieille selle de femme que, par un heureux hasard, il avait apportée de Londres, et dont il croyait bien ne devoir jamais avoir l'emploi. Le 30 août, tout fut prêt pour notre départ ; j'avais, je vous l'ai dit, repris mon costume masculin, et on m'engagea à y ajouter une paire de grosses bottes de postillon ; je les chaussai par-dessus les miennes, afin de me garantir le mieux possible de la boue liquide des marais.

Notre caravane était ainsi disposée : trois de nos chevaux servaient de montures pour mon mari, notre domestique français et moi ; le quatrième portait la tente, une vraie tente de soldat en grosse toile, avec un bâton au milieu et des trous en bas tout autour pour y passer des pieux ; les deux autres portaient nos provisions de conserves et de biscuit de mer, un peu de linge, des chaussures de rechange et la marmite de fonte qui devait être toute notre batterie de cuisine pendant longtemps. Ces pauvres animaux se trouvaient ainsi fort chargés ; aussi chacun de nous prit-il derrière lui, en guise de valise, un sac de cuir contenant les objets indispensables à la toilette, le manteau et la peau de renne qui devaient lui servir de matelas et de couverture pendant la route.

Je fis avec regret mes adieux à nos colons anglais ; de leur côté ils me témoignèrent le même sentiment, et huit ou dix d'entre eux voulurent nous accompagner pendant quelques milles. Lorsque nous fîmes halte pour nous séparer, j'embrassai d'un dernier regard le toit hospitalier des mineurs, et cette vaste mer du Nord qui déroulait au-delà du petit goulet de Kaafiord ses plaines mobiles ; en ce moment on entrevoyait au loin, à moitié perdu dans la brume, un petit navire courant sous toutes ses voiles orientées grand largue, ce qui le faisait ressembler à un vol d'oiseau de mer émigrant à tire-d'aile. Nous tournâmes un grand rocher ; nous vîmes encore les chapeaux de notre amicale escorte s'agiter en l'air en notre honneur, puis tout disparut à nos yeux.

Nous faisions nos premiers pas sur le chemin de la Laponie.

Le soir de ce jour, nous n'essayâmes pas encore notre tente ; nous allâmes coucher chez un de nos conducteurs, à quelques lieues dans les terres. La maisonnette du guide Mathisen était construite dans un lieu plein d'un charme sauvage ; posée à mi-côte d'une colline boisée, elle était toute cachée par les broussailles, et, avec son toit d'herbe, on eût dit un nid. À quarante pieds au-dessous de la maison miroitait un petit lac profondément encaissé dans ses berges vertes ; derrière les berges s'élevait une muraille de hauts rochers ; cette fortification naturelle n'était interrompue qu'à un seul endroit, où se formait une gorge étroite dont le lac profitait pour se répandre comme une coupe trop pleine et s'enfuir en cascades. Au-dessus des rochers, la colline était tantôt abrupte et aride, tantôt boisée de bouleaux et de pins, partout agreste et inculte. Ce qui saisissait l'âme dans ce paysage, c'était sa grâce sévère, son calme suprême et indicible ; la main de l'homme n'avait passé là nulle part, et on le sentait ; les rochers n'avaient jamais été gravis, la prairie n'avait jamais été fauchée, les arbres tombaient de vétusté les uns sur les autres ; pas de barques au bord du lac, pas de sentier dans l'herbe, pas de fumée à l'horizon, aucun bruit dans l'air autre que la voix de la cascade ou le léger bruissement des feuilles, et, au-dessus de tout cela, le dôme gris du ciel du nord laissant tomber sur toutes choses sa lumière voilée et mélancolique.

C'était autre chose que ces solitudes embaumées de l'Amérique du Sud, exubérantes de sève et de soleil ; c'était un coin vierge et inconnu de notre vieille Europe, une oasis douce et charmante placée par Dieu au milieu des déserts glacés, comme il en a mis au milieu des déserts torrides. À quelques lieues plus au sud, on ne trouve pas un arbre ; à quelques lieues plus au nord, on ne trouve plus une plante.

Le mobilier de la maison du guide était très primitif : un tronc d'arbre servait de table ; deux ou trois escabeaux étaient les sièges ; quant au lit, on avait le plancher. Après avoir soupé d'une tasse de lait de chèvre, je m'étendis par terre sur ma peau de renne, à peu de distance d'un feu de sapin déjà très nécessaire, et je m'endormis d'un sommeil de sauvage.

Le lendemain, de grand matin, tout notre monde était sur pied. Notre troupe se composait de dix personnes : trois étaient à cheval, je vous l'ai dit, les sept autres allaient à pied : c'était d'abord notre guide Abo le Lapon, chef absolu de la caravane, puis les trois hommes conducteurs des chevaux, un interprète finlandais (notre domestique ne sachant parler que le norvégien), enfin deux jeunes garçons du Finmark qui avaient demandé la faveur de se joindre à nous pour passer en Russie.

Géographiquement parlant, on nomme Laponie tout le pays compris entre le fond du golfe de Bothnie et le cap Nord ; quelques voyageurs, Regnard en tête, la font même commencer à Luleä, sur la côte ouest du golfe. Tout ce pays est, si je puis m'exprimer ainsi, la Laponie de nom et pas la Laponie de fait ; car les Lapons ne l'habitent pas. Du côté de la mer Baltique, on trouve des Finlandais ; du côté de la mer du Nord, on trouve ces habitants du Finmark au milieu desquels je vous ai conduit. Ceci n'empêche pas qu'on ne voie des Lapons à Torneå ou sur les côtes du Finmark ; mais alors ils y sont en voyageurs, pour faire des échanges avec les Russes ou les Norvégiens. La Laponie proprement dite est un immense désert marécageux où les oasis sèches sont rares, où la végétation est presque nulle ; vue à vol d'oiseau, elle doit ressembler à une plaine profondément labourée, dont chaque sillon forme une irrigation ; les collines y sont en petites chaînes basses, et toujours séparées entre elles par un lac, une rivière ou un marais. C'est cette abondance d'eau qui rend la traversée du pays si difficile pendant l'été ; l'hiver venu, les rivières se gèlent, les marais se durcissent, et la Laponie est alors une plaine de neige à travers laquelle courent les traîneaux emportés par les rennes avec une vitesse infiniment supérieure à celle de nos chevaux de poste.

Quant à nous, nous ne courions pas la poste au début de notre voyage ; bien au contraire, nous allâmes lentement et péniblement pour gravir ces hautes collines qui entourent le petit lac de Kaafiordal. À mesure que nous avancions, les arbres devenaient plus nombreux, et bientôt nous fûmes dans une véritable forêt ; je n'en pouvais croire mes yeux ; une forêt à une journée de marche de Kaafiord ! Je regardais de vigoureux bouleaux renversés à coups de hache par nos hommes pour nous frayer un passage, et je me demandais si j'avais été subitement transportée des côtes arides du Finmark dans quelque beau lieu de l'intérieur de la Suède. Ces quelques kilomètres boisés sont, je crois, un coin unique du Finmark septentrional : les arbres y atteignent à des hauteurs inusitées ; ils y ont un aspect de verdure et de vigueur qu'on ne retrouve plus ailleurs. Nos chevaux semblaient aussi étonnés que nous de cette nouveauté ; par moments, leur étonnement se changeait en frayeur à la vue des grands branchages embarrassant leur route ; sous cette impression, ils se mettaient à courir comme des fous à travers les obstacles, malgré les racines à fleur de terre et les taillis de broussailles dans lesquels ils s'embarrassaient les jambes. Je ne suis pas assez bonne écuyère pour maintenir un cheval effrayé ; j'employais alors toute ma science à ne pas tomber, et mettais mon adresse à garantir mes yeux mis fort en péril dans ces courses désordonnées. Je crois pouvoir assurer que La Marche et Chantilly ont vu peu de steeple-chases plus dangereux que celui-là.

Au bout d'une heure, l'habitude du danger ou la fatigue de nos montures nous avait procuré des allures plus paisibles ; j'aurais alors désiré prendre le temps d'herboriser un peu au milieu des plantes vivaces et touffues dont nous étions entourés. Malheureusement nous devions faire une longue étape ce jour-là, et le guide me refusa une halte. J'ai donc dû me borner à tenter de discerner leurs espèces tant bien que mal ; mais ma botanique a la vue courte, et sans doute bien des choses m'ont échappé. Mon observation superficielle me montra les fougères de grande taille et les hautes touffes de l'angélique comme étant partout en majorité, puis des plantes plus délicates : la campanule uniflore, des draves de plusieurs espèces, l'andromède bleue, la saxifrage penchée, la stellaire, et quelques autres plantes dont j'ignore les noms. Je ne dis rien des lichens, abondants et variés là comme dans tout le Finmark. Toute cette couche de végétation vivante et fraîche reposait sur la couche flétrie de l'année précédente, et celle-ci s'était affaissée à son tour sur les plantes qui l'avaient devancée. En fouillant avec un bâton ferré, on distinguait jusqu'à une grande profondeur les traces de ces générations de plantes. C'était comme une sorte de cimetière végétal où les vivants vivaient sur les morts, comme cela se passe sur nos étroits espaces civilisés, cimetières humains :

Abîme où la poussière est mêlée aux poussières,
Où sous son père encore on retrouve des pères,
Comme l'onde sous l'onde en une mer sans fond !

La forêt traversée, nous avons franchi la rivière de Kaafiord. Notre guide lapon Abo (Abraham), après avoir sondé çà et là avec soin, indiqua l'endroit où le gué était bon ; les chevaux eurent néanmoins de l'eau jusqu'au poitrail. Cette rivière est plus dangereuse par sa rapidité que par sa profondeur. Sur la rive opposée, les arbres s'éclaircirent ; ils disparurent au pied d'une montagne élevée à laquelle notre guide donnait le nom de Kormovara. Cette montagne n'avait rien d'encourageant ; elle s'élevait devant nous sans beaucoup plus de douceur qu'une muraille ; il fallait avancer cependant. Nous mîmes pied à terre, et on déchargea les chevaux de bagage ; les hommes se partagèrent les fardeaux, et alors commença une ascension très pénible. Le versant de cette montagne était couvert d'une mousse molle, humide, glissante, sur laquelle on ne pouvait tenir pied, et qui restait aux mains si on s'y accrochait. Sans quelques bouleaux qu'on trouvait de distance en distance, on n'aurait jamais, je crois, atteint le sommet. Les arbres étaient des haltes de salut pour tout le monde ; bêtes et gens en profitaient pour respirer une minute. Les chevaux fatigués savaient très bien se placer d'eux-mêmes au-dessus d'un arbre, afin de se servir du tronc comme d'un point d'appui pour ne pas glisser. Vers le milieu de notre ascension, une pluie pénétrante vint ajouter à nos difficultés, et je crus que, pour ma part, il me serait impossible de voir la fin de cette terrible montagne. Gênée par mes lourdes bottes, embarrassée dans mes vêtements chargés d'eau, je pouvais à peine faire un pas sans tomber, et je fis plus de chemin sur mes genoux que sur mes pieds. Enfin, après trois heures d'efforts inouïs, nous gagnâmes le plateau supérieur ; j'étais à demi morte, et, à la vue d'un terrain plat, sans écouter aucune observation, je me couchai dans mon manteau sur la terre, et, malgré la froide pluie, je m'endormis de ce sommeil de plomb que procure l'épuisement.

Je dormis ainsi deux heures, et, quoique je me trouvasse bien reposée, au réveil je regrettai de n'avoir pas écouté les avis de nos guides : les moustiques avaient profité de mon immobilité pour me faire de cruelles blessures ; j'avais le visage enflé et meurtri à faire peur ; ce fut ainsi que la vraie Laponie me paya ma bienvenue sur son territoire marécageux. Les moustiques, cette plaie des pays chauds, sont aussi le fléau des contrées humides ; en Laponie on en voit des nuages, et leur compagnie nous fit tant souffrir que nous accueillîmes par la suite avec joie le premier jour de froid qui nous en débarrassa.

Il pleuvait, je vous l'ai dit, quand nous fûmes au sommet du Kormovara ; si le temps eût été clair, j'aurais découvert de ce point élevé tout le pays environnant, j'aurais vu Kaafiord, Alten, Reipass, où se trouvent des mines encore plus riches que celles de Kaafiord, le cours de la rivière à plusieurs lieues de distance, et même la grande mer dans le lointain. Je ne vis rien ; un brouillard intense comblait toutes les vallées et interposait sa masse trouble entre l'horizon et nous.

Malgré la tristesse du ciel, il fallut prolonger la halte assez de temps pour reposer les chevaux ; avant de les recharger, on déjeuna ; nos guides, sobres comme des Norvégiens, tirèrent de leurs sacs du pain d'orge et du beurre salé ; le Lapon Abo mangea avec ses doigts je ne sais quel étrange mélange qu'il portait renfermé dans une petite boîte de bois, et François nous fit une soupe au biscuit de mer et au jus de viande conservé, dont l'odeur me ferait peut-être fuir aujourd'hui, mais qui, servie bien chaude, me parut délicieuse sous cette pluie glaciale.

En quittant la montagne, je m'attendais, après avoir tant grimpé, à être obligée de descendre. Il n'en fut rien ; nous continuâmes notre route dans une immense plaine dont la ligne était à peine troublée par de rares mouvements de terrain ; cette plaine, aride et humide à la fois, ce qui ne s'exclut pas, était de l'aspect le plus morne, semée de pierres et tachée de mares d'eau : les pierres, petites, polies, de forme sphérique, avaient été roulées par les eaux ; les mares, dépourvues de toute végétation sur leurs bords, n'étaient que des flaques d'eau accidentelles causées par la fonte récente des neiges. Partout la terre était molle, fangeuse, crevassée ; partout les chevaux enfonçaient dans ce terrain mouvant. Quelquefois le sol n'était plus qu'un vaste bourbier ; alors les pauvres animaux ne pouvaient plus tenir pied, et il fallait les décharger pour les aider à se tirer du péril. Lorsqu'on rencontrait ces dangereux marais, notre guide Abo déployait la plus admirable activité ; il semblait se multiplier au service de la sûreté de tous ; il fallait le voir inquiet, empressé, allant, venant, sondant de tous côtés avec un long bâton, et découvrant avec un tact très sûr les meilleurs passages. Ce pauvre petit être, misérablement enveloppé dans une vieille robe de peau de renne, la tête à peine couverte, les pieds à peine chaussés, était écouté de notre troupe comme un général d'armée : il parlait, on obéissait ; il faisait un signe, on le suivait ; son bâton ferré était bien réellement un bâton de commandement, et dans la brume épaisse le feu de sa pipe était la chétive étoile qui attirait tous les yeux. Il était l'arbitre de notre destinée.

Que fussions-nous devenus sans lui dans ces insondables marais, au milieu desquels on n'a pour se diriger que la boussole ! Le Lapon, lui, a des points de repère dans la forme des montagnes, dans la situation des lacs, dans le cours des rivières ; et cependant il se trompe encore de direction s'il n'a pas fait souvent ce long voyage.

Abo avait avec lui son chien, une agile bête, à demi sauvage aussi, qui dans les moments difficiles, ajoutait son instinct à l'intelligence de son maître pour lui donner souvent de bonnes indications. Le chien d'Abo, de pure race laponne, était noir et de taille ordinaire, avec les signes distinctifs de son espèce : la fourrure d'un ours et la tête fine d'un renard. Dans les moments où la caravane avançait sans trop d'encombres, le chien prenait des vacances et faisait une chasse acharnée à une sorte de petits rats sans queue nommés par les Norvégiens comme par les Anglais *lemmings*. À de certaines années, ces petits animaux apparaissent en Laponie en quantités innombrables ; on en trouve dans les moindres trous ; ils sont par bandes, dans toutes les plaines, sous toutes les pierres. Ils sont roux et noirs, et ont beaucoup d'analogie avec le hamster, dont la peau sert à doubler des manteaux. Les *lemmings* sont de la race des rongeurs, et de plus, méchants et effrontés d'une façon surprenante ; le chien qui les tue ne les fait pas fuir, et j'en ai vus s'attaquer à nos chevaux. Ceux-ci les écrasaient sans même les voir, et, dans leur placide justice, représentaient assez bien l'allégorie de la Gloire terrassant l'Envie.

N'ayant vu d'exemplaire de ces singuliers petits animaux nulle part, je voulus essayer d'en conserver quelques-uns, dans l'intention ambitieuse de les offrir à notre Jardin des Plantes ; mais, malgré mes soins attentifs, tous ceux que je pris, au nombre d'une trentaine, moururent au bout de quelques heures.

La pluie avait rendu le début de notre voyage fort pénible ; nous nous trouvions vers sept heures du soir si mouillés et si fatigués que nous résolûmes de camper au premier endroit favorable ; bientôt après, sur le bord d'un torrent, nous trouvâmes un bon espace de terre solide, et, ce qui nous fit pousser des cris de joie, plusieurs traîneaux laissés là par des Lapons, afin sans doute de les venir ensuite reprendre à la saison des neiges.

Les traîneaux lapons ne contiennent qu'une personne ; ils ont la forme de grands sabots ; ils sont construits en bois et recouverts en peau de phoque. On s'assoit dans la partie qui figure le talon du sabot ; de cette façon, les jambes sont garanties et recouvertes ; près de la pointe de l'avant se trouve une petite cavité fermée par un couvercle, où le Lapon enferme ses provisions ; quelquefois une peau de renne est clouée tout autour et forme comme une sorte de sac par lequel s'introduit le voyageur, bien à l'abri du froid grâce à cette précaution. On voit que cette installation est loin des traîneaux de poisson gelé en usage chez les Esquimaux ; elle est commode et je dirais presque confortable, si ce mot ne se trouvait fort dépaysé en Laponie. Ces traîneaux, au moment où nous les rencontrions, me firent l'effet d'une attention de la Providence ; rien ne pouvait m'être plus agréable, transie comme je l'étais, que la perspective d'un lit sec, ou à peu près. J'aidai gaiement aux préparatifs de notre souper, et je m'amusai à regarder les œuvres de l'industrie de notre ami Abo ; gêné comme nous par la pluie, il avait imaginé, pour se garantir, de se faire un bonnet imperméable avec de l'écorce de bouleau, et cela lui avait fort bien réussi ; lorsqu'il s'assit pour souper, il fabriqua une assiette de cette même écorce de bouleau, et avait l'air très satisfait de la façon dont se comportaient dans cette vaisselle improvisée l'huile de poisson et le morceau de saumon salé qui composait son repas. Je lui envoyai une tranche de jambon dans un de nos vases d'étain ; il accepta la viande et refusa le plat, disant qu'il préférait le sien. Orgueil d'inventeur, où ne te niches-tu pas !

Le souper terminé, on dressa la tente et chacun s'arrangea du mieux qu'il pût. Je fus la moins malheureuse ; car, étant la plus petite de notre bande (j'en excepte Abo, qui dormit à la belle étoile), je pus entrer à peu près dans l'un des traîneaux ; je me fis un oreiller d'un sac de cuir, et je n'aurais pas été trop mal si, la pluie ayant traversé la tente, je n'avais senti constamment des gouttes d'eau glacée me tomber sur le visage ; ce petit supplice me tint éveillée toute la nuit, et le lendemain je me trouvai plus fatiguée que la veille.

À six heures, lorsque je sortis à grand-peine de mon sabot, nous étions complètement environnés de brouillards, et Abo refusait de continuer la route avant que le temps fût devenu meilleur. Il nous fallut attendre, et attendre dans les conditions les plus insupportables. Le brouillard s'éclaircit seulement vers midi, et on put plier la tente.

À peine avions-nous fait un mille, nous nous trouvâmes au bord d'une rivière de très mauvaise physionomie : elle courait rapidement sur de grandes pierres plates inégalement superposées, formant une sorte d'escalier interrompu de temps en temps par des trous en entonnoirs ; les berges, faites des mêmes pierres, étaient très hautes et coupées de fentes énormes. Les chevaux, voyant ce mauvais bord et au fond ce cours d'eau large et violent, ne voulurent pas avancer ; on fut près d'une heure à faire passer le premier ; les autres suivirent sans difficulté. Je me réjouissais de nous voir tirés sans catastrophe de ce difficile passage, quand je m'aperçus que je venais de perdre sur la rive opposée l'innocent poignard qui n'avait pas quitté ma ceinture dans toutes mes pérégrinations. Je tenais beaucoup à ce poignard ; j'aimais à me figurer qu'il pourrait m'être utile ; il me faisait contenance : c'était un compagnon silencieux et fidèle, dont la vue m'entretenait dans l'illusion que je saurais me défendre en cas d'ours ou de loup ; j'étais bien tentée de retraverser la rivière pour aller le chercher, mais à mes premiers mots le guide jeta les hauts cris, s'opposa à mon projet, et il fallut continuer ma route. Mon cher poignard gît donc dans une solitude laponne ; s'il est ramassé et s'il retourne dans des mains civilisées, il pourra offrir un vaste champ aux conjectures des antiquaires ; comment expliqueront-ils la présence d'une arme espagnole du XIVe siècle au fond de la Laponie ? Les suppositions les plus étranges viendront sans doute à leur esprit avant la véritable, qui n'est déjà pas toute simple.

Le reste de cette journée, nous fûmes sans cesse dans une plaine pierreuse coupée seulement de larges crevasses où s'étaient formés des bourbiers impraticables. On voyait nos pauvres chevaux poser leurs pieds avec hésitation sur de petits monticules de terre apparaissant à la surface du marais, et enfoncer jusqu'au cou dans une vase épaisse. Alors le cavalier s'empressait de vider la selle, et, si par malheur le cheval était chargé de bagage, les hommes s'entraidaient pour le tirer d'affaire ; on se mettait quatre ou cinq après lui, et on le tirait qui par la tête, qui par la queue, jusqu'à ce qu'il fût hors de danger. Ce pénible incident s'étant fort renouvelé pendant cette journée, et la pluie, la détestable pluie, n'ayant pas cessé, le soir tout le monde était harassé ; on arracha et on alluma quelques broussailles de bouleau, mais ce triste combustible nous donna plus de fumée que de chaleur ; alors on dressa la tente et on se coucha sur la terre détrempée sans essayer de sécher ses vêtements. Nos peaux de renne de cette couchée ne valaient pas les traîneaux de la veille ; l'immersion dans les marais les avait singulièrement rafraîchies : mais tout est aux voyageurs couchette et matelas. La fatigue aidant, on dormit quand même.

Le lendemain, de grand matin, nous étions en route. Le ciel, chargé de grandes nuées blanches semblables à des écharpes, semblait nous présager une meilleure journée, et, en effet, pour premier bonheur, nous quittâmes nos marais fangeux pour un terrain sec. Nous nous trouvions alors dans une plaine qui s'étendait à perte de vue, le sol était couvert de larges pierres grises, plates et s'enlevant par lames comme l'ardoise ; ces pierres étaient si rapprochées qu'il nous semblait marcher sur une route dallée, mal dallée toutefois, car à chaque instant nos chevaux trébuchaient en se prenant les pieds dans quelque fente. Quand on rencontrait une inclinaison du terrain, les larges pierres s'appuyaient les unes aux autres par couches horizontales, imitant un vaste escalier : ce devait être le lit de quelque torrent disparu. Nous avancions au moins par ce rude chemin, et cette conviction donnait de la gaieté à chacun de nous ; à cela près des détours, inévitables dans un pareil pays, nous marchions presque directement du nord au sud, et déjà le troisième jour nous pouvions nous en apercevoir. La végétation prenait plus de vigueur et les broussailles de bouleaux qui, dans notre première journée, rampaient sur la terre, commençaient le soir du troisième jour à ressembler à de petits taillis de deux pieds de hauteur. Remarquez qu'il ne faut pas faire acception du bois voisin de Kaafiord dont je vous ai parlé ; il représente une oasis exceptionnelle en Laponie, et doit sa beauté à son heureuse situation encore favorisée par le voisinage de la mer : car, vous le savez, le voisinage de la mer adoucit toujours la température dans les hautes latitudes. Nous fûmes donc, dès le troisième jour, campés au milieu d'un bois nain ; tous ces petits arbres avaient un étrange aspect quand on les apercevait de loin : dépouillés de feuilles, étendant de tous côtés leurs maigres rameaux capricieusement enlacés, ils avaient l'air d'une forêt de cornes de cerfs. J'avais été assez peu mouillée ce jour-là pour espérer de parvenir à me sécher tout à fait ; j'y réussis à peu près, grâce au bon feu entretenu par nos guides, et j'entrai dans la tente vraiment réchauffée pour la première fois depuis notre départ. François, satisfait comme tout le monde d'avoir enfin du feu, s'agitait autour de ses écuelles et avait donné à la tente un petit air de fête ; des bouts de bougie ajustés sur de petits bâtons formaient un éclairage *à giorno,* le couvert était symétriquement arrangé sur un manteau posé à terre, et des sacs du bagage étaient disposés autour pour nous servir de sièges. C'était luxueux, je dois en convenir, et bien capable de faire écarquiller les yeux rouges du bon Abo lorsqu'il passa sa tête par notre porte pour nous regarder souper ; il examina tout curieusement, puis il nous adressa une sorte de grimace en faisant claquer sa langue ; était-ce de l'admiration, était-ce du dédain ? Cela voulait-il dire : « Qu'ils sont heureux ! » ou bien : « À quoi bon tant de façons pour manger ? » Voilà ce que je n'ai pu démêler ; d'autres plus habiles que moi se trompent tous les jours en voulant lire sur la physionomie d'un homme.

Il serait, je le crains, monotone de vous faire suivre jour par jour, avec trop d'exactitude, les accidents de notre longue pérégrination. Le peintre comme le narrateur n'ont guère à faire en de pareils pays.

La Laponie n'a que deux aspects : les plaines pierreuses et les plaines boueuses. Quand on traverse les premières, si le soleil vient un moment à percer les nuages, l'immensité de l'horizon, l'aridité du sol, la teinte roussâtre des broussailles, les fait ressembler au grand désert ; ainsi le proverbe a raison : les extrêmes se touchent. Ce qui est inimaginable, c'est la quantité de torrents, de rivières, d'étangs, de lacs, de mares, de ruisseaux, qui coupent le pays en tous sens ; si un jour le niveau de toutes ces eaux montait un peu, la Laponie ne serait plus qu'un lac de cent cinquante lieues carrées. Ce pays a dû être témoin d'étranges bouleversements, de cataclysmes violents ; car nous rencontrions souvent des monceaux de pierres rondes et blanches comme des œufs monstrueux : c'étaient évidemment les galets gigantesques de quelque torrent diluvien. Ces pierres avaient souvent la circonférence d'une roue de voiture ; quelle force avait-il fallu pour les polir comme des boules de marbre ! Les paysages les plus agréables étaient ceux où nous trouvions le sol couvert de cette précieuse mousse de renne qui nourrit les troupeaux du Lapon nomade. La mousse de renne est un lichen, comme l'indique son nom *(lichen rangiferinus) ;* cette plante a beaucoup d'analogie comme forme et comme couleur avec la salade d'escarole bien mûre ; elle est exactement de ce jaune tendre du cœur de la salade.

Le 6 septembre, en descendant du penchant d'une colline au bord d'un petit lac limpide où nous voulions faire boire nos chevaux, nous aperçûmes au loin un campement lapon ; la curiosité me poussant et le terrain se trouvant assez bon, je mis mon cheval au galop, et en peu de minutes je me trouvai près de deux tentes et entourée d'une nuée de chiens noirs me regardant avidement : me regardant n'est pas très juste, regardant mon cheval serait plus exact ; ils semblaient tous fort surpris de la vue de cet animal nouveau pour eux, et ne témoignèrent pourtant pas leurs impressions par leurs aboiements, ce qui m'étonna ; on m'assura plus tard que les chiens de cette race n'aboient jamais. Ce serait un motif de plus pour en faire une race intermédiaire entre les chiens et les renards. Quelques rennes, moins hardis que les chiens, s'enfuirent à mon approche, et je pus entrer sans obstacle dans l'une des tentes.

Les tentes laponnes sont toutes construites de même façon ; en vous donnant la description de celle-ci, vous aurez une idée exacte de la configuration de toutes les autres. Ces tentes sont petites et peuvent loger tout au plus six ou huit personnes ; elles ont la forme circulaire ; leur carcasse est faite avec des montants de bois de bouleau reliés entre eux par le haut et sur lesquels est ajustée une étoffe de laine grossière, noire ou brune ; l'étoffe s'arrête avant d'atteindre le sommet des montants, pour laisser passer la fumée. À l'intérieur, une longue et forte traverse, placée environ à cinq pieds du sol, repose sur le bois de la charpente et y prend assez de solidité pour soutenir une grosse marmite de fer qui y pend par une chaîne ; au-dessous de la marmite, des pierres formant un cercle circonscrivent le foyer, et la fumée s'échappe, comme je vous l'ai dit, par l'ouverture laissée au sommet de l'habitation. Autour de la tente sont rangées les peaux de rennes servant de lit et les coffres de bois qui sont à la fois les tables, les sièges et les armoires du Lapon. Nulle part, je crois, les besoins de la vie ne peuvent être restreints à une plus simple expression ; cette absence de superflu produit du moins l'égalité, et la tente du Lapon le plus riche diffère à peine de celle du plus pauvre. La richesse n'a qu'une forme en ce pays-là : les rennes ; un homme pauvre en a toujours bien une vingtaine ; un homme riche en a quelquefois plus de mille.

Dans la tente où j'entrai, il y avait deux femmes : l'une vieille, ridée, sale, déchirée, hideuse, des yeux rouges éraillés et sans cils, le teint terreux, d'affreuses petites pattes noires et sèches, un monstre de laideur ! L'autre était jeune et assez jolie pour une Laponne ; je la soupçonnai même d'avoir quelque peu de sang norvégien à se reprocher : car elle était blonde avec les yeux bleus ; du reste le nez écrasé, les pommettes saillantes ; mais, pour tout embellir, une belle fraîcheur. Ne croyez pas que je me trouvasse bien embarrassée en présence de ces maîtresses d'un logis que je convoitais pour en faire un cabinet de toilette ; je n'avais pas la possibilité de faire des explications, j'agis comme en pays conquis. Après leur avoir fait quelque signe amical, je fermai la porte de la tente (quand je dis fermer la porte d'une tente, il faut toujours comprendre baisser le lambeau d'étoffe qui retombe devant l'ouverture d'entrée) et je m'installai ; je pris ma valise sans beaucoup étonner mes hôtesses, et, heureuse d'avoir un peu de temps à moi, un bon feu et de l'eau chaude, je me mis en devoir de procéder à une toilette plus complète que je ne pouvais la faire au milieu des hommes de notre escorte. Tant que je me coiffai et fis des ablutions sur mon cou, mon visage et mes mains, les deux femmes se contentèrent de me regarder de tous leurs yeux ; mais, lorsque je fis mine de me déshabiller complètement pour changer de linge, elles sortirent précipitamment en manifestant un effroi singulier. Pendant plusieurs minutes, je restai stupéfaite, ne m'expliquant pas le motif de leur crainte ; tout à coup mon costume masculin me revint en mémoire, et je ne pus m'empêcher de rire aux larmes de leur méprise ; leur susceptibilité sur ce point était assurément bien éveillée : car mon aspect, ainsi vêtue, était celui d'un redoutable cavalier de douze ans. Cet incident, qui m'amusa très fort, répond, ce me semble, avec autorité, aux accusations calomnieuses répandues sur ces honnêtes Laponnes.

Regnard a beau prétendre qu'un Lapon offre volontiers aux étrangers la compagnie de sa femme ou de sa fille, c'est une fable de plus à ajouter à toutes celles qu'il s'est plu à débiter, et qui ne mériteraient même pas d'être démenties si elles n'étaient l'œuvre d'un homme auquel son style donne un rang très élevé parmi nos poètes dramatiques. Pour en revenir aux Laponnes, ce qu'il m'a été possible de constater sur leurs mœurs a été à leur honneur, et j'ai toujours vu leurs maris les surveiller avec soin lorsque quelque marché à conclure ou une esquisse à faire amenait une d'elles parmi nous.

Après avoir paisiblement terminé ma toilette, je sortis de la tente et trouvai toute une bande de Lapons environnant notre troupe voyageuse. Les hommes jetèrent un coup d'œil anxieux de mon côté ; mais, à l'expression de leur physionomie, je dus croire qu'ils avaient été à mon égard plus perspicaces que les femmes. On criait fort de part et d'autre à mon arrivée ; une discussion entamée entre notre domestique et un vieux Lapon, passant avec difficulté par l'interprète finlandais, menaçait de ne pas arriver à bonne fin. François épuisait sa rhétorique norvégienne, qu'il appuyait d'un répertoire de gestes expressifs ; le vieux Lapon, façon de patriarche tanné, vêtu de guenilles impossibles, levait à chaque mot les bras au ciel et criait comme un sourd, afin de nous faire mieux comprendre son langage. Enfin, beaucoup de bonne volonté aidant, et le flegmatique Finlandais ne nuisant pas et répétant à mesure les mots prononcés par chaque interlocuteur, je parvins à comprendre. Il s'agissait d'un jeune renne ; François le voulait acheter pour notre garde-manger, le vieux refusait de le vendre. On en fut pour ses cris, rien ne put décider le vieil entêté à nous livrer un renne ; le tout à la grande tristesse de nos estomacs, déjà réjouis de la perspective d'un bon quartier de venaison remplaçant nos monotones conserves. Il fallut repartir ; mais quelques lieues plus loin la Providence nous gardait un dédommagement : nous aperçûmes la fumée d'un autre campement et nous rencontrâmes un magnifique troupeau de rennes. On parle rennes à propos de Lapons, comme on parle chameaux s'il s'agit d'Arabes. Il est en effet difficile de séparer ces précieux animaux du peuple auquel ils rendent des services si nombreux. Le renne est assurément plus indispensable au Lapon que le chameau ne peut l'être à l'Arabe ; sans lui tout un peuple mourrait de faim, ceci est péremptoire.

Le renne est la providence du Lapon. Il est à la fois sa vache, son mouton, son cheval ; il le nourrit, l'habille, le traîne ; il lui procure du lait, du beurre, du fromage, une chair grasse et succulente. Le Lapon prend la peau du renne et se façonne un costume solide et chaud ; il en double son traîneau, il en fait son matelas et sa couverture, il coud avec les tendons de l'animal ; il façonne des manches de coutelas et divers petits ustensiles avec ses cornes. Lorsqu'il change de résidence, lorsqu'il quitte la côte pour le bois, la plaine pour la montagne, le renne est encore là, serviteur fidèle et robuste ; on l'attelle au traîneau, et il entraîne, avec une admirable rapidité, le maître, les enfants, la maison, toute la vie, qui se transplante suivant le caprice de l'humeur du Lapon nomade. Ajoutez à cette immense dose d'utilité que le renne est un magnifique animal, grand, vigoureux, vif, agile, beau à regarder au repos, plus beau à regarder courir ; c'est un cerf, vous le savez, mais ayant dans l'aspect les caractères de force qui manquent aux gracieux hôtes de nos forêts : si j'osais bien faire comprendre ma pensée par une comparaison prise dans le domaine de l'art, je dirais que le renne est au cerf ce qu'une des belles Italiennes du Titien est à une figure-vignette de keepsake.

Les rennes perdent leur bois tous les ans, et, quand on voit les gigantesques rameaux de leurs andouillers, on s'étonne qu'une année suffise pour une pareille croissance. Le bois de l'animal s'étend derrière le front sans s'élever perpendiculairement ; il se déploie plutôt vers sa croupe, et souvent il est presque aussi long que lui. Les femelles ont un bois peu différent de celui des mâles ; je n'ai pu savoir bien positivement si la castration, très fréquemment pratiquée par les Lapons, prive le renne de son bois. J'ai consulté les autorités : Linné dit oui, et Buffon dit non. Qui ne serait embarrassé ? Comme fait positif, j'ai vu plusieurs rennes sans bois ; mais venaient-ils de le perdre ? C'est aux naturalistes de conclure.

Les rennes de ce second campement étaient infiniment plus nombreux que ceux du campement précédent. Je pensai que nous nous trouvions parmi des Lapons riches ; deux robes de wadmel bleu, bordées de bandes blanches et rouges, dont étaient vêtus nos premiers interlocuteurs, me confirmèrent dans ma première opinion. Je ne me trompais pas ; c'étaient vraiment des gens fort comme il faut, et ils gagnèrent ma sympathie en consentant à nous vendre un jeune renne, objet de toutes nos convoitises gastronomiques. Excusez-moi de vous parler encore des intérêts de mon rôti ; mais on ne sait pas dans les villes, ils ignorent, les gens qui dînent tous les jours, ce que peuvent devenir les anxiétés du voyageur affamé, épuisé et inquiet du lendemain !

Pour trois *species* (environ seize francs) on convint de nous livrer un jeune renne ; les conditions du marché, fort longuement débattues, portaient qu'on nous tuerait notre renne et qu'en retour nous laisserions au propriétaire les entrailles, le sang et la peau. Le troupeau, d'abord effarouché de notre présence, s'était peu à peu rapproché, et les rennes semblaient faciles à prendre comme des chiens familiers ; il n'en était rien pourtant : à peine le Lapon fit-il un pas vers eux, tout le troupeau se dispersa dans différentes directions, non sans attraper de très bons coups de dents des huit ou dix chiens noirs qui lui servaient de gardiens. Le Lapon m'engagea à choisir mon renne ; j'en désignai un au hasard parmi les plus jeunes, qui, plus apprivoisés, revenaient sans cesse autour de nous. Le maître n'essaya pas de l'approcher ; le laissant, au contraire, prendre beaucoup d'avance sur lui, il saisit une longue corde dont il lança avec force le bout plein de nœuds sur la tête de l'animal ; le renne, retenu par les cornes, tomba sur les genoux ; le Lapon, s'avançant alors très rapidement, saisit le moment où le renne, rejetant en arrière sa tête embarrassée, découvrait son large poitrail, pour lui plonger dans le cœur un long couteau qu'il ne retira pas. Le pauvre renne eut deux convulsions et tomba sur le côté : il était mort. Cet affreux petit drame, que j'avais regardé presque malgré moi, avait duré moins de temps qu'il ne vous en faut pour le lire. Le renne mort, le Lapon l'écorcha avec une dextérité surprenante, puis il le dépeça de manière que rien ne fût perdu : il fit couler le sang dans des jattes de bois, et on le mit à part pour la famille ; la chair, proprement coupée par quartiers, nous fut remise, et les femmes emportèrent soigneusement les tendons, les os et la peau. On procédait à ces opérations en présence de nombreux et attentifs spectateurs, je veux parler des chiens qui, rangés en cercle à distance respectueuse, montraient leurs crocs aigus et battaient leurs flancs maigres de leurs longues queues ; leur attente ne fut pas trompée : on leur abandonna les entrailles, qui disparurent en un clin d'œil.

Cette première acquisition terminée, j'entamai une seconde négociation pour acheter un de ces chiens lapons, à la fois si sauvages et si bien dressés. Je savais qu'il n'en existait aucun en France, même au Jardin des Plantes, et j'aurais aimé posséder à Paris un animal aussi rare. Mon projet rencontra des obstacles infinis ; la cession d'une province n'aurait pas soulevé, dans un congrès, les orages que souleva la vente de ce chien. Si les Lapons, par un motif de prudence matérielle, ne veulent pas se défaire de leurs rennes, ils refusent absolument de se séparer de leurs chiens ; ce n'est pas par affection, car ils sont loin de leur être attachés comme on pourrait le supposer ; la familiarité souvent tendre du paysan et du berger avec son chien est ignorée en Laponie. Les Lapons tiennent donc à leurs chiens par je ne sais quel motif superstitieux, dont on trouverait la source dans quelque croyance du paganisme encore mal étouffé chez certains d'entre eux. Heureusement nous avions en suffisante quantité le nerf de toutes les heureuses transactions, l'argent, et nous avions eu la précaution d'en emporter en nature et non en bons de papier, monnaie courante de toute la Norvège, beaucoup moins appréciée par les Lapons, quoiqu'ils en connaissent très bien la valeur. La vue des *species* fit fléchir, non sans combats, tous les scrupules, et l'on nous céda une petite chienne noire, encore toute jeune, qui, dès les premiers moments, se familiarisa fort bien avec nous.

Comme nous remontions à cheval, la femme de notre vendeur survint et parut lui administrer une mercuriale sévère pour avoir vendu un de leurs chiens ; l'homme la laissait dire, absorbé par la contemplation des trois *species*, qu'il retournait dans ses doigts avec un air de béatitude infinie, songeant sans doute au moment où il irait en grossir sa cachette à l'argent. Presque tout Lapon a une épargne, un trésor gros ou petit, formé de toutes les pièces d'argent qu'il a pu réunir ; souvent lui seul connaît la place où est enfouie sa richesse, et il meurt en frustrant ses enfants d'une partie de son héritage. Cette habitude se rattache aussi à une superstition. Leur ancienne religion leur faisait croire qu'ils pourraient se servir dans l'autre monde des biens amassés ici-bas.

Nous quittâmes ce campement, après une halte de deux heures, fort intéressés par ce que nous avions observé par nous-mêmes des mœurs des Lapons, et très enchantés de nos deux conquêtes : le renne mort et le chien vivant. Cette journée se termina assez agréablement pour nous, car la pluie ne revint pas et le terrain se maintint relativement fort bon ; aussi le soir étions-nous dans les meilleures dispositions possibles pour faire honneur à notre beau rôti. Ce repas fut pour moi non seulement une jouissance, mais un baume réparateur ; depuis mon départ de Kaafiord, ma santé s'altérait de jour en jour ; j'étais atteinte d'une irritation d'estomac qui m'avait obligée à renoncer au thé, au café, au vin, ces précieuses ressources du voyageur, et j'avais dû me mettre au régime de la soupe de biscuit pour toute nourriture. Vous pouvez penser quelle excellente diversion me procura une tranche de filet de renne convenablement grillée.

Le lendemain de cette journée si bien remplie vit se renouveler nos tribulations les plus pénibles ; la pluie revint drue et forte, et tomba pendant quatorze heures avec une intensité inouïe ; si nos vivres n'avaient été strictement mesurés pour le temps de notre voyage, nous ne nous fussions pas mis en route par cet épouvantable déluge, mais nos jours étaient comptés, il fallait avancer à tout prix. On partit, et on s'en repentit bientôt ; nous nous retrouvions avoir à traverser une suite des plus vastes marécages que nous eussions encore rencontrés. Que vous dire ? nous étions dans une plaine de vase resserrée entre des collines et des torrents ; le sol absolument détrempé offrait çà et là de petits monticules vacillants, sur lesquels il fallait tenter de poser les pieds. Souvent le petit monticule, inconsistant comme une éponge, se dérobait sous le pied ; alors on enfonçait dans l'eau, et on s'en tirait comme on pouvait. Tous les chevaux furent déchargés et on entreprit de porter le bagage à dos d'homme ; mais quelles complications ! Les hommes tombaient avec leur charge ; les chevaux, plus lourds, ne trouvaient aucun point solide et disparaissaient dans la boue. On ne peut se faire une idée de nos peines pour parvenir à sauver ces pauvres animaux. Au milieu d'un pareil conflit, on s'occupait peu de moi, je suivais à grand-peine notre troupe ; à chaque instant je perdais l'équilibre ; je barbotais et m'enfonçais dans cette horrible terre liquide. Mes bottes de postillon alourdies par la boue devinrent des masses impossibles à soulever ; la fatigue m'accablait, la pluie m'aveuglait ; je crus bien ce jour-là que je ne pourrais pas aller plus loin ; à bout d'efforts, mouillée jusqu'aux os, voulant encore avancer et ne le pouvant plus, il m'arriva vingt fois de tomber épuisée, la sueur au front, la rage au cœur, pleurant dans une indicible angoisse en voyant ce révoltant triomphe de la matière sur la force morale. « Ainsi, me disais-je, il y a ici lutte entre le plus vil des obstacles, la boue, et moi ! je réunis toute mon énergie, toute ma volonté, et c'est le marais qui l'emporte ! » J'étais aussi exaspérée qu'anéantie ; arrangez cela !

Si nous sortîmes enfin de ces abîmes fangeux, nous le dûmes à Abo ; il fut admirable de persévérance, d'activité, de calme, de coup d'œil ; plus alerte qu'un chien de chasse, il sondait en vingt endroits différents presque en même temps, pour voir où l'on aurait pied, poussant des petits cris pour nous faire avancer, grognant sourdement lorsqu'il découvrait un danger ; ce pauvre sauvage était bien réellement, notre chef alors ; : c'était de lui que dépendait notre salut, et ses encouragements étaient seuls capables de donner à nos hommes l'énergie désespérée dont ils avaient besoin. À la fin du jour, les hommes allaient encore, les chevaux ne voulaient plus avancer ; ils s'arrêtaient épuisés, il fallait les traîner par la bride ; et ils avaient fait cinq lieues en quatorze heures ! Lorsqu'enfin nous trouvâmes au pied d'une colline un petit espace de terrain solide et quelques broussailles de bouleau, personne n'eut la force de monter sur la pente afin de chercher une place un peu sèche ; on s'arrêta au bord même du marais, et, sans prendre le temps de manger, on se laissa tomber sur les peaux de renne ; notre harassement était si complet que, malgré nos vêtements chargés d'eau, malgré la pluie, malgré le froid, nous fûmes tous bientôt profondément endormis.

Telle quelle, cette halte nous avait rendu des forces ; au matin, nos chevaux se mirent à brouter péniblement les feuilles et l'écorce des bouleaux malingres. J'allai explorer les environs de notre campement.

Au sommet de la colline, je découvris l'aspect étrange du pays qui nous environnait. Je constatai d'abord avec joie l'absence de marais ; la terre était couverte d'une épaisse couche de mousse de renne. Cette mousse, jaune soufre, semblait un tapis posé sur le sol ; de maigres bouquets de bouleaux élevaient de distance en distance leurs rameaux noircis, chargés de feuilles teintes par l'humidité de l'automne en orange et en rouge vif ; de loin en loin on voyait, perçant la couche de mousse, de grosses pierres arrondies, les unes rougeâtres, les autres d'un beau gris lilas ; nulle part on n'apercevait une tache de verdure. Cet horizon jaune, noir, rouge, lilas, faisait l'effet le plus singulier ; c'était une nature artificielle, impossible, un paysage de porcelainier chinois en humeur d'extravagance ; on brode de pareilles choses sur des écrans, on en rêve parfois, mais on n'en voit jamais.

Notre troupe reposée se mit en marche à travers cette fantaisie du bon Dieu, et pendant quelques heures tout alla bien ; mais peu à peu les plis du terrain prirent de plus grandes proportions, et nous eûmes à parcourir un long feston de petites collines. Ce fut alors bien vraiment un voyage par monts et par vaux : les *monts* me paraissaient charmants, ils étaient secs et couverts de bons taillis de broussailles très agréables à nos chevaux ; quant aux *vaux,* c'étaient encore et toujours les épouvantables marais ; tout recommença, y compris la pluie, et il fallait descendre à chaque instant. C'était toujours un moment odieux pour moi que celui où je remontais à cheval, après avoir traversé un marais : ma selle était trempée d'eau ; tout le harnachement de mon cheval était devenu, non du cuir, mais une matière molle, glacée, visqueuse, du contact le plus repoussant.

Vers la fin de ce jour, nous rencontrâmes un immense marais, je dirais un lac, si l'eau en eût été claire ; mais elle était vaseuse, noirâtre, épaisse, avec une physionomie perfide et une barbe emmêlée de roseaux fort effrayante. Essayer de traverser au hasard, c'eût été risquer la vie de tout le monde ; il fallut se résigner à côtoyer ce sombre lac pendant deux heures, puis Abo désigna un passage, et on s'engagea, bêtes et gens, dans la vase ; on y barbota, on s'y épuisa, on but l'eau noire, on s'y noya presque. Enfin Dieu aidant, on en sortit ; mais dans quel état !... Vous me trouvez bien monotone, n'est-ce pas ? Que voulez-vous, je vous peins la Laponie telle qu'elle est !

En dépit des fatigues et des accidents, nous arrivâmes pourtant un soir au bord de l'Alten ; la vue d'un grand beau vrai fleuve après nos horribles marais nous réjouit, et sans crainte on tenta la traversée. À l'endroit désigné par Abo, le fleuve n'était pas plus large que la Seine et se trouvait guéable pour les chevaux dans plusieurs places ; en outre, au milieu du fleuve, une île couverte de cailloux roulés nous offrait un point de repos pour faire souffler nos chevaux. Malgré nos soins ils fatiguèrent beaucoup : car, comme notre troupe se composait de onze personnes, chaque cheval dut traverser trois fois le fleuve. Pour ma part, j'avoue avoir éprouvé un sentiment d'inquiétude lorsque je me sentis livrée à la force et à l'instinct de mon cheval au milieu de ce large courant.

De l'autre côté de l'Alten, nous trouvâmes un meilleur terrain, et, après avoir rapidement franchi quelques lieues, nous fîmes l'agréable rencontre d'un pin ; c'était le premier depuis Kaafiord : il était la constatation de tout le chemin que nous avions fait vers le sud ; nous le saluâmes comme un heureux augure, et chacun en cueillit une petite branche ; on ne prend pas avec plus d'empressement au bois de Boulogne la première aubépine annonçant le printemps. En calculant d'après nos journées de marche, nous devions être alors à peu près par le 69° de latitude nord. Il est curieux et attachant d'observer dans ce voyage la croissance progressive des plantes ; lorsque comme nous on vient de l'extrémité du monde, où toute végétation cesse faute de soleil, on est surtout sensible à cette renaissance de la nature faisant chaque jour un progrès. Telle plante que nous avions vue quarante lieues plus au nord, maigre, chétive, rampant sur le sol humide, nous la revoyions, sur le bord de l'Alten, grande, forte, vivace et fleurie ; pour la *diapensia* et *l'azalea laponnaise,* la différence me fut surtout facile à constater ; les bouleaux n'étaient pas restés en arrière, et, après avoir eu d'abord l'aspect de cornes de rennes fichées en terre, ils avaient atteint au bout de quatre jours la hauteur de notre tente.

Le 7 septembre au soir, nous aperçûmes, se profilant sur un ciel clair, les maisons de bois de Kautokeino, la ville laponne. Je dis ville, en parlant de Kautokeino, et je ne sais s'il convient de lui faire cet honneur ; à proprement parler, Kautokeino n'est ni une ville, ni un bourg, ni même un village : c'est la seule agglomération d'habitations qu'on trouve au nord de la Laponie ; cela se compose de dix ou douze maisons de bois entourées d'une vingtaine de petites granges fermées. Ces petites granges, portées sur des pierres comme certains anciens bahuts, sont autant de magasins où les Lapons renferment leur foin, leurs provisions et leurs vêtements ; la plupart appartiennent à des Lapons nomades et sont le lieu de dépôt où ils viennent chercher ce qui leur est nécessaire au fur et à mesure de leurs besoins.

Était-ce par comparaison ? l'aspect de Kautokeino me ravit ; du point où il m'apparaissait, il était vraiment agreste : je voyais d'abord au sommet d'une colline l'église, dont la masse rouge se détachait harmonieusement sur le gris clair du ciel ; à mi-coteau, les maisons, dispersées, coiffées de leur capuchon de chaume vert, élevées sur leurs piliers de troncs d'arbres, avaient l'air de ruches d'abeilles ; plus bas, de longues perches plantées en terre soutenaient des claies où séchait le foin de la récolte ; puis, sur l'herbe, au bord de l'eau, de petits enfants jouaient parmi les jeunes rennes, faisant assaut avec eux d'adresse et de gaieté ; le fleuve, formant un large circuit, faisait à ce tableau frais et calme une bordure d'argent mobile ; c'était charmant ; je m'arrêtai quelques minutes pour le contempler ; je retrouvais enfin un lieu habité ; je sentais l'odeur pénétrante du foin, je voyais la fumée s'échappant en spirales des toits hospitaliers, j'entendais de joyeux cris d'enfants, mon cœur se remplit d'une inexprimable émotion ; il me semblait aborder après un naufrage !... et, si l'on m'avait condamnée à passer ma vie en ce lieu qui me remplissait d'enchantements, je serais morte de désespoir. Je vous l'ai déjà dit : tout est comparaison !

Tandis qu'on déchargeait nos chevaux et qu'on ouvrait nos paquets, nous fûmes entourés de tous les habitants de Kautokeino ; ils examinaient curieusement chacun de nous, chaque objet de notre bagage, et se livraient à notre sujet à une conversation fort animée et malheureusement fort incompréhensible pour moi. Au milieu des groupes s'agitait et pérorait d'une voix aigre et exténuée une petite vieille hideuse ; vous n'avez jamais rêvé une fée malfaisante plus parfaitement horrible. Représentez-vous un amas de peaux de bêtes haut de trois pieds et demi à peine, d'où sortaient de petites mains maigres, sèches et noires comme celles d'un singe, et une petite figure plissée, ratatinée, rugueuse, basanée, pareille à un cuir de bottes qui aurait été exposé au feu et à l'eau alternativement pendant longues années. Cette stryge idéale, plus hardie que ses compagnons, s'approchait tout près de nous, regardant, touchant et dérangeant toutes choses sans se préoccuper des observations de l'interprète ; elle n'en tenait compte et continuait à fouiller. Il arriva qu'elle tirât d'un de nos sacs le costume de femme mis en réserve pour le moment où je quitterais mon vêtement d'homme ; parmi les pièces de ce costume était un châle de chenille bleue, très grand et très chaud ; quoique fripé et passablement déteint par son séjour au fond du sac de cuir, il parut plaire à la vieille : elle s'en empara et parut émerveillée de la douceur de ce tissu inconnu ; elle plongeait et replongeait ses abominables petites griffes dans la chenille avec une volupté grotesque, et cherchait à tirer quelques fils pour se rendre compte de la matière dont était faite cette étoffe si moelleuse. Elle s'interrompit pourtant pour adresser vivement la parole à un jeune Lapon, auquel elle parut donner un ordre avec beaucoup d'insistance ; celui-ci s'éloigna à regret ; j'appelai François et l'interprète, je voulais savoir ce qu'avait dit cette sorcière.

« Demandez-lui où elle a envoyé ce jeune garçon, dis-je à mes hommes.

– Madame, elle l'a envoyé chercher sa mère.

– Sa mère ? vous aurez mal compris ; cette vieille ne peut avoir sa mère, elle a au moins quatre-vingt-dix ans. Demandez-lui son âge.

– Elle n'a que quatre-vingt-quatre ans, madame. »

Le *que* de l'interprète me fit rire.

« Si sa mère vit encore, combien a-t-elle donc de siècles ?

– La mère a cent trois ans. »

Ceci était catégorique. Je devins fort impatiente de voir une Laponne centenaire ; mon attente ne fut pas de longue durée : au bout de dix minutes, je vis arriver une sorte de momie douée de mouvement. C'était la mère ; elle n'était pas très différente de sa fille : elle était plus maigre et plus rentrée en elle-même ; sa hauteur totale ne devait pas dépasser trois pieds. Elle marchait assez vite en s'appuyant à un bâton, et ses petits yeux, quoique fort larmoyants, brillaient de vitalité ; somme toute, elle était beaucoup mieux *pour son âge* que sa fille. Elle partagea l'admiration de l'autre pour le châle, et me fit demander quel était l'animal dont la laine était aussi douce.

« Ce n'est pas de la laine, c'est de la soie. »

Elles ne parurent pas comprendre le mot *soie ;* mais quand, sur mon ordre, l'interprète ajouta que l'animal produisant cette matière était une espèce de ver, elles accueillirent l'explication avec un rire ironique et blessé ; évidemment elles croyaient découvrir que je me moquais de leur simplicité.

Sentant bien l'impossibilité de justifier de ma bonne intention, je changeai de discours et fis à la vieille mère des compliments sur sa vigueur et sa bonne santé ; elle accueillit mes paroles d'un air très satisfait et répondit sentencieusement : « Je me porte bien ; quoique vieille, ce n'est pas étonnant, la jeunesse ne fait pas la santé ; car ma fille cadette a soixante-quinze ans, et elle est cependant souvent malade ! » Cette jeune fille de soixante-quinze ans me semble une bonne naïveté de centenaire.

En faisant causer mes deux vieilles, j'appris que l'extrême longévité n'est pas rare en Laponie ; on y atteint souvent l'âge de quatre-vingts ans, surtout dans le canton de Kautokeino, où l'air est particulièrement pur. Les Lapons sont peu sujets aux infirmités ; la seule dont ils soient fréquemment atteints est la cécité, produite par la double cause de la neige, qu'ils voient sans cesse au-dehors, et de la fumée, qu'ils trouvent toujours au dedans de leurs habitations.

Comme je m'étonnais de n'avoir vu aucun Lapon marqué par la petite vérole, l'interprète m'assura que les rennes portent comme les vaches, autour des mamelles, le bienfaisant virus du *cow-pox* (vaccin), et, comme les hommes et les femmes se livrent au soin de les traire, sans doute ils sont préservés de la petite vérole par cette vaccination accidentelle. Ils ne sont pas à l'abri d'une autre contagion plus horrible : celle de la lèpre. Cette affreuse maladie se rencontre encore dans les régions boréales ; la saleté, l'absence de linge l'engendrent, et la rigueur du climat contribue à la rendre incurable. À part cette calamité, les Lapons sont doués de constitutions robustes et sont peu sujets aux indispositions ; lorsqu'ils éprouvent un malaise, une médecine composée de quelques parcelles de tabac infusées dans de l'eau-de-vie forme toute leur médication ; les riches et les délicats possèdent un peu de poivre et de cannelle pour de semblables circonstances ; les pauvres ont l'angélique, si commune en Norvège, et ce peu de pharmacie leur suffit.

Tous ces détails, recueillis parmi mon entourage lapon, m'intéressaient fort ; mais ma fatigue extrême me contraignit à un repos absolu pendant quarante-huit heures : j'avais une fièvre ardente, et je devais craindre de la voir m'empêcher de continuer ma route.

Les voyageurs exténués par le rude bivouac des marais ont la bonne fortune de trouver à Kautokeino une maison toujours ouverte pour les recevoir : c'est celle du pasteur. Là on trouve un toit et un plancher, une grande cheminée de pierre, des coffres de sapin faisant office de lit, et quelques vaisseaux de bois pour contenir l'eau et le lait : voilà tout. C'est beaucoup pour le voyageur ; c'est bien peu pour le pasteur. Jamais la pauvreté évangélique ne m'apparut plus complète et plus noble que dans cette humble maison ; elle me fit involontairement penser à l'étable de Bethléem. L'actif missionnaire de la parole du Christ passe chaque année deux mois dans cette grange ; pendant ce temps il instruit les enfants, marie les fiancés, dit des prières sur la tombe de ceux que la mort a pris depuis son dernier passage ; puis, quand il a éclairé, béni, consolé, il reprend sa course et va porter la semence divine parmi d'autres peuplades.

Ces pasteurs errants sont nombreux dans tout le Nordland, où un petit nombre d'habitants est disséminé sur des points éloignés les uns des autres ; le prêtre n'a pas de demeure fixe, il dessert plusieurs paroisses, séjournant quelques semaines dans chacune d'elles, ordinairement l'année entière s'écoule pour que sa tournée s'accomplisse. Avec des émoluments à peine suffisants pour le faire vivre, le prêtre doit sans cesse voyager au milieu de contrées impraticables, exposé l'été à des pluies torrentielles, l'hiver à des froids excessifs ; chaque fois qu'il arrive dans une paroisse il est accablé par la multiplicité de ses devoirs. Rien ne se fait en son absence ; il représente la première autorité du canton, et souvent ses fonctions ecclésiastiques sont compliquées et augmentées par l'amour même de ses ouailles, qui le mêlent à toutes leurs affaires privées. Son zèle suffit à tout ; à peine il a fini dans un canton, un autre le réclame, qui le trouve toujours empressé et toujours infatigable, et ainsi s'écoule son année. Cycle admirable de foi et de dévouement !...

J'aurais voulu connaître l'hôte vénérable du presbytère de Kautokeino et lui exprimer mon admiration ; mais il n'était attendu qu'à l'hiver, et je dus renoncer même à l'espoir de le rencontrer sur notre route.

Ma santé était très altérée, et je m'en inquiétais ; un hasard providentiel me fit trouver à Kautokeino le meilleur remède pour l'indisposition dont je souffrais. Cette pharmacie était une belle vache, qu'un Lapon menait de Karesuando à la colonie anglaise de Kaafiord ; je décidai l'homme à s'arrêter en lui donnant un bon prix du lait de la vache pendant deux jours ; puis, me privant de toute autre nourriture, je me mis à boire du lait coupé par seaux ; j'en éprouvai un grand soulagement ; dès le second jour, le feu de mon estomac parut s'apaiser. Je recommande cette médication pour les irritations aiguës causées par de trop grandes fatigues. Dès que je me sentis mieux, je quittai mon lit de foin et j'allai parcourir *la ville*.

Les maisons de Kautokeino ont de fort petites dimensions ; les étages, les subdivisions intérieures, y sont inconnus ; le plafond touche presque la tête des habitants ; il touche tout à fait celle des étrangers. Le jour pénètre dans la maison par de petites fenêtres de deux pieds de haut, garnies de vitres épaisses et troubles comme des fonds de bouteilles ; la grande cheminée de pierres plates occupe, comme toujours, tout un pan de la muraille.

L'ameublement de ces pauvres demeures est celui des huttes d'Hammerfest : des caisses de bois pour se coucher, des peaux de rennes pour s'asseoir, l'indispensable marmite de fer, et des vases de bois pour contenir le lait de renne. Dans les maisons comme sous la tente, les Lapons couchent pêle-mêle, hommes, femmes, enfants, serviteurs ; si la maison est grande et le maître riche, les rennes familiers, les chiens et quelques porcs de luxe amenés de Norvège viennent se joindre le soir à la famille. En entrant ainsi dans les maisons, j'assistai à quelques repas lapons. Ils se composaient de poisson, de chair, de lait de renne, le tout largement arrosé d'huile de poisson ; les convives me parurent manger avec grand plaisir d'un mélange fait de lait de renne caillé mêlé avec des herbes et avec les petites baies du myrtille. Le lait de renne est très épais et très nourrissant ; l'été, on le mange ainsi assaisonné ; l'hiver, on le laisse se geler tout naturellement et on le conserve solidifié dans des vessies. Les Lapons en sont très friands sous cette forme ; j'ajoute pour votre édification qu'ils sont obligés d'employer la hache pour diviser ces succulents glaçons. Je n'ai pu essayer de cette gourmandise laponne, il ne faisait pas assez froid ; quant au beurre, au lait caillé ou frais, la vue des bergères qui présidaient à ses préparations m'ôta tout désir et même toute possibilité d'en goûter.

Les Lapons de Kautokeino laissent une autre impression que les Lapons d'Hammerfest, et ce sont les mêmes hommes, mais les deux faces du sauvage : à Hammerfest, le sauvage en fête est ivre, hébété, hideux ; à Kautokeino, dans sa vie de famille, il est doux, paresseux, borné. Hors de chez lui il inspire le dégoût ; chez lui il fait naître la pitié.

Le 10 septembre, je pus me remettre en route. Quand je quittai le toit hospitalier du pasteur, le ciel s'était changé en un immense arrosoir, et l'horizon tout entier disparaissait derrière un épais rideau de pluie ; décidément une fatalité inexorable s'attachait à moi et me rendait la traversée de cette marécageuse Laponie aussi humide que possible. L'Alten, si beau et si paisible à notre arrivée, débordait de toutes parts ; il eût été imprudent de le faire passer à des chevaux lourdement chargés. Nous résolûmes d'envoyer les chevaux avec les guides à un endroit nommé Kalanitoe, situé à sept lieues de Kautokeino, et de nous rendre jusque-là en bateau. Les secousses du cheval me faisant beaucoup souffrir, je fus très satisfaite de pouvoir les éviter encore pendant quelques heures. Je m'étendis dans un léger bateau de peau de phoque, et, supportant avec résignation la pluie qui m'inondait malgré mes deux manteaux, je regardai les rives du fleuve.

L'Alten, en lapon *Sapriokki,* est très sinueux, et ses bords présentent les aspects les plus variés dans le petit espace qui sépare Kautokeino de Kalanitoe : tantôt il court large et impétueux comme un torrent, se précipitant avec fracas sur des îlots de pierres ; tantôt il glisse paisible et limpide entre deux berges vertes, comme la rivière factice d'un parc anglais. Dans ses moments violents, l'Alten est coupé de rapides et sa navigation devient dangereuse. Les Lapons, aidés seulement de longues perches, sont d'une surprenante habileté pour faire franchir ces rapides à leurs bateaux ; ils prennent leur point d'appui avec une précision parfaite et font faire au bateau, en toute sûreté, les sauts périlleux les plus inquiétants avec d'autres pilotes. Près de Kalanitoe, en sortant d'une espèce de lac immense formé par l'Alten, nous nous trouvâmes entraînés vers une cascade haute d'une trentaine de pieds, qui nous faisait entendre un mugissement fort effrayant ; cependant nous avancions toujours dans la même direction ; un cri d'effroi allait sortir de notre bouche ; nous nous voyions au sommet de la chute d'eau, nous allions être broyés, lorsque, par une manœuvre adroite et rapide, notre pilote, faisant tourner l'embarcation sur elle-même, la lança dans un petit bras du fleuve que nous n'avions pas encore aperçu ; en abordant, il nous adressa un sourire malin, où je crus lire qu'il avait voulu nous donner une preuve de son talent en éprouvant notre courage.

À quelques portées de fusil de l'Alten, nous retrouvâmes nos guides et nos chevaux. Les hommes s'étaient mis à l'abri dans une hutte grossière faite de troncs d'arbres et calfatée de mousse ; nous y entrâmes aussi dans l'espoir de sécher un peu nos vêtements ; mais tous les efforts pour allumer du feu restèrent sans résultat ; la pluie tombait à flots du haut du toit et s'y opposa constamment. Cette cabane délabrée et abandonnée est le seul vestige humain que nous aperçûmes au lieu nommé Kalanitoe : elle sert, me dit-on, d'asile aux Lapons dans leurs excursions de chasse.

Cette journée du 10 septembre, commencée sous de si tristes auspices, fut encore affreuse. Je ne reviens pas sur nos désastres de chevaux qui enfoncent, de chutes dans la boue, de vêtements collés sur le corps, vous devez être familiarisé avec tout cela ; à la nuit on ne put trouver d'élévation pour camper ; on s'arrêta sur une sorte d'île au milieu d'un marais. Personne ne put ni se réchauffer ni dormir, car la pluie continua toute la nuit avec un incroyable acharnement, et les gouttes glacées tombaient pressées sur nos lits de peaux de rennes. On attendit l'aube avec impatience ; elle parut un peu après six heures et fut le signal du départ.

Les tribulations, les travaux reprirent leur cours ; nouvelle pluie, nouveaux marais ; par instants on rencontrait un coin sec paré de mousse de renne jaune et de bouleaux à feuilles de carmin, et puis on retrouvait la boue noire, odieuse, éternelle. Dans cette partie du voyage, je crus souvent ramasser de beaux morceaux de ces pierres gris lilas dont je vous ai parlé, et, lorsque je les touchais, je trouvais une substance molle comme de la terre glaise, fléchissant sous le doigt et n'ayant conservé de la pierre que la physionomie extérieure. Je ne saurais quelle cause assigner à cette transformation, s'il ne m'avait été assuré que l'excès du froid parvient à désagréger la pierre et la réduit, au bout d'un certain temps, à l'étrange matière dont j'ai vu de si nombreux échantillons sur un espace de quelques lieues.

Le 11 septembre, dans l'après-midi, la pluie se changea en neige : nous n'en avions pas vu depuis le Spitzberg ; un vent violent s'éleva en même temps et fit tourbillonner la neige autour de nous, de manière à nous empêcher d'avancer. Notre petite caravane prit alors l'aspect le plus triste : Abo le Lapon marchait en tête ; les chevaux suivaient péniblement à la file les uns des autres, maintenus par leur conducteur dans le sentier tracé par le guide ; chacun des hommes, la tête cachée sous son capuchon, échauffant tour à tour une main sous ses vêtements, luttait de son mieux contre les difficultés de la route et les tourbillons de la neige. Tout le monde était morne : on voyait l'excès de la fatigue sur tous les visages ; cependant on était soutenu par l'espoir d'arriver bientôt à Karesuando, mais jusque-là que de misères encore ! Le soir de ce jour, après nombre de marais et quantité de rivières que nous passâmes, et que je vous passe, nous atteignîmes le lac de Suvajervi (lac Profond). Au bord du lac était une maison de Lapon.

C'était une étroite et chétive maison ; mais elle me parut un palais, et j'y entrai avec un sentiment que comprendront seuls les gens qui connaissent les horreurs d'un bivouac sous l'eau et dans l'eau. La maison était construite comme celles dont je vous ai parlé, en troncs de bois, et recouverte en gazon : l'unique pièce de l'habitation était entourée de coffres garnis de foin, lits habituels de la famille. Comme je m'étais en hâte approchée de la grande cheminée où brûlaient de longues branches de bouleau, je crus voir remuer quelque chose dans un des coffres : c'était l'aïeul de la famille, retenu là par ses infirmités ou sa vieillesse ; ce pauvre *être* semblait avoir au moins quatre-vingts ans. Je dis *être,* car je ne pus deviner si c'était un homme ou une femme. Il était perclus et sourd ; un reste de vie éclairait seulement encore de lueurs fugitives ses yeux, qu'il roulait autour de lui sans jamais les arrêter sur rien.

Par un de ces contrastes si fréquents dans la nature, auprès de cette ruine humaine était posé, sur une couche de fougères sèches, un petit enfant d'environ deux ans, aux joues fraîches, aux yeux brillants, aux membres ronds et potelés, beau de la grâce de l'enfance et de la santé ; et ce voisinage faisait ressortir dans toute son horreur la décrépitude de l'habitant du coffre.

À la nuit close, l'hôte et sa femme rentrèrent accompagnés de trois garçons entre huit et quinze ans ; nos guides et nos domestiques vinrent réclamer leur part d'abri ; deux grands chiens, un porc, trois rennes familiers, furent admis aussi, et la chambre se trouva pleine à ne pouvoir faire un mouvement. Je me trouvai fort heureuse au milieu de cette agglomération d'êtres immondes, et n'aurais certes pas donné, cette nuit-là, ma part de plancher et de peau de renne pour beaucoup. Cet aveu peut seul vous faire apprécier mes souffrances de la nuit précédente.

Tandis que je reprenais des forces dans un sommeil réparateur, une aurore boréale parut au ciel : c'était la première de l'année, et les Lapons en conclurent que les jours suivants seraient très froids. Les aurores boréales apparaissent dès l'automne et durent jusqu'au printemps. Cette longue nuit, qui est l'hiver de la Laponie, est presque toujours éclairée par ces lueurs, et l'horreur de l'obscurité se trouve ainsi un peu adoucie.

Les jours décroissent sous cette latitude avec une rapidité dont vous ne pouvez vous faire idée. Le 12 septembre, nous eûmes onze heures d'obscurité ; le 22 août, nous avions eu le premier quart d'heure de nuit ; depuis ce temps nous avions cependant fait près de cent lieues vers le sud, ce qui devait diminuer la rapidité de la croissance des nuits. Le 12 septembre, au cap Nord, on doit avoir des nuits de quatorze heures.

Le lac de Suvajervi est situé dans la Laponie russe ; il est assez voisin du fleuve Muonio, et distant seulement d'environ six lieues de Karesuando, terme de notre voyage à cheval. C'est un beau lac bien encaissé dans des pentes verdoyantes et qui n'a pas besoin d'être en Laponie pour charmer les yeux du voyageur. Du sommet de ses collines on aperçoit tout le pays de Kautokeino, sous la forme d'une immense plaine mamelonnée couverte de mousse de renne. Les marécages, vus à cette distance, semblent des taches de verdure ; les torrents et les lacs sont des miroirs où se réfléchit le ciel : cela forme un paysage ne manquant ni de grandeur ni de charme ; jamais assurément perspective ne fut plus trompeuse.

Le Lapon propriétaire de la maison de Suvajervi est riche : il possède, nous dit-il, plus de cinq cents rennes ; il s'occupe uniquement de l'augmentation de son troupeau et se soucie peu d'assainir ou d'embellir son habitation. Voyant par la forme de ses discours qu'il était fort intéressé, nous lui offrîmes de nous conduire à Karesuando, moyennant deux *species*, et il accepta avec empressement ; nous nous mîmes donc en marche malgré la neige, et, vers huit heures du soir, nous étions au bord du Muonio.

La géographie de ces contrées est peu présente à la mémoire ; permettez-moi donc de vous rappeler que le Muonio prend sa source dans la petite chaîne de montagnes voisine de Kautokeino, à peu de distance du lac d'où sort l'Alten, et, tandis que celui-ci court en ligne droite vers le nord, le Muonio descend vers le sud, reçoit la rivière Torneå auprès de Kengisbruck, change son nom en cet endroit pour celui de son affluent, et, sous le nom de fleuve Torneå, se jette dans la mer Baltique, entre Torneå et Haparanda.

À Karesuando, le Muonio est déjà un beau fleuve, violent, rapide, et conséquemment dangereux à traverser à la nage. Heureusement pour nous, il n'en fallut pas venir à cette extrémité. Arrivé sur la rive, notre guide poussa quelques cris aigus, et aussitôt deux barques se détachèrent de Karesuando et vinrent nous chercher. Grâce à l'habileté de nos rameurs, en moins de dix minutes, nous étions sur le bord opposé.

Karesuando est le chef-lieu d'une province de huit cents habitants, Lapons ou Finlandais ; les habitations ne sont pas plus nombreuses qu'à Kautokeino, et leur aspect est sale, misérable et délabré. Aucune rue dans cette métropole laponne ; les maisons sont dispersées dans la plaine au bord du fleuve ; le terrain, très humide, coupé de nombreux ruisseaux, est partout resté inculte. Les habitants de Karesuando, comme les Lapons nomades, vivent de pêche pendant l'été et de chasse durant l'hiver. Depuis quelques années, leur chasse garnit à la fois leur garde-manger et leur bourse, car ils vendent à des marchands suédois et russes les peaux des animaux tués ; ils font souvent ample butin de martres de diverses espèces, de renards à croix, de renards bleus et blancs, de loups et d'ours. Autrefois, au temps de Regnard, les Lapons chassaient avec des flèches ; aujourd'hui ils emploient de préférence les pièges, qui ne trouent pas la fourrure des animaux et ne la souillent pas de sang. Plusieurs d'entre eux ont aussi des fusils et s'en servent fort bien ; mais ils n'aiment pas cette arme d'un entretien et d'un emploi difficiles au milieu de leur humidité. À propos de fourrures, il convient de vous faire remarquer que tous les animaux, à l'exception des rennes, deviennent blancs l'hiver dans toutes les régions boréales, et que tous, à l'exception des ours blancs, sont d'un gris plus ou moins roux l'été. L'hermine elle-même, cet emblème de blancheur, est grise durant l'été ; aussi ne la chasse-t-on qu'en hiver. On rencontre en Laponie une espèce de lièvre fort bonne à manger et meilleure à voir ; ce sont des lièvres-hermines, d'un pelage plus blanc que la jolie bête si estimée chez nous, et ayant comme elle la queue entièrement noire. Ces lièvres charmants y ajoutent même des oreilles de même couleur du plus singulier effet. Ces animaux sont infiniment communs et leur fourrure a fort peu de valeur ; les Lapons en font grand usage ; ils en enveloppent les petits enfants qui ne marchent pas encore et en forment des couvertures excellentes contre le froid. J'achetai à Hammerfest, pour douze francs, une douzaine de ces peaux, et cela serait la plus jolie et la moins chère des fourrures, si le peu de solidité du poil du lièvre ne la rendait d'un très mauvais usage. Cet inconvénient l'empêche d'être répandue dans le commerce.

À Karesuando comme à Kautokeino, nous allâmes loger chez le pasteur. Celui-ci étant un pasteur fixe, nous le rencontrâmes chez lui ; j'en aurais pensé plus de bien s'il eût été absent. Ce pasteur, un nommé Laestadius, nous offrit un fâcheux mélange de prétentions savantes et de grossièreté rustique. Malgré nos lettres de recommandation, malgré ce qui eût dû le toucher, le triste état où nous avaient mis nos longs jours de bivouac, il nous accueillit de l'air rogue d'un homme important qu'on dérange. Le bonnet sur la tête, la pipe à la bouche, il nous fit donner de mauvaise grâce une chambre et ne s'occupa plus de nous.

Cet homme, parce qu'il écorche le latin et possède la très restreinte flore de Laponie, se croit un personnage, il prend des poses d'homme supérieur et affecte le langage dédaigneux ; il montre en tout une vanité de son mérite fort en désaccord avec le caractère dont il est revêtu. Autant je me sens de respect et d'admiration pour ces vénérables prêtres dont je vous ai parlé, autant j'éprouvai d'éloignement pour la fausse dignité de cet ours mal léché. Je ne trouvai chez lui ni les soins ni l'accueil qui m'étaient dûs, ni même cette vulgaire compassion que le pitoyable état de ma santé inspirait aux Lapons. Cet hôte rébarbatif nous fournit de la paille hachée pour lit, des galettes d'orge, un poisson du fleuve et des navets, et, pour compléter la mauvaise opinion qu'il nous avait donnée de lui, nous fit payer le tout fort cher.

Il neigeait, je crois vous l'avoir dit, et je vis avec intérêt, le lendemain de notre arrivée à Karesuando, atteler les rennes aux traîneaux. Le renne est attaché à ce petit traîneau-sabot dont je vous ai parlé par une longe qui, lui passant sous le ventre entre les jambes, rejoint un collier de cuir recouvert de drap, placé à la naissance des épaules ; le collier, souvent assez habilement brodé en fil d'étain, est entouré d'une multitude de petites sonnettes. Ce bruit plaît, dit-on, au renne et l'excite à courir ; de plus, ces clochettes aident les Lapons à se retrouver pendant l'obscurité des jours d'hiver. Pour être à peu près docile, le renne doit être dressé fort jeune, et encore arrive-t-il souvent qu'il refuse de marcher quand on l'attelle. Alors il se met en colère, se retourne contre le traîneau, le frappe avec ses pieds de devant et peut porter ainsi au voyageur des coups fort dangereux. La rapidité du renne est sans pareille ; on peut se figurer de quel train court un cerf excité, ayant derrière lui une charge très légère relativement à sa force. s'il est sauvage et indépendant, il est aussi robuste et sobre ; il se nourrit de cette petite mousse qui tapisse les plaines de Laponie. Lorsque la neige couvre la terre, il sait fort bien creuser des trous avec ses pieds, afin de découvrir sa nourriture. Ce précieux *lichen rangiferinus* a le goût fade, légèrement sucré, présentant une analogie avec celui de la guimauve, dont il doit avoir les propriétés adoucissantes. Je ne sais si, dans ma description des rennes, je vous ai parlé de leur fourrure : leur poil est le plus gros qu'on puisse voir ; il est très cassant, extraordinairement épais, et tient fort peu sur l'animal ; si on en prend une pincée, il vient à la main. Lorsque l'animal est tué, c'est bien pire : le poil se détache de la peau dès qu'on la secoue ; sans ce défaut absolument capital, la peau de renne ferait de chauds et excellents tapis, car la fourrure du renne a souvent trois pouces d'épaisseur, et les poils y sont serrés de façon à être tout droits les uns contre les autres. Aucun tapis de roi ne produit la sensation qu'on éprouve en posant le pied sur une peau de renne. La nuance de cette fourrure varie du gris clair au roux pâle. À Karesuando, je dis adieu aux rennes ; je savais que je n'en verrais plus au-delà de ce village, où nous devions quitter la route de terre pour descendre les fleuves. À Karesuando, nous nous séparâmes de nos guides et de nos chevaux ; les uns et les autres devaient refaire le pénible trajet que nous venions d'achever, pour retourner chez eux, en Finmark. Tous nos gens s'étaient parfaitement conduits ; nous ajoutâmes donc quelques *species* au prix de cent francs par cheval, qui avait été fixé à Kaafiord. Les hommes n'avaient pas été très malheureux. Nous leur avions souvent fait partager nos provisions, et cette réserve de biscuit mouillé et de graisse rance que je trouvais si repoussante leur faisait, à eux, des repas excellents. Les chevaux avaient eu plus à souffrir ; les premiers jours, ils trouvaient à peine quelques broussailles sur le sol détrempé, et deux fois nous fûmes même obligés de leur faire donner du biscuit, le lieu de notre campement étant aride au point de ne pas produire un brin d'herbe. Quoi qu'il en soit, tout le monde était bien portant à notre arrivée à Karesuando, et nos guides se réjouissaient de la venue de la neige, qui leur présageait pour le retour un voyage moins pénible.

Les guides devaient se reposer huit jours à Karesuando ; nous avions l'intention de faire comme eux :

mais la crainte de voir le Muonio charrier de la glace nous engagea à partir sans délai. Je fis rapidement une tournée d'observateur à travers la ville ; j'entrai dans les maisons, et les trouvai absolument semblables à celles de Kautokeino. Je visitai l'église, sorte de grange peinte en rouge, coiffée d'un lourd toit de bois, meublée à l'intérieur par quelques bancs et une chaire de planches. Tout cela était très nu, très triste, et n'avait même plus pour moi l'intérêt de la nouveauté ; aussi ne regrettai-je rien de Karesuando, sauf les quelques jours de repos absolu que je m'étais promis d'y prendre.

Le fleuve Muonio, sur lequel nous allions naviguer, ressemble à ces grands fleuves du nord de l'Amérique, qui offrirent tant de dangers à leurs premiers explorateurs. Il est, comme eux, impétueux, violent, capricieux, entrecoupé de rapides, semé de rochers innombrables ; sa pente subit des inclinaisons brusques et fréquentes qui varient de dix à vingt degrés et forment des cascades plus ou moins redoutables ; à chaque masse de rochers qu'il rencontre, la vague se fronce, se brise, écume, puis se sépare avec bruit ou se précipite en surmontant l'obstacle. Grâce à ces accidents, son cours est très varié et très pittoresque, et, si la navigation en est dangereuse, elle n'est du moins pas ennuyeuse. Les batelets finlandais sont construits de manière à lutter le mieux possible contre toutes ces difficultés ; ils sont longs, légers, et si plats qu'il faut se tenir couché au fond et rester presque immobile si on ne veut risquer de chavirer. Ils ne peuvent admettre plus de deux voyageurs, deux rameurs et un pilote. Lorsqu'on a du bagage, il faut le placer dans un bateau séparé, où il tient la place du fond, comme des voyageurs. Le pilote, commandant responsable de ces expéditions, se place à l'arrière ; il tient une espèce de pagaie, dont il se sert comme d'un gouvernail ; les rameurs, placés à l'avant, ont sans cesse les yeux fixés sur lui et exécutent ses ordres avec une ponctualité de machine. L'admirable adresse de ces trois hommes fait glisser le batelet avec une agilité de poisson au milieu des écueils du fleuve. Lorsqu'on rencontre une cascade, les bateliers doivent éviter à la fois d'être entraînés par la violence du courant ou lancés contre quelque rocher. Leur habileté suprême consiste à conserver le gouvernement de leur vitesse au moment même où ils sont emportés avec la rapidité d'une flèche. Parfois il arrive que la quille du bateau touche quelque rocher à fleur d'eau. On reçoit alors un choc ; on frémit ; mais, avant que la crainte se soit complètement formulée, le bateau a rebondi comme une balle au milieu du remous de la cascade, qui se venge des voyageurs téméraires en les couvrant d'une pluie pénétrante. Les cascades sont infiniment rapprochées ; nous en avons franchi quarante-cinq le premier jour. Leur longueur varie de cinquante à cent vingt toises ; elles se partagent ordinairement en plusieurs chutes, de façon qu'on met de une à quatre minutes pour les franchir.

Entre Karesuando et Muonioniska, le pittoresque me parut concentré sur les rapides. Les bords du fleuve ont un aspect fort monotone ; ils offrent une suite non interrompue de prairies dominées au loin par de petites collines basses et boisées de bouleaux. Dans ce canton, les bords du Muonio sont déserts ; rarement la fumée de la cabane d'un pêcheur ou la silhouette d'une ferme finlandaise en égaye la solitude. En avançant vers le sud, le paysage s'enrichit du feuillage élégant des pins, qui, d'abord petits, chétifs et grêles, n'acquièrent tout leur développement qu'aux environs de Torneå.

Le Muonio étant la limite de la Finlande suédoise, on aborde alternativement sur la rive russe ou sur la rive suédoise. Muonioniska, où nous couchâmes le premier jour de notre voyage par eau, est une bourgade russe composée d'une centaine d'habitations qui sont dispersées dans une vaste plaine. Les maisons y ont un air aisé, bien différent du triste aspect des maisons laponnes ; elles sont en bois, avec de grands toits à auvents et de hauts perrons à rampes découpées ; elles ont une certaine ressemblance avec les chalets suisses. Il n'en fallait pas davantage pour que Muonioniska me parût charmant au premier coup d'œil ; au second, je le trouvai encore bien pauvre, car je ne pus m'y procurer d'autre gîte qu'une hutte de bois sans cheminée, meublée de deux bottes de paille. Néanmoins je résolus d'y passer une journée. Le pasteur de Muonioniska nous vint voir : c'est un homme instruit, s'occupant de sciences naturelles. Il nous montra une assez belle collection de coléoptères recueillis dans les différents cantons de la Finlande, et quelques lépidoptères, parmi lesquels je m'étonnai de rencontrer plus de nocturnes que de diurnes. Le pasteur me dit que ces espèces volent le jour sous ces hautes latitudes.

Je dormais très profondément sur mon lit de paille, quand on vint m'appeler pour voir une aurore boréale ; je fus prête en un instant, et fus alors témoin d'un des plus magnifiques spectacles du monde. Le ciel étant très noir, il se forma d'abord à l'horizon un foyer de lumière pâle qui avait l'apparence de l'avant-coureur de l'aurore. Cette lueur s'élargit peu à peu de façon à occuper une notable partie du ciel ; du point central s'échappaient des gerbes de lumière mobile qui prenaient toute espèce de formes : tantôt pareilles à des langues ardentes, tantôt semblables à des serpents de feu, elles s'enlaçaient de mille façons avec un mouvement lent et continu. Au moment où la clarté devint plus intense, le ciel fut couvert d'innombrables spirales de flammes tordues et diffuses, s'agitant comme des panaches au souffle d'un vent mystérieux !

Phénomène étrange ! l'aurore boréale, à son plus beau moment, n'efface pas l'éclat des étoiles, qui scintillent à travers toutes ces lueurs. La teinte de l'aurore est jaune soufre, très pâle ; sa lumière, incertaine et blafarde, luit sans éclairer. C'est un spectre de lumière ; car comment nommer une lumière ne produisant pas de clarté ? L'aurore boréale de Muonioniska dura trois heures. Je restai tout ce temps immobile, attentive, sous cette impression indicible que j'avais déjà éprouvée en présence des glaces flottantes. L'aurore boréale et les glaces polaires sont de ces choses dont la contemplation fait monter l'admiration jusqu'à la stupeur : le spectateur se tait, le narrateur est tenté de jeter sa plume ; qui saurait décrire le degré d'infinie magnificence où peut atteindre la nature de Dieu ?

Muonioniska semble posé au bord d'un lac, tant le fleuve y est large ; l'eau a, pour se répandre, les belles prairies de la plaine, et y reste calme et unie comme un miroir ; mais, à quelques lieues au sud du bourg russe, le pays change d'aspect : le Muonio, serré entre deux chaînes de collines, devient tumultueux comme un torrent ; il arrache sans cesse au rivage des pierres, de la terre, des branches d'arbres, qu'il charrie pêle-mêle. Des pentes multipliées précipitent encore son élan, et par moments sa marche devient tout à fait furieuse : il déracine des arbres entiers, se rue contre les blocs de granit, dont la tête se dresse au-dessus de ses vagues, passe par bonds sur les énormes rochers qui montrent à fleur d'eau leurs sommets arrondis comme des dos de baleines. Quelquefois il tombe en une nappe éblouissante où se reflète le soleil, où se jouent les truites bleues et jaunes. D'autres fois il se précipite, mugit, écume, et alors déchire et emporte tout ce qu'il peut atteindre. Depuis Muonioniska, son cours entier est une cascade immense, et jusqu'au golfe de Bothnie il semble descendre les marches inégales d'un gigantesque escalier.

Au milieu de ces tempêtes, on rencontre parfois de grosses mottes de terre descendant ce fleuve violent avec toute leur végétation d'herbe, de mousses et de fleurettes ; le rejaillissement de l'eau les couvre de perles brillantes, les moucherons voltigent à l'entour, les scarabées vont et viennent au fond des mousses ; tout un petit monde frais, calme et charmant, côtoie ces rudes écueils, flotte sur ces abîmes, et ce fleuve qui émiette les rochers et broie les grands sapins transporte, en les épargnant, les humbles îlots de mousse. Il m'arrivait, en les suivant des yeux, de les comparer à ces âmes simples qui traversent le courant redoutable des hommes et des événements protégées par leur obscurité et leur faiblesse ; ignorantes des périls, elles arrivent sans secousses au terme de leur voyage en ce monde, tandis que d'autres, fortes et courageuses, se brisent dans leur lutte contre d'invincibles obstacles !

Dans sa partie septentrionale les bords du Muonio sont déserts ; rarement aperçoit-on une fumée, indice d'une cabane, et les fermes où l'on couche sont séparées par de grandes distances. Toute cette province est fort pauvre ; pourtant on rencontre dans ses habitations finlandaises le premier symptôme de civilisation : la propreté. Lorsque nous nous arrêtions le soir, nous trouvions dans quelque vaste salle, carrelée de pierres grises bien lavées, de longues tables couvertes de vases pleins de lait, et dans un coin, se dressant fièrement, comme la reine du logis, une large et haute cheminée où brûlaient des sapins presque entiers posés verticalement ; cette façon de placer le bois avive singulièrement la flamme et lui fait jeter dans la salle des lueurs joyeuses bien douces aux yeux du voyageur fatigué. La plupart du temps le lit où l'on dort dans ces fermes se compose de paille hachée posée sur des planches ; mais en revenant de Laponie on n'est pas difficile, et le confort paraît suffisant dès qu'on a le bonheur de reposer sur une place sèche abritée par un toit.

La navigation au milieu des rapides n'est pas sans dangers ; mais ils sont heureusement conjurés par l'habileté du pilote et des rameurs ; il faut à ceux-ci une force prodigieuse pour ramer sans relâche avec une rapidité qui, pour maîtriser le flot, doit être double de celle du courant. La manœuvre du pilote, lorsqu'il aperçoit un rocher redoutable, est très curieuse à observer : il gouverne directement sur l'écueil, et, au moment où la barque va s'entrouvrir dans un choc, il donne une secousse au gouvernail ; le bateau fait un brusque écart, comme un cheval effrayé décrit un angle, et continue sa course folle au milieu des tourbillons bruyants. Le bruit assourdissant de l'eau, la pluie d'écume dont on est couvert, empêchent de se rendre compte du danger ; on l'aperçoit seulement lorsqu'en regardant derrière soi on voit au loin la barre furieuse et mugissante de la cascade. Une demi-heure après on entend un grand bruit ; c'est un autre rapide et on recommence. Cette lutte entre le fleuve et le bateau, cette victoire continuellement renouvelée de l'adresse de l'homme contre la force aveugle d'un élément, aurait l'attrait de tout péril affronté et vaincu, s'il ne s'y joignait le désagrément peu glorieux d'être mouillé jusqu'aux os par la pluie des cascades et les lames qu'on embarque ; ajoutez-y l'ennui d'être obligé de se tenir toujours couché, immobile au fond d'un bateau ; et tout cela dure longtemps, car on rencontre quatre-vingt-un rapides plus ou moins importants entre Karesuando et Torneå, dans un espace d'environ cent dix lieues.

La plus fameuse des cascades du fleuve est près de Muonioniska ; elle se nomme l'Eyanpaïkka (le saut des Garçons) ; elle est, dit-on, très redoutable, et on prend dans le voisinage un pilote tout exprès pour la franchir. Les bateaux l'évitent ordinairement et font un *portage* sur le bord de l'eau ; on me fit faire comme aux bateaux craintifs, et par un motif de prudence on ne me permit pas de faire ce saut périlleux. J'obéis, mais à mon grand regret ; je fus m'asseoir sur un rocher à l'extrémité d'une île qui partage le fleuve en cet endroit, et du haut de mon observatoire je vis parfaitement arriver nos deux bateaux, qui me firent l'effet de deux sabots d'enfant emportés par le courant. L'Eyanpaïkka franchi, j'allai reprendre ma place au fond de mon bateau ; dans ma précipitation j'oubliai sur l'île ma pauvre chienne laponne, et nous étions déjà loin quand je m'aperçus de son absence ; nous tenions beaucoup à ce chien et nous étions résolus à tout tenter pour le recouvrer. Remonter le fleuve encore tout ému du saut qu'il venait de faire, c'était tout à fait impossible ; on prit le parti d'aborder, et l'un des bateaux tenta de tourner l'île par l'autre bras du fleuve. Je restai à la pointe méridionale de l'île, et, après avoir traversé une longue prairie récemment fauchée, j'eus la satisfaction d'apercevoir une métairie dans le lointain ; je me dirigeai aussitôt vers elle, comptant y demander l'hospitalité pour quelques heures. Je traversai une grande cour entourée de haies et pittoresquement encombrée de herses, de charrues et de ces grands triangles faits de trois planches, qui servent en Suède et en Norvège à tracer des chemins dans la neige[19]. Sur le seuil de la maison, je fus accueillie par une vieille femme sèche et droite, qui, après avoir écouté le récit fait par mon domestique, me fit entrer de bonne grâce et m'offrit une tasse de lait et un escabeau sous le manteau de la grande cheminée ; j'acceptai l'un et l'autre.

La pièce où je me trouvais était vaste et propre ; les dalles de pierre étaient bien balayées, les murs soigneusement blanchis à la chaux jusqu'à hauteur d'homme ; point plafonnée, car on voyait au-dessus de soi les entrecroisements des poutres de la toiture ; quelques gros écheveaux de chanvre pendaient aux solives, et sur des planches étaient posés des vases de bouleau et quelques-unes de ces jattes de bois vernissé à fleurs peintes que la Russie envoie partout comme un échantillon de son goût semi-barbare, semi-asiatique. Une table de sapin, huit ou dix escabeaux et un métier à tisser complétaient l'ameublement. La fenêtre basse et garnie de verres troubles jetait un jour terne sur cet intérieur simple et nu ; heureusement la grande cheminée où brûlaient royalement six grosses bûches posées en hauteur envoyait de joyeux reflets autour d'elle.

Après m'avoir curieusement examinée, la vieille hôtesse se remit à filer à la quenouille ; bientôt je vis entrer une jeune fille de dix-huit à vingt ans, grande, robuste, avec des cheveux blond pâle et des yeux bleu clair, qui, après avoir écouté avec étonnement le récit de sa grand-mère, se plaça devant le métier et se mit à tisser avec une force et une rapidité particulières. Je m'approchai pour examiner son travail ; elle me le montra avec une complaisance où perçait l'orgueil de son adresse ; elle fabriquait une grosse étoffe de laine à larges raies de couleurs éclatantes, très semblable à ces couvertures espagnoles dans lesquelles se drapent les muletiers : ces étoffes,

[19] On attelle un cheval au sommet d'un des angles du triangle, et, à mesure qu'il avance, les planches posées verticalement refoulent la neige de chaque côté de la route.

d'une originalité si gaie, me semblent faites pour les regards d'un beau soleil, et non pour les brumes des contrées du nord. Tout en regardant travailler mon adroite hôtesse, j'étais fort préoccupée d'un détail d'ameublement dont je ne vous ai pas parlé ; je voyais sortir de la muraille, de distance en distance, des broches de fer terminées par un large anneau, et je ne pouvais m'en expliquer l'usage : c'étaient des candélabres ; je le vis lorsque le jour tomba. La jeune fille prit dans un coin des bûchettes de sapin longues et minces, les réunit en faisceaux, puis en faisant entrer un paquet dans chacun des anneaux de fer, elle y mit le feu, et une vive lumière se répandit dans la salle. Une longue habitude doit être nécessaire pour se livrer à un travail quelconque avec ce singulier éclairage, tant il varie dans son intensité ; il produit du reste un effet bizarre et amusant : les lueurs du feu si vacillantes donnent à tous les objets des aspects fantastiques ; les couleurs miroitent étrangement ; les contours se dérangent, et les choses inanimées prennent une vie factice sous ces reflets multipliés et changeants. Cette manière d'éclairer les chambres finlandaises m'expliqua pourquoi les murs n'étaient blanchis qu'à hauteur d'homme et pourquoi on ne fait pas de plafonds ; le haut des murailles est abandonné à la fumée ; elle le badigeonne d'une belle couleur noire ; de cette façon, les chambres sont mi-parties noires et blanches et comme en deuil ; cela leur donne une physionomie tout à fait étrange. À la nuit close, le personnel masculin de la ferme rentra ; il se composait de quatre jeunes hommes et d'un vieillard, mari de la fileuse ; à leur arrivée il fallut recommencer, au profit de leur curiosité, le récit de mon aventure ; puis une servante prépara le couvert et posa sur la table un large quartier de veau rôti accosté d'un grand fromage et d'un immense pot rempli de lait. Je fus conviée à prendre ma part de ce festin, et j'y consentis volontiers ; j'étais encore à la table hospitalière de ces braves fermiers, quand ma bonne chienne, ramenée par mon mari, fit joyeusement irruption dans la salle ; elle bondit, jappa, hurla, me lécha follement et me donna tous les témoignages en son pouvoir de l'affection la plus vive. Je fus extrêmement heureuse de la retrouver ; cette chienne m'était devenue fort précieuse : car, outre sa rareté, c'était assurément un excellent et intelligent animal ; en quelques jours, elle avait été dressée à obéir à toutes mes volontés.

Le dîner fini et l'hospitalité payée par un *species*, ce qui me fit prendre pour une princesse par mes hôtes, nous remontâmes en bateau malgré la nuit, afin d'aller coucher dans une grange située plus loin, où nous devions arriver ce jour-là afin de ne pas déranger notre itinéraire, qui avait réglé nos stations à l'avance.

Cette ferme, comme je vous l'ai dépeinte, vous donne une idée exacte des habitations des riverains du Muonio ; le lendemain de cette halte, nous étions à Kélangi, le surlendemain, à Turtula ; de cascade en cascade nous arrivâmes ensuite et sans autre incident à Kengisbruck.

Près de Kengisbruck, le Muonio reçoit la Torneå[20] et quitte son nom pour prendre celui de son tributaire ; là elle s'élargit, se calme, et ses allures deviennent plus conformes à la dignité d'un grand fleuve qui approche de son embouchure.

De belles forges ont été établies à Kengisbruck ; elles fonctionnent depuis plus de deux cents ans, et là, comme partout, l'industrie a apporté son contingent de bien-être au lieu où elle est honorée. La maison du directeur des forges est située à une demi-lieue dans les terres. Nous dûmes faire ce trajet à la nuit noire, et, quoique bien fatiguée, je ne m'en plaignis pas. Le chemin côtoyait une forêt de sapins admirablement éclairée par la lune, alors dans son plein ; ses rayons perçaient de quelques flèches d'argent la voûte sombre des arbres ; au loin, la fumée rouge des forges montait dans l'air en tourbillons épais, et à l'horizon une aurore boréale promenait ses bandes de

[20] La Torneå sort du lac Torneå-Trask, situé en Laponie. Près de Kengis, elle forme deux cataractes d'environ quarante pieds de haut. La Torneå a de quinze à dix-huit cents pieds de large, et de vingt-cinq à trente pieds de profondeur.

lumière pâle sur l'azur sombre du ciel ; ce qu'il y avait d'harmonies mystérieuses dans le contraste de toutes ces lueurs, je ne saurais vous l'exprimer, et le pinceau lui-même serait inhabile à le faire comprendre.

La maison des forges de Kengis est riche et hospitalière ; nous y trouvâmes des recherches de bien-être dont nous avions perdu l'habitude : on nous logea dans une grande chambre boisée de sapin ; la paille hachée des lits était enfermée dans de la toile, et au lieu de peaux de bêtes pour nous couvrir, on nous donna de l'édredon. Je m'apprêtais à jouir de tout ce luxe, lorsque la lune s'étant couchée, l'aurore se fit si belle que je sortis pour l'admirer. Je la vis d'abord s'agiter avec des mouvements réguliers, comme une mer de lumière ; puis deux grands bras de feu sortirent du foyer principal et enfermèrent tout un côté du ciel. Au bout d'un quart d'heure, ces bras se séparèrent en s'agitant comme les tronçons d'un serpent blessé ; la lumière prit mille formes étranges : celle de rubans inextricablement mêlés, celle d'un peigne immense, celle de panaches touffus, de gerbes amoncelées ; enfin, lorsqu'après deux heures de contemplation je rentrai afin d'aller me reposer, elle avait la forme d'une couronne à fleurons aigus, posée à l'extrémité de l'horizon. Cette couronne était absolument semblable à la couronne de fer des rois lombards, dont nous voyons l'effigie sur nos pièces de monnaie de l'époque impériale, et de chacune de ces pointes jaillissaient mille rayons lumineux et mobiles.

Cette magnifique aurore boréale fut suivie d'un grand abaissement dans la température ; à peine avait-elle disparu qu'une neige épaisse commença à tomber et donna à la terre ce manteau blanc dont elle reste couverte, en Finlande, près de neuf mois de l'année.

Kengis marquera dans mon souvenir par ses admirables paysages ; le lendemain de cette belle nuit, que j'ai essayé de vous décrire, quand nous arrivâmes au bord du Torneå pour nous embarquer, l'aurore couronnait d'une teinte rosée le sommet des sapins de la forêt ; bientôt le soleil se leva derrière les arbres, de l'autre côté du fleuve ;

en montant dans l'azur, son disque éclatant se doubla en se reflétant dans l'eau ; le tapis de neige des berges, les petits glaçons de la rive se teignirent de pourpre et d'or : on eût dit des pierres précieuses entourant un miroir d'argent. Jamais je ne vis plus splendide lever de soleil.

À partir de ce jour, le froid ne nous quitta plus ; il rendit très pénible la dernière partie de notre navigation. Le Torneå nous offrit encore beaucoup de rapides, et les lames d'eau glacées ne nous furent pas épargnées ; malgré cet inconvénient, ma santé se trouva fort bien du repos obligé. Le bon lait des fermes finlandaises, dont je fis ma nourriture exclusive, me guérit à peu près de mes maux d'estomac, et enfin, cher frère, de rivières en cascades, couchant tantôt en Suède et tantôt en Russie, j'arrivai le 21 septembre à Mattaringuy, petit bourg suédois, séparé de Torneå seulement par une quinzaine de lieues. Là j'ai réuni toutes mes notes éparses, écrites sous la tente ou en bateau, et je puis ainsi vous envoyer un historique assez complet et très sincère de ma traversée de la Laponie.

LETTRE VIII.

LA FINLANDE.

J'ai fait bien peu de chemin depuis ma dernière lettre ; mais, puisqu'un accident arrivé à ma voiture me retient une journée dans la peu distrayante ville de Calix, je veux mettre ce temps à profit pour revenir avec vous sur ces curieuses provinces finlandaises, dont je touche encore les frontières, pays trop peu connu, et, à mon sens, trop peu apprécié jusqu'à présent.

Les Finlandais ou Finnois forment une race à part des Lapons, des Russes et des Suédois, avec lesquels ils sont en contact continuel. Ils occupent les côtes du golfe de Bothnie et descendent toutefois beaucoup plus au sud sur la côte russe ; on trouve encore leurs mœurs et leur langage à Abo ; on ne rencontre plus sur la côte ouest que des Suédois, dès qu'on a atteint la petite ville de Piteä. Quelques savants veulent voir dans les Finnois une race orientale venue des plateaux ouraliens, et en font les descendants des Hongrois ; d'autres affirment reconnaître en eux les caractères de la race aborigène de tout le reste de l'Europe. J'ignore si ces conjectures ont rencontré la vérité, et j'ajoute même que les questions de filiations de races, si elles n'éclairent pas d'importants points d'histoire, me semblent des recherches d'une grave puérilité ; car aucune n'aboutit jamais à rien de positif. Admettons un moment que l'origine asiatique des Finnois soit prouvée. Ils ont occupé les sommets de l'Oural. Bien. Et après ? dirai-je. Les monts Ourals avaient-ils vu les premiers d'entre eux ? On arrive toujours à cette question si obscure de déterminer quels furent les premiers peuples autochtones. Tout cela est plongé dans un mystère dont aucune main savante n'a encore soulevé le voile ; aussi, sans me casser la tête à prendre parti pour ou contre les différentes opinions, j'aime autant m'en tenir à la Genèse et supposer les Finlandais descendant comme nous de Japhet, fils de Noé ; cela est plus facile et n'est pas plus absurde que beaucoup de suppositions à l'usage des académies de province. Vers le milieu du XIIe siècle, nous voyons les Finlandais apparaître dans l'histoire ; le roi de Suède, Erik le Saint, vient les conquérir, et, sous prétexte de leur apporter le christianisme, s'empare de leur pays, aidé de saint Henry (l'Anglais), ne leur laissant d'autre alternative que le baptême ou la mort. Naturellement les Finlandais vaincus se convertirent en foule ; mais pendant bien longtemps ils gardèrent dans leur cœur l'amour de leurs anciens dieux. En abjurant le paganisme, ils ne l'oublièrent pas ; à l'heure où nous parlons, ce paganisme vit encore dans leur mémoire : seulement il s'est transformé ; de religion il s'est fait poésie ; ce n'est presque pas déchoir. Les dogmes sacrés sont devenus légendes populaires ; on les chante durant les longues nuits d'hiver, quand le foyer de la ferme rassemble toute la famille. Ces poésies se nomment *runas*.

Autant que j'en aie pu juger par d'imparfaites traductions, ces *runas* racontent toute une mythologie compliquée, originale, mystérieuse et bizarre à la fois, très différente de la mythologie scandinave. Féconde en inventions, comme l'ancienne religion des Grecs, elle place partout des dieux, dans le ciel, sur la terre, au fond de la mer ; elle anime et vivifie les métaux, les pierres, les arbres ; elle personnifie le chaud, le froid, le vent, la pluie, la neige, les saisons ; elle divinise le chien et l'ours ; elle peuple les solitudes de la Finlande d'une foule innombrable de dieux, de déesses, d'esprits, de géants, de génies, de follets, de nains, de sorciers. Les uns habitent la plaine, d'autres les marécages, ceux-ci les halliers sombres des forêts, ceux-là les cavernes de la montagne et les rochers des cataractes. Chacun de ces êtres mystérieux vit de sa vie propre et, comme dans toutes les mythologies, est agité de passions qui le font ressembler à l'homme.

Les *runas* racontent les aventures merveilleuses et incroyables de toutes ces divinités et les exploits d'une quantité de héros-dieux en rapport avec elles ; tout ce monde porte des noms bizarres mal commodes à loger dans une cervelle française ; l'un d'eux pourtant, le vaillant Wanaïmoïnen, l'Odin finlandais, s'impose au souvenir par la fréquence de ses apparitions dans la légende.

On rencontre parfois dans ces récits des expressions pittoresques et délicates empreintes d'une vraie poésie ; on me traduisit un jour quelques vers d'une *runa* où une jeune mère nommait sa fille ma branche verdoyante, mon oiseau gazouillant, mon *poème*. Ce dernier mot est exquis.

À côté de récits pleins d'une grâce primitive, on trouve les choses les plus singulières : un génie présidant à la colique, une déesse des veines qui les file et les débrouille sur son fuseau d'airain.

Parfois les *runas* racontent l'origine du monde et forment alors comme une sorte de Genèse païenne qui ne manque pas de grandeur. L'une d'elles décrit ainsi comment fut créé le fer :

« Au commencement, dit le poème, il y avait trois vierges aux mamelles gonflées et douloureuses ; elles arrosèrent la terre de leur lait, la première avec un lait blanc, la seconde avec un lait noir, la troisième avec un lait rouge ; les trois espèces de lait, en pénétrant dans la terre, formèrent les différentes espèces de fer. »

Partout on trouve mêlée au récit la lutte éternelle de deux principes, l'un bon, l'autre mauvais, se disputant l'empire du monde. Ainsi, au nord comme au midi, en Finlande comme en Perse, l'esprit de l'homme met toujours en présence le bien et le mal, le ciel et la terre, la lumière et les ténèbres ; en Finlande cela s'appelle

Waïmoïnen et Hiisi, dans l'Inde c'est Oromaze et Ahriman ; les noms sont différents, la pensée est semblable.

Je regrette bien que la rapidité de mon voyage ne m'ait pas permis de recueillir des fragments plus complets de ces *runas*, qui forment des poèmes si neufs et si inconnus[21].

La tradition seule a conservé les *runas* finlandaises et les transmet de génération en génération, en les altérant ou en les embellissant. Mais, outre cette poésie primitive restée à l'état flottant dans les cerveaux, l'esprit du peuple est tourné vers la poésie ; il l'aime, la goûte et s'y essaye parfois avec bonheur ; les femmes semblent en particulier y réussir, et quelques-unes de leurs productions sont regardées par ceux qui les comprennent dans leur langue comme des modèles de simplicité et d'harmonie.

La poésie finlandaise emploie encore aujourd'hui le vers runique de préférence au vers rimé ; ce vers des anciens bardes se compose de huit syllabes sans hémistiche et sans rime et a la forme allitérative. En d'autres termes, il recherche la répétition de la même consonne commençant un mot deux fois dans chaque vers ; répéter la consonne sur les deux premiers mots du vers ou la placer plus de deux fois dans le vers, est considéré comme une richesse.

Pour bien faire comprendre mon explication, peut-être obscure, à des esprits habitués à une autre forme et à une autre harmonie, je citerai pour exemple ce vers si connu :

Pour qui sont ces serpents qui sifflent sur vos têtes ?

qui offre par la répétition fréquente de la consonne *s* un excellent vers allitératif. On m'a donné la traduction en prose d'une chanson de nourrice, très populaire en Fin-

[21] À l'époque où j'écrivais ceci, on n'avait pas encore l'excellente traduction du *Kalevala*, de M. Léouzon Le Duc.

lande ; j'ai essayé de la mettre en vers français, tout en lui conservant autant que possible sa forme allitérative.

La voici :

Dors, dors, oiseau de nos champs d'orge ;
Dieu doucement t'éveillera,
Pose-toi, petit rouge-gorge,
Sur ce lit qu'il te prépara.

Ce grand rameau rempli de feuilles
Que balançait un beau bouleau,
Dieu l'a donné pour que tu veuilles
Dormir dessous dans ton berceau.

Le sommeil survient à la porte,
Et murmurant bien mollement,
Dit : « Voulez-vous pas que j'emporte
Dans mon palais ce pâle enfant ?

Frêle et frileux dessous la laine,
Chaudement caché je le vois ;
Mais l'oiseau léger de la plaine
N'est nulle part mieux qu'avec moi. »

Dors, dors, oiseau de nos champs d'orge ;
Dieu doucement t'éveillera,
Pose-toi, petit rouge-gorge,
Sur ce lit qu'il te prépara.

Ceci est de la poésie populaire, faite par on ne sait qui et répétée par tout le monde ; mais la Finlande se vante de posséder de véritables auteurs, se faisant imprimer et produisant des œuvres où se décèle un vrai talent ; on m'a beaucoup parlé de M. Berndston, fort connu et fort estimé chez ses concitoyens. Je m'abstiens de porter un jugement sur M. Berndston, n'ayant pu le lire que par fragments traduits, et sachant combien la traduction altère en poésie les grâces de l'original. On me donna, en Suède, une ballade de M. Berndston, composée sur la mort d'une jeune et charmante fille finlandaise qui se tua par désespoir amoureux, fait fort rare dans ce pays au sang calme. J'ai reproduit cette ballade en vers français ; la difficulté d'en conserver le refrain m'a empêchée de chercher l'allitération. Quant à l'exactitude d'expression, elle est presque textuelle.

LES FIANCÉS.

BALLADE DE BERNDSTON.

L'aube fraîche aux rayons amis
A réveillé la jeune fille ;
Elle s'est levée, elle a mis
Sa robe de noce où l'or brille ;
Sur son chemin, dans le gazon,
Des perles se sont amassées ;
Des fleurs des champs c'est la saison :
Les roses sont sitôt passées !

« D'où vient la pâleur de ton teint ?
De tes yeux une larme tombe.
Où vas-tu de si grand matin ?
Lui dit sa sœur, ô ma colombe !
– Ma sœur, je viens de prier Dieu ;
Les larmes vont aux fiancées,
Car leur prière est un adieu.
Les roses sont sitôt passées !

Pour le mêler à mes cheveux,
Je vais chercher un lis sauvage ;
Puis, avant de partir, je veux
Errer seule sous le feuillage.
Ne me retiens pas, bonne sœur ;
Les couronnes par toi tressées

Ne pouvaient pas plaire à mon cœur.
Les roses sont sitôt passées !

Je veux un instant près du bois
Écouter chanter l'alouette
Et fouler encore une fois
La mousse où croît la violette ;
Je veux respirer les senteurs
Des forêts au vent balancées.
Je veux revoir toutes mes fleurs :
Les roses sont sitôt passées !

Si ma mère s'inquiétait,
Dis, ma sœur, que je suis allée,
Tandis que chacun s'apprêtait,
Cueillir des fleurs dans la vallée ;
Embrasse-moi, je veux jouir
Des heures qui me sont laissées ;
Je puis tarder à revenir...
Les roses sont sitôt passées ! »

Aux bords du lac elle arriva ;
Un homme était assis dans l'ombre ;
Sur la jeune fille il leva
Un long regard, mais froid et sombre ;
Sur son front triste l'on voyait
Empreintes ces mornes pensées :
« Ô mon Dieu ! le bonheur me hait !
Les roses sont trop tôt passées ! »

S'approchant doucement de lui :
« Pourquoi, mon bien-aimé, dit-elle,
Cet éclair sauvage a-t-il lui
Dans ton regard ? Je suis fidèle.
N'es-tu pas maître de mon cœur ?
Si mes couleurs sont effacées,
Le chagrin causa ma pâleur,
Les roses sont sitôt passées !

– Quoi, tu parles de tes serments ?
Tu viens à moi, calme et joyeuse ;
Adieu, va, je sais que tu mens ;
Aux bras d'un autre sois heureuse !
Nos douces promesses d'amour
De ton souvenir sont chassées.
Tu les gardas à peine un jour :
Les roses sont sitôt passées ! »

Prenant la main de son ami,
Et le conduisant vers la rive
Où brillait le lac endormi :
« Notre plainte serait tardive ;
De nos maux montrons-nous vainqueurs,
Toutes nos larmes sont versées ;
Viens, l'amour seul règne en nos cœurs :
Les roses sont sitôt passées !

Allons plutôt comme autrefois,
Sur le lac dans notre nacelle,
Que j'entende ta douce voix
Me dire ta chanson fidèle ;
Que par tes accents amoureux
Mes oreilles soient caressées.
Allons, ami, soyons heureux !
Les roses sont sitôt passées ! »

Alors le jeune homme monta
Dans la barque aux flots balancée,
Et l'écho du bois répéta
La chanson de la fiancée :
Au milieu de ce chant si pur
Quelques plaintes s'étaient glissées,
Qui disaient, montant vers l'azur :
Les roses sont sitôt passées !

Sur l'eau le calme s'étendit,
Et quand on fut loin de la terre,
Alors la jeune fille dit :
« Est-il donc, ami, nécessaire
De retourner à nos douleurs ?
Ici nos mains sont enlacées,
Restons à l'abri des malheurs :
Les roses sont sitôt passées ! »

Son amant l'écoute et sourit.
Puis, saisissant celle qu'il aime,
Il s'élance : et le flot s'ouvrit
Sous eux à ce moment suprême !...
Sur le lac on entend souvent
Se plaindre des voix oppressées,
Se mêlant aux soupirs du vent.
Les roses sont sitôt passées !

Cet essai, quoique incomplet, peut néanmoins vous donner une idée assez juste de cette poésie finlandaise, pâle, douce et mélancolique comme le pays qui l'a vue naître.

La Finlande accepta facilement le luthéranisme imposé par la domination suédoise ; aujourd'hui elle est complètement luthérienne, et peu de familles ont embrassé la religion grecque dans les provinces soumises à la Russie depuis 1808.

Les Finnois ont toujours été pacifiques ; ils l'ont prouvé en se laissant conquérir par les Suédois et en résistant peu aux Russes, envers lesquels aucune tentative de révolte n'a eu lieu depuis près de quarante ans, quoique le régime russe leur soit peu sympathique. Sans être belliqueux, ils sont courageux et opposent la persévérance et la résignation aux maux de la vie ; ils sont loyaux, paisibles et mélancoliques, reconnaissants jusqu'au plus absolu dévouement, et par conséquent vindicatifs au point de ne jamais oublier une offense. C'est un peuple, vous le voyez, chez lequel on trouve des éléments nobles et intelligents ; l'âpreté de leur climat, qui les prive du contact civilisateur des autres peuples, empêche seul, sans doute, le développement de toutes leurs facultés. Ils sont généralement laboureurs et pêcheurs ; peu sont marchands d'une façon fixe, tous le deviennent quand les circonstances l'exigent ; l'hiver, ils partent en traîneaux et vont en Suède ou en Russie vendre des fourrures, du poisson salé, du gibier et du beurre ; le reste de l'année, ils cultivent une terre ingrate, où ils voient rarement mûrir l'orge qu'ils ont semée.

Comme toutes les habitations septentrionales, les maisons finlandaises sont construites en troncs de sapin, et composées de plusieurs petits corps de bâtiments ayant chacun un emploi différent : le plus grand est le logement de la famille ; les autres servent d'étable, de grange, de magasin et de salle de bain, appendice de toute maison finlandaise. Le bain finlandais est le bain russe tel que nous le connaissons : une étuve de bois remplie de vapeur d'eau bouillante, et un réservoir d'eau froide pour les douches ; seulement le mécanisme trop compliqué des chaudières est remplacé par de larges pierres plates sur lesquelles on verse de l'eau après les avoir fait rougir au feu. Par ce moyen on obtient jusqu'à 60° de chaleur (centigrade). Dans quelques cantons on ne fait pas usage des affusions et des immersions d'eau froide, et on ôte ainsi à cet excellent bain ses qualités toniques et fortifiantes.

Les mœurs sont très pures en Finlande, et la preuve en arrive à propos du bain. Dans les étuves, où on est entièrement nu, hommes et femmes se trouvent réunis sans qu'il en résulte aucun désordre. Un usage assez généralement suivi me paraît encore plus singulier : il n'est pas rare qu'une jeune fille fiancée partage le lit de son promis, et celui-ci n'oublie jamais, dit-on, qu'il ne devra la considérer comme sa femme que lorsque le sacrement les aura unis. Ce rapprochement ne lie pas les fiancés absolument ; car si, après avoir dormi l'un près de l'autre, ils veulent rompre leur engagement, ils sont libres, et s'ils se séparent, il n'en résulte aucun préjudice pour la jeune fille. De telles choses sembleraient fabuleuses et impossibles si elles ne se passaient bien au-delà du cercle polaire, dans un pays où l'amour est pâle et le sang tiède comme les rayons de son rare soleil.

À l'heure qu'il est, le langage, les mœurs et toutes les coutumes finlandaises conservent encore toute leur originalité, et sont, par cela même, curieux à étudier. Il n'en est pas de même du costume ; il a subi cette décoloration qui fait le désespoir des peintres ; le bien-être du peuple a sans doute gagné à recevoir les ballots de lainages allemands et les cotonnades de l'Angleterre, mais le pittoresque s'est évanoui. Adieu les manteaux de peaux de bêtes, les habits étrangement coupés, les bijoux baroques, les armes bizarres ! toutes ces choses charmantes à rencontrer pour le voyageur ont disparu ; il faut aller les chercher maintenant jusque chez les Lapons, et c'est bien rude ! Les femmes finlandaises portent de longues robes de laine à tailles courtes, dont les manches s'arrêtent au-dessus du coude pour laisser passer une manche de toile blanche ; elles nouent sur leur tête la fanchon suédoise en cotonnade rouge ou bleue ; les hommes ont des vestes rondes en wadmel gris, des pantalons larges et des casquettes de cuir à longues visières. Hommes et femmes se chaussent de bottes laponnes, faites de peau de jarrets de rennes, et, sans cet indice, ressembleraient tout autant à des Picards qu'à des Finlandais. Dans les grandes fêtes, m'a-t-on dit, et particulièrement à Noël et le jour de leur mariage, on voit sortir des coffres de magnifiques costumes : la fiancée porte une couronne dorée, ses cheveux flottent sur ses épaules, sa robe est brodée de mille couleurs ; sa poitrine brille de l'éclat des bijoux d'or et d'argent ; malheureusement pour moi, n'ayant pu assister à aucune de ces solennités, j'ai dû me contenter du récit de toutes ces magnificences. J'y crois néanmoins, sachant combien le paysan au travail diffère partout du paysan en fête ; qui devinerait dans notre Normandie la belle coiffure cauchoise sous le hideux bonnet de coton des femmes ! Ajoutez que j'ai seulement traversé les plus pauvres provinces de la Finlande ; j'aurais vu de beaux pays et de beaux costumes, si j'avais voulu pénétrer un peu plus avant en Russie.

Les Finlandais forment une race forte et vigoureuse ; ils sont de haute taille, ont généralement les cheveux blonds, les yeux bleu pâle ou gris, la peau très blanche. Avec ces caractères extérieurs si différents de ceux de la race laponne, on doit s'étonner qu'il se soit rencontré des gens disposés à leur assigner une commune origine ; les savants qui soutiennent cette opinion l'ont probablement puisée dans un certain rapport du langage des deux peuples, et non dans une étude *de visu* de leurs caractères distinctifs. Deux peuples, amenés par de continuels contacts à s'emprunter des mots, cela s'est vu dans tous les temps ; mais une même race arrivant, sous un même climat, à se scinder de façon qu'une fraction de ce peuple change sa physionomie, ses mœurs et son costume, ceci sort des limites du raisonnable. Il suffit donc d'avoir des yeux et de comparer un Finlandais et un Lapon, pour regarder comme impossible la plus lointaine confraternité entre eux.

Les femmes finlandaises sont robustes et bien proportionnées ; quelques-unes sont vraiment belles ; toutes sont très fraîches pendant la première jeunesse, mais la beauté dure peu sous ce climat rigoureux ; à trente ans les femmes semblent vieilles, et cependant l'enfance se prolonge tard chez les jeunes filles ; leur jeunesse est comme leur été : un éclair rapide et éclatant, qui fait tout éclore à la fois et est suivi d'un long hiver.

Les Finlandais ont des habitudes d'ordre et de travail ; ils sont persévérants et industrieux ; chaque famille se suffit à elle-même, cultivant ses champs, construisant sa maison, fabriquant ses meubles, ses ustensiles et ses chaussures, tissant sa toile et son drap, et de plus instruisant ses enfants, car chez eux comme en Suède et en Norvège tous les paysans savent lire et écrire ; ils possèdent même souvent des notions élémentaires d'histoire et de géographie. Nouveau contraste avec les Lapons, qui vivent oisifs, ignorants et nomades, prenant de la peine seulement pour subvenir à leurs besoins matériels, et rentrant dans leur morne stupidité dès qu'ils les ont, satisfaits. Il y aurait beaucoup à dire encore sur la Finlande, pour la bien faire connaître ; cette tâche sera sans doute entreprise un jour ; pour moi, j'ai voulu seulement par ces quelques pages vous tracer une légère esquisse de ce peuple peu connu, et j'espère vous avoir intéressé.

Je reviens à ce qui m'est personnel, et à Mattaringuy, où vous m'avez laissée.

Pour beaucoup de gens, Mattaringuy est le cœur de la Laponie ; comme là s'arrête la route qui du sud (comprenez Stockholm) monte vers le nord, les voyageurs russes et suédois ne poursuivent pas plus loin leur pérégrination, heureux de contempler sur la montagne voisine ce fameux soleil du 20 juin, qui ne quitte pas l'horizon pendant vingt-quatre heures. Du reste, pénétrer en Laponie en remontant les fleuves Muonio et Torneå, est une entreprise presque impraticable, à cause de la violence des courants et surtout des cascades, qui nécessiteraient des *portages* trop multipliés. Lorsque les Finlandais des bords des fleuves entreprennent ce voyage, c'est pendant l'hiver, alors qu'une couche épaisse de neige permet aux traîneaux de glisser indifféremment sur les fleuves et sur la terre.

Mattaringuy a acquis une certaine célébrité scientifique par le séjour de l'académicien Maupertuis ; c'est près de là, sur le mont Avasaxa, qu'il fit les observations nécessaires pour compléter sa théorie de la terre. Mattaringuy est un bourg composé seulement de quelques maisons dominées par le clocher rouge d'une église ; j'y trouvai une nouveauté pleine de charme pour moi, je veux dire une *chiven* (maison de poste), et en lisant ce mot sur une porte j'eus la preuve que j'en avais enfin fini des déserts marécageux et des fleuves violents. Nous nous hâtâmes de payer nos bateliers, de congédier notre interprète finlandais et de demander au maître de la maison une voiture pour nous mener jusqu'à Torneå. Après avoir fait un très frugal repas composé de laitage sous plusieurs formes : soupe au lait, crème froide, lait caillé, fromage, nous allâmes examiner notre équipage ; on nous présenta un tilbury champêtre, sans ressorts ni coussins, semblable à ceux dont se servent les *förbud* (courriers) en Norvège, en somme une très jolie petite charrette. Le cheval était beaucoup plus élégant que le carrosse ; il portait un grand harnais de bois couvert de houppes de laine et de grappes de grelots qui babillaient très haut à chacun de ses mouvements ; ce harnachement bizarre et pittoresque sentait le voisinage du goût oriental de la Russie. La route de Mattaringuy à Haparanda côtoie le Torneå, dont le cours devient très majestueux en approchant de son embouchure ; à droite, la vue est bornée par une forêt de sapins coupée à de rares intervalles par des champs de lin ou d'orge. Tout cela est d'un calme un peu monotone ; néanmoins la route me parut charmante, tant j'étais dominée par la joie de me sentir sur la terre ferme ; notre cheval, plus gai encore que moi, trouva bon de nous verser dans un fossé ; mais, comme fort heureusement notre véhicule n'avait pas de ressorts, nous en fûmes quittes pour un saut prodigieux et un retard d'une heure ; le soir même nous entrions dans Haparanda.

À Haparanda, miracle du progrès ! je trouvai une auberge ! Je ne voulus rien voir, rien entendre, rien manger avant d'être dans un lit. Depuis vingt-deux jours je ne m'étais pas déshabillée pour dormir ! Il faut avoir éprouvé nos fatigues, subi nos longues privations, pour comprendre comment un lit devient la chose du monde la plus impérieusement désirable.

J'expliquai mon vœu à la maîtresse de l'auberge, et, sur un mot d'elle, une grande fille blonde et fraîche me conduisit par un escalier de bois resté blanc à force de propreté, dans la plus belle chambre de la maison. Les voyageurs sont précieux et rares à Haparanda ; pour ce motif, sans doute, on les loge dans des espèces de boîtes ; celle dont je pris possession était toute petite, avec des boiseries lilas rechampies de filets jaunes et des meubles peints en blanc relevés de filets et d'ornements vert tendre ; le papier découpé de cette boîte de bonbons était représenté par des stores de toile à jour, qui pendaient devant les fenêtres : tout cela éblouissant de propreté, frais, coquet, rangé, charmant ! J'étais alors une bien indigne *papillote* de ce nid digne de la robe de soie des dragées, et je le lus dans les regards de ma conductrice ; quel aspect que le mien ce jour-là ! J'étais couverte de poussière ; mon malheureux costume d'homme ne luttait même plus, il s'anéantissait en haillons ; rien de plus dévasté et de plus affreux : en m'apercevant dans une glace, je fus moi-même surprise ; je ne me reconnaissais plus ! J'avais hâte de changer de physionomie ; je fis une longue toilette et me plongeai avec délices entre deux beaux draps blancs.

Je restai quarante-huit heures dans ce lit sans pouvoir me décider à en sortir ; j'y serais restée huit jours si j'avais pu ; mais il fallait continuer notre route, et je voulais voir Torneå.

Haparanda, où l'on trouve des chambres si coquettes et de si bons lits, est une petite ville suédoise posée en face de Torneå, à l'embouchure du fleuve de ce nom, qui, comme vous le savez, sépare aujourd'hui la Suède de la Russie ; le Torneå est fort beau et fort large en cet endroit, et le trajet qu'on fait en bateau pour aller d'une ville à l'autre dure plus de vingt minutes. Vues du milieu du fleuve et embrassées ainsi dans leur ensemble, ces deux villes qui se regardent offrent le contraste le plus parfait. Haparanda, avec ses maisons bariolées, entourées de parterres, ses toits rouges, ses fenêtres ouvertes en dehors, où le soleil vient gaiement briser ses rayons, est comme un collier de verroteries égrené sur la rive droite du fleuve ; Torneå montre des murailles grises, épaisses, discrètes, dépassées d'espaces en espaces par de lourdes charpentes rougeâtres, par des clochers ou des dômes couverts de plomb, surmontés de croix de fer. D'un côté, un jardin plein de kiosques ; de l'autre, une nécropole.

Le contraste se complète si on visite l'intérieur des deux villes ; je venais de quitter Haparanda, où tout était mouvement et bruit ; c'était jour de marché, les rues s'emplissaient de jeunes suédoises vêtues de jupons bleus ou rouges, le cou orné de chaînes d'argent, portant sur leurs têtes des corbeilles où s'entassaient de beaux poissons, du gibier, des légumes ; les jeunes garçons allaient et venaient, promenant des chevaux, des vaches, des porcs, des moutons ; tout ce monde occupé, achetant, vendant, causant, riant, formait une mêlée active et joyeuse. À Torneå, je vis des rues solitaires, où l'herbe cachait les pierres ; des maisons hermétiquement fermées ; de temps en temps, sans bruit, s'ouvrait une porte garnie de fer pour livrer passage à une ombre enveloppée d'un manteau de laine noire, la tête cachée sous un bonnet pointu ; pas un mot n'était prononcé si une ombre en rencontrait une autre : on eût dit autant de fantômes, habitants des lourds tombeaux que surmontait cette forêt de croix et de cloches. Cloches muettes, du reste, car jamais je ne vis tant de cloches ni un lieu plus silencieux : ce silence était si profond que j'entendais dans les rues le bruit de mes pas et le froissement de ma robe ; j'ai erré ainsi plusieurs heures dans cette cité qui se meurt, me demandant quelle volonté inconnue a rendu cette ville déserte, ses cloches muettes, son peuple morne ; pourquoi la mort lui vient-elle avant la vieillesse ? Elle est dépeuplée, attristée, elle n'est pas en ruines ; tout est jeune, gai, vivant, sur la rive droite du Torneå, tout est, sur la rive gauche, désert et immobile.

Il en est de l'existence des villes comme de celles des hommes : leur durée tient à des causes mystérieuses. À chaque minute du jour la vie d'un homme s'achève et celle d'un autre commence ; à un moment marqué sur l'horloge de l'éternité, une ville s'éteint et une autre s'élève ! Et j'ai vu Torneå au commencement de l'automne, lorsque le soleil lui apportait encore un peu de vie et de clarté ; mais pendant le sombre et rigoureux hiver, c'est bien pire. Voici ce qu'en dit Maupertuis :

« La ville de Torneå, lorsque nous y arrivâmes le 30 décembre, offrait véritablement un aspect affreux ; ses maisons basses se trouvaient enfoncées jusqu'aux toits dans la neige, et le jour n'aurait pu pénétrer dans la neige, s'il y avait eu du jour ; mais les neiges tombant toujours ou prêtes à tomber ne permettaient presque jamais au soleil de se faire voir, même au midi, pendant les quelques moments qu'il paraît à l'horizon.

« Le froid fut si grand dans le mois de janvier, que nos thermomètres de mercure, de la construction de Réaumur, descendirent à 37° ; ceux d'esprit-de-vin gelèrent. Lorsqu'on ouvrait la porte d'une chambre échauffée, l'air extérieur convertissait sur-le-champ en neige la vapeur qui s'y trouvait, et en formait de gros tourbillons blancs. Lorsqu'on sortait, l'air déchirait la poitrine ; nous étions avertis de l'augmentation du froid par le bruit avec lequel le bois dont toutes les maisons sont bâties se fendait. À voir la solitude qui régnait dans les rues, on eût dit que tous les habitants étaient morts ; enfin on voyait à Torneå des gens mutilés par le froid, et les habitants de ce climat perdent quelquefois le bras ou la jambe. Quelquefois il s'élève tout à coup des tempêtes de neige, et c'est un nouveau péril ; il semble que le vent souffle de tous les côtés à la fois ; il lance la neige avec une telle impétuosité, que tous les chemins disparaissent. Le voyageur surpris par un ouragan de cette espèce voudrait en vain se retrouver par la connaissance des lieux ou les marques faites aux arbres ; il est aveuglé par la neige, et englouti s'il fait un pas. »

Et Torneå est à vingt-deux jours de marche du cap Nord, et à 14 degrés de la baie Madeleine, d'où nous venons ! Je ne puis plus songer sans frémir à ce que nous fussions devenus dans un hivernage dont Dieu nous a sauvés !

J'ai cité cette description de Maupertuis, parce qu'elle est, m'a-t-on dit dans le pays même, parfaitement exacte. Dans d'autres circonstances, je me suis abstenue d'appeler à mon aide le témoignage des voyageurs, craignant de tomber sur des hâbleurs tels que Regnard, qui écrivit à Sakajervi, à huit milles de Torneå, quelques vers emphatiques terminés par celui-ci :

Sistimus hic tandem, nobis ubi defuit orbis.

REGNARD, 18 août 1681.

« Nous nous arrêtons enfin ici, où la terre nous a manqué. »

L'illustre auteur du *Joueur* et du *Légataire universel* faisait, du reste, beaucoup mieux les vers que les narrations de voyages ; la sienne est un tissu de fables sur la Laponie ; il devait mal la connaître, ne l'ayant pas visitée : car il s'arrêta, non aux limites de la terre, mais aux frontières laponnes, qu'il dépassa à peine de quelques milles.

En quittant ce sombre Torneå, je me retrouvai avec plaisir au milieu de l'active population d'Haparanda ; je parcourus la ville dans le double but de la voir d'abord, de me procurer une voiture ensuite. Comme toutes les villes nouvelles, Haparanda n'a pour habitants que des marchands ; elle est l'entrepôt des provenances du sud, si utiles au nord, et de celles du nord, recherchées par le sud ; elle sert d'intermédiaire entre les Russes, les Suédois, les Lapons et les Finlandais ; elle possède à la fois dans ses magasins des fourrures d'ours, de rennes, de loups, de renards, d'hermines, des peaux de phoques et de morses, des planches, du goudron, du beurre, du poisson salé, surtout du saumon et du blé, de l'eau-de-vie, des pommes de terre, du vin, des cotonnades, des draps, des rubans, même des livres, des bijoux, du café, du tabac, et quelques autres objets comme ceux-ci, de grand luxe dans un tel pays. L'hiver, Haparanda n'est pas moins active que l'été ; la mer est immobile ; son port est fermé et désert ; mais le froid, en gelant les lacs et les fleuves, la neige, en comblant toutes les inégalités du terrain, ont rendu praticables les pays abrupts de l'extrême nord ; alors le Lapon arrive avec ses rennes, le Finlandais avec ses chevaux, tous avec leurs traîneaux légers et rapides, chargés de chair de renne et de gibier qui s'expédient jusqu'à Stockholm dans un parfait état de conservation. Le gibier, dont les forêts finlandaises abondent, consiste principalement en perdrix, en gelinottes et en coqs de bruyère. Le jour où je visitai Haparanda, le froid avait déjà rendu la chasse fructueuse, et je vis une énorme abondance de gibier sur la place du marché ; il me fut très agréable de retrouver la même abondance dans la cuisine de notre hôtesse, et de faire enfin un vrai repas, avec soupe, rôti, confitures, vin, etc., ce dont je m'étais fort tristement déshabituée.

Après ce repas succulent, on nous amena la voiture qui devait nous conduire à Stockholm ; c'était une sorte de *mylord* rustique, posé sur des morceaux de fer biscornus ayant la prétention mal justifiée d'être des ressorts ; l'extérieur était enduit d'un badigeonnage de teinte douteuse ; l'intérieur était du wadmel, cachant des coussins de foin, on nous demanda, je crois, quatre cents francs de ce précieux véhicule ; il fallut se décider à les donner, sous peine d'hiverner à Haparanda. Le marché se conclut, et notre départ le suivit de près. Le premier jour, tout se passa assez bien ; mais le second, en traversant Calix, une roue se brisa, et le temps pris par le charron pour la réparer, je l'emploie, moi, à mettre en ordre toutes ces notes et à vous les envoyer.

Maintenant, cher frère, au revoir en pays civilisé. Je vous écrirai le mois prochain de Stockholm.

LETTRE IX.

La Suède orientale. — La Prusse.

Nous avons mis dix-neuf jours pour faire la route d'Haparanda à Stockholm, quoique nous nous soyons bien peu arrêtés : un jour à Sundswall, deux à Gèfle, un à Fahlun, voilà tout ; et nous avons été bon train avec ces petits chevaux de Suède, si laids et si vigoureux, dont je vous ai parlé. D'Haparanda à Umeå (Uméo), il y a cent trente lieues ; on les fait dans une forêt de sapins ; le premier jour, on trouve cela ennuyeux ; le second, insipide ; le troisième, insupportable. La nature, qui possède l'art souverain de faire les mêmes choses différentes entre elles, semble l'avoir oublié lorsqu'elle fit les sapins ; tous les sapins semblent être le *même* sapin ; à peine, le mètre à la main, trouverait-on quelques pouces de différence entre les hauteurs et les grosseurs des troncs d'arbres. Le sapin, si beau avec sa tige élancée et ses franges d'aiguilles vertes, lorsqu'on le voit au milieu des autres arbres, devient horriblement monotone si on le voit seul pendant vingt lieues ; il est maudissable au bout de cinquante. Parfois, fatiguée de ces grands rideaux vert sombre, fermant la route à droite et à gauche, je descendais de voiture et entrais sous le bois ; alors j'avais sur ma tête une voûte obscure posée sur une forêt de mâts de navires ; le tronc de ces magnifiques arbres est lisse, droit et sans branches à une très grande hauteur ; le sol est couvert d'une couche épaisse d'aiguilles sèches, qui forment comme un plancher glissant ; rien de plus triste qu'une telle forêt : ni fleurs, ni mousses, ni herbes, ni insectes, ni oiseaux. Quand j'apercevais un écureuil roux sautant d'une branche à l'autre, c'était une joie ; un renard s'enfuyant au bruit de mes pas, c'était un événement. L'événement n'était pas rare du reste, et j'aimais à rencontrer ces beaux renards fauves, dont la queue est tantôt semblable à une massue et tantôt pareille à un magnifique panache, suivant que le renard la laisse traîner ou l'agite. Souvent nous en apercevions un assis au bord de la route ; il nous regardait passer avec cet air étonné et confiant d'un renard qui n'a point coutume de voir des chasseurs, et si cependant nous faisions le moindre geste inquiétant pour lui, il sautait légèrement dans l'intérieur de la forêt ou traversait la route par un bond prodigieux. Ces renards-là sont en vérité des écureuils à la plus haute puissance ; ils en ont la grâce, l'agilité, la belle queue, tout enfin, même l'odeur. Hélas ! sans ce dernier détail je n'aurais pas résisté au désir d'en rapporter un jeune en France, car ils s'apprivoisent très bien. Parfois, on rencontre un spectacle étrange, la forêt a été incendiée ; le feu d'un bûcheron ou la pipe d'un berger ont suffi pour dévaster tout un canton. La flamme, trouvant un aliment toujours nouveau dans ces troncs gonflés de résine, s'est répandue comme une mer sur un espace de plusieurs lieues ; les grands arbres réduits en charbon restent encore debout, retenus par leurs racines profondes ; ils étendent autour d'eux leurs branches noires dépouillées et affreuses comme des bras de squelettes échappés de l'enfer ; d'autres, rongés d'un côté par la flamme, ont encore des branches vivantes qui prospèrent et verdissent sur un tronc à moitié calciné ; le sol est jonché de branches charbonnées et de débris, au milieu desquels une nouvelle végétation s'élève pleine de sève et de force, nourrie par l'excitant engrais des cendres refroidies. Le vert éclatant des jeunes arbres, poussant dans ces brasiers éteints, offre au regard le contraste le plus singulier. Comment de si formidables incendies peuvent-ils s'éteindre ? Question que je n'ai pu résoudre. Une négligence, un hasard les allume, et ils s'éteignent d'eux-mêmes quand ils ont encore des aliments autour d'eux ! On voit des arbres servant de limite au foyer incandescent : leurs branches roussies et desséchées sont mortes sans avoir été atteintes par la flamme. Qui a circonscrit le torrent dévastateur, qui a dit à ce feu : « Tu n'iras pas plus loin ! » Sans doute, celui qui le dit à l'Océan.

À cette extrémité de la Suède, le pays est triste et désert ; quelques arpents de terrain semé d'orge ou de seigle interrompent seulement la monotonie de l'éternelle forêt de sapins ; les routes sont étroites, mais bonnes. La première ville que l'on traverse en allant de Torneå vers le sud est Calix, d'où je vous écrivis. Calix doit à la rareté des habitations dans la Suède septentrionale d'être classé parmi les villes ; partout ailleurs, ce serait un simple bourg. La ville donc, puisque ville il y a, est une seule longue rue, non pavée, bordée de maisons basses peintes en rouge ; cette rue est à mi-côte d'une colline au bas de laquelle coule le Calix, une belle et large rivière dont la ville a pris le nom. Sa civilisation n'a pas encore permis de construire un pont sur cette rivière : on la traverse dans un bac.

Après Calix, la route continue de suivre la côte à une distance plus ou moins grande, et on arrive à Luleä (Luléo), aussi à l'embouchure d'une rivière. Luleä est à la fois plus grand et plus laid que Calix : il a en plus quelques maisons, et en moins la situation perchée, toujours très pittoresque. Après Luleä, on traverse Piteå, aussi sur une belle rivière, et on atteint enfin Umeå. Umeå est une ville de quinze cents âmes ; elle possède trois ou quatre rues bien alignées, une vaste église, une grande place, et une quantité raisonnable de maisons basses à petites fenêtres. J'y trouvai pourtant le premier symptôme de luxe sous la forme de meubles en acajou, dont était ornée ma chambre à l'auberge.

Depuis Haparanda, nous voyagions à peu près comme nous l'avions déjà fait durant notre longue route sur la côte occidentale de la Suède, avec un *förbud* (courrier), pour éviter les retards, et nous arrêtant quelques heures chaque nuit chez les paysans. Contrairement à ce qui nous arrivait au début de notre voyage, nous rencontrions chaque jour un meilleur gîte chez les paysans aisés. La propreté habituelle connaît certaines recherches qui la font monter jusqu'à l'élégance : le plancher, soigneusement blanchi, est couvert de menues branches de sapin répandant dans la chambre une odeur doucement résineuse ; les draps, de belle toile, sentent la bonne lessive et attirent agréablement les gens fatigués ; ajoutez à cela les repas de bon gibier et de laitage, dont on ne manque pas dans ces hospitalières maisons, et vous comprendrez combien je les trouvais confortables, en revenant de mes pénibles expéditions du Spitzberg et de la Laponie. Il est probable même qu'ils ont beaucoup gagné à être comparés à mes récentes misères ; mais, pour ce motif ou pour tout autre, je leur garde un souvenir favorable. L'aisance, chez ces bons paysans suédois, conserve dans ses formes un certain air rustique et original, qui a sa saveur propre pour l'observateur. Ils ne font pas, comme les bourgeois des villes, venir à grands frais des meubles de pacotille, des papiers et des étoffes de mauvais goût, pour orner leurs demeures ; non, leur luxe sort de leurs mains : il est le fruit de leur persévérance et de leur invention. Ordinairement les lits, les tables, les buffets, les chaises, sont recouverts d'une peinture rouge et bleue, émaillée d'étoiles, de soleils ou de fleurs ; sur le haut des meubles, courent, en guise de frise, des cordons d'oiseaux impossibles, ayant seulement un bec et des ailes. Ce genre d'ornementation manque de grâce et nom de gaieté ; il s'allie parfaitement avec les grandes couvertures à raies bariolées, avec les plats de verre où se met le lait caillé, avec la vaisselle d'étain ou de terre brune, avec les grands vidercomes d'argent, avec les murailles revêtues de la teinte claire du bois de sapin.

Entre Umeå et Sundswall, l'aspect du pays se modifie ; il s'embellit de quelques mouvements de terrain, les forêts s'éclaircissent, les arbres prennent de la variété, les champs et les prairies viennent réjouir la vue du voyageur, la fumée des fermes s'aperçoit plus souvent, on commence à rencontrer des troupeaux de petites vaches, et de ces bons chevaux suédois qui, quoique nourris d'herbes vertes, sont plus courageux et plus forts que la plupart de nos chevaux gâtés. Dans toutes les villes, nous trouvions une auberge, et il nous est arrivé de ne pas y être traités comme chez certains paysans. Peut-être notre extérieur prévenait-il peu en notre faveur ; le fait est qu'étant réduits à aller jusqu'à Gèfle (prononcez Yèvle) avec notre défroque de Laponie, nous avions fort triste mine. Pour ma part, j'étais arrivée à un dénuement voisin de la misère : quelle singulière figure devais-je avoir avec mes cheveux courts, et ma casquette surmontant une robe recouverte par un paletot de caoutchouc ! Cet étrange assemblage devait me donner une physionomie de bohémienne et de mendiante ; heureusement, j'arrivais en voiture ; sans cela, on m'eût peut-être refusé un lit dans les fermes.

À Sundswall, je trouvai aux rues et aux habitations un air de grande ville dont je fus intimidée, et je n'osai pas braver les regards dans mon accoutrement habituel. Voulant cependant voir la ville, je me composai un costume comme je pus ; je revêtis mon unique robe, une robe de velours, belle, épaisse et soyeuse autrefois, mais alors brodée des reprises que je lui faisais chaque soir. Je n'avais pas de chapeau, et, pour comble d'infortune, après avoir fouillé tous les coins du sac de nuit qui me servait de malle depuis Kaafiord, je me trouvai trois gants de la même main. Il fallait s'ingénier : je me coiffai d'un vieux voile de dentelle noire ; je cachai ma main nue sous un grand châle moins maltraité que le reste de ma garde-robe par les nombreux bains de la Laponie, et m'armant de hardiesse, je sortis. Malgré mes efforts pour ne pas paraître trop extraordinaire, on me regardait beaucoup ; je donnai ordre à mon domestique de colorer *d'espagnolisme,* aux yeux des habitants, la singularité de mon costume : ceci était afin d'expliquer la mantille. Le remède fut pire que le mal ; ces bons Suédois connaissaient la France, quelques-uns y avaient été, mais aucun ne connaissait l'Espagne. Une Espagnole ! quelle rareté !

Le bruit se répand, et chacun d'accourir. « Oh ! elle est blonde ! Mais elle est bien grande ! Les livres ne les dépeignent pas ainsi ! » Et puis c'étaient des yeux immenses, et des questions à n'en plus finir. J'eus à peine le temps de me réfugier à bord du bateau à vapeur, récemment arrivé, pour n'être pas trop victime de mon mensonge. Le capitaine présidait à un débarquement général ; il nous reçut néanmoins à merveille. Quand mes curieux se furent un peu dissipés, car j'étais suivie, je montai sur le pont, et là j'eus une joie : je vis de grands paniers de pommes, de sincères et véritables pommes, bien rouges et bien jaunes, comme en Normandie ; cela sentait et le sud et la France ; les larmes m'en vinrent aux yeux ; il y avait si longtemps que je n'avais rien vu de chez nous ! Ces pommes n'avaient pas mûri à Sundswall, comme bien vous pensez ; le bateau à vapeur venait de les apporter, et elles étaient fêtées comme le sont à Paris les oranges. Le capitaine du bateau, voyant mes regards de convoitise pour ses pommes, m'en offrit deux ; je les mangeai avec délices. En France, je n'aime pas les pommes ; mais en Suède, en revenant du pôle arctique, c'était bien différent.

Je rentrai à l'hôtel sans trop de gêne, à cause d'une pluie, protectrice des Espagnoles, qui vint à tomber. Si mal que j'aie vu Sundswall, je vais vous le décrire. La ville, construite aux bords de la mer, entre deux rivières, est extrêmement humide ; il y pleut, m'a-t-on dit, tout le temps où il ne gèle pas : elle a, vous le voyez, un fort vilain climat. À cause de ce climat, peut-être, on n'y voit pas une seule promenade ; les habitants pensent que, dans un tel pays, le mieux est de ne pas sortir de chez soi. Leurs habitations, hautes et mal bâties, placées dans des rues étroites, presque toujours comblées de boue noire, sont affreuses au dehors, assez confortables à l'intérieur. Sundswall a de fréquentes communications avec Stockholm et Abo en Russie. Sundswall est situé en face d'Abo, sur la rive ouest du golfe de Bothnie ; le bateau arrive tout l'été chargé de denrées de toutes natures, d'étoffes, de meubles, etc.

Sundswall est une ville de bois, c'est tout dire ; il n'y a rien à chercher là, ni pour l'artiste ni pour l'antiquaire : le promeneur y trouve un pavé de cailloutis, détestable pour les pieds et pour les voitures, et il n'y a rien autre à regarder qu'une grande église et un hôtel de ville, construits en bois comme la ville. Ces constructions de bois sont sans doute commodes et appropriées au climat, mais en vérité elles sont bien laides à voir, surtout dans les villes ; une chaumière, un moulin de bois peuvent être jolis : une église de bois peint a toujours un faux air de joujou infiniment déplaisant. Au coin d'une rue étroite, dans une sorte d'échoppe basse et sombre, s'ouvrant comme une caverne sous une vieille maison, j'aperçus, derrière des vitres troubles, quelques volumes fraîchement brochés ; cela me ravit : je voyais un libraire ! J'ai donc rencontré à Sundswall des fruits, une douceur de la vie matérielle ; et des livres, une jouissance de la vie intellectuelle. Ces quelques lieues faites chaque jour, depuis deux mois, m'avaient enfin assez rapprochée des pays heureux pour que je pusse sentir, dans cette petite ville de Suède, les lointains rayons de ces deux astres qu'on appelle le soleil et la pensée.

Non loin de Sundswall, on entre dans la province de Gestrikland, une des plus belles de la Suède ; le sol apparaît alors plein de fertilité, le feuillage touffu des chênes se mêle heureusement aux pyramides sombres des sapins ; ce sont les chênes les plus septentrionaux de la Suède : ce bel arbre ne pousse plus au-delà du 63° degré de latitude nord. Gèfle, capitale de la province, est une ville plus riante que Sundswall ; elle est aussi un point important et prospère de la Suède ; elle était pour moi le point important où je devais trouver mes caisses. Dès mon arrivée à l'hôtel, je m'empressai de faire déballer au plus vite une toilette complète, afin de quitter mon costume hybride et affreux. Ici, je dois le confesser dans toute la faiblesse de ma nature féminine, j'éprouvai un très grand plaisir à mettre une jolie robe fraîche, à grands volants, et un chapeau de crêpe bien léger, bien couvert de fleurs, plein de cette grâce dont nos modistes parisiennes ont le monopole. Ainsi transformée, j'allai dîner chez le consul, où je reçus l'accueil le plus empressé de la part de plusieurs aimables femmes que j'y rencontrai. Elles me firent faire force descriptions sur ces étranges régions arctiques et sur la Laponie, très peu connue des Suédois eux-mêmes. Si je n'eusse été si pressée par la crainte de la saison froide, j'eusse volontiers prolongé mon séjour dans cette hospitalière petite ville de Gèfle ; mais mon désir de visiter les mines de Fahlun nécessitant un détour assez long, je dus me résoudre à résister aux très pressantes instances qui cherchaient à me retenir. Le lendemain, de grand matin, je m'asseyais de nouveau dans mon mauvais berlingot. À une vingtaine de lieues autour de Gèfle, le paysage est charmant, à la fois fertile et pittoresque ; les champs cultivés sont coupés de beaux grands bois ; les collines entourent des lacs au bord desquels sont posées des habitations de paysans, où respire la paix et l'aisance. En approchant de Fahlun, le sol s'appauvrit, on gravit des côtes pelées, on traverse des landes arides ; enfin, du haut d'un plateau pierreux, semé de quelques bouquets de sapins, on aperçoit la ville au fond d'une vallée profonde. Des maisons basses, enfumées, sont dominées par l'église et quelques autres édifices, dont les toits, d'un beau vert clair et pur, sont les seules taches de couleur gaie que l'on voie ; cette belle nuance verte est due à l'oxydation égale et parfaite des planches de cuivre qui forment les toitures. La ville est affreuse, noire, couverte d'un ciel de fumée ; dans ses rues étroites s'agite une population hâve, chétive, misérable, étiolée par une atmosphère à exhalaisons malsaines.

Quand j'arrivai, il tombait une pluie torrentielle ; le pavé, formé de cailloux pointus, était couvert d'une boue semblable à de l'encre épaisse : on était sali et blessé à chaque pas. Malgré cela et les cascades qui tombaient de tous les toits dépourvus de gouttières, je voulus aller visiter les mines.

Les mines de cuivre de Fahlun sont les plus anciennes de toutes celles de Suède ; le directeur nous parla du XIIIe siècle. Pendant un long espace de temps elles donnaient un minerai d'une richesse magnifique ; aujourd'hui elles sont à peu près épuisées, et c'est à grand-peine qu'on obtient quatre pour cent des matières extraites du fond de leurs abîmes au prix de tant de peines et de dangers. La longue exploitation dont elles ont été l'objet a bouleversé le sol sur un large espace. On arrive à l'entrée des mines par une route taillée en spirale sur le flanc d'une colline élevée. Les excavations nécessaires et les éboulements successifs qui ont eu lieu à différentes époques ont creusé à l'entrée de la mine un gouffre d'où l'on aperçoit à peine le fond, et où l'œil plonge avec effroi à travers des fragments de rochers et d'énormes tas de pierres ; le minerai monte, du fond de ce gouffre au niveau du sol, dans de grands paniers attachés à des cordes et hissés par des poulies. Il y a quelques années, minerai, mineurs et visiteurs prenaient le même chemin ; maintenant on descend d'une manière moins effrayante dans les entrailles de la montagne.

Avant de commencer ce voyage dans le noir, le directeur des mines, un homme poli et obligeant, nous fit revêtir une grande robe de laine à pèlerine, un chapeau de feutre à larges ailes et des bottes fortes ; ainsi accoutré, on a plutôt l'aspect d'hérétiques recouverts du san-benito et marchant au supplice aimé de l'inquisition, que de gens du monde curieux : mais on est sûr de préserver ses vêtements des brûlures des acides qui suintent sans cesse le long des parois humides. Cinq mineurs mal vêtus, à la physionomie souffrante, pâles sous la poussière noire qui les couvrait, nous furent donnés pour guides ; l'un d'eux portait une énorme brassée de bûchettes de sapin : c'était notre provision de lumière. Ces bûchettes, réunies dans un anneau de cuivre, se tiennent commodément allumées à la main et répandent une clarté au moins égale à celle d'une torche. Nous prîmes chacun notre torche et, entourés de nos cinq hommes, nous commençâmes à descendre. L'escalier des mines est taillé dans le sein même de la colline ; il n'est recouvert d'aucun revêtement ; le plus souvent de simples traverses de bois retiennent la terre et forment les marches. À gauche on a le flanc de la montagne, à droite une légère barrière derrière laquelle on devine des gouffres. Par moments on descend entre deux murailles rapprochées ; mais cela dure peu, et bientôt après on côtoie de nouveau les précipices. Quand l'œil s'est habitué à la faible clarté des torches, on distingue au-dessous de soi les mares d'eau noire et huileuse formées du continuel suintement des voûtes ; cet escalier inégal et humide est parfois remplacé par des sentiers en pente, rapides, glissants et dangereux. Si on rencontre une galerie exploitée et épuisée, sentier et escalier s'interrompent, et on les retrouve au bout de la rue parcourue. Les galeries sont hautes, voûtées, soutenues de loin en loin par de larges contreforts en bâtisse et des poutres entrecroisées ; ces précautions contre les éboulements rassurent imparfaitement, si l'on vient à songer à l'énorme masse de terre qui pèse sur ces voûtes ; on rencontre ainsi un nombre incalculable de paliers et d'articulations. Les mines de Fahlun sont bien différentes de celles de Kaafiord, et me présentaient pour ce motif un autre genre d'intérêt : à Kaafiord, l'exploitation est récente, les galeries sont à peine percées, et regorgent de minerai ; à Fahlun, c'est une mine épuisée, où l'homme a multiplié ses efforts pour obtenir un rendement devenu chaque Jour plus faible. Dans leur état actuel, les mines de Fahlun présentent, si je puis m'exprimer ainsi, le plus magnifique monument par extraction que la main de l'homme ait jamais pu produire. Figurez-vous un labyrinthe inextricable, immense, de rues obscures qui se croisent, montent, descendent, se rapprochent, s'éloignent, se rencontrent et se fuient ; figurez-vous de temps en temps des carrefours qui sont comme les nœuds de ces routes souterraines et parfois tracent au milieu des ténèbres une espèce d'étoile dont chaque rayon est une galerie perdue profondément dans les terres ; figurez-vous enfin une sorte d'écheveau sombre et effrayant de rues, de corridors, de ponts, de sentiers, d'escaliers et de rampes, dans lequel, même bien accompagné, on frissonne à chaque instant, dans la crainte de ne pas s'y retrouver. À mesure que l'on descend, l'air se raréfie ; à cent cinquante ou deux cents pieds sous terre, on est fort incommodé par une vapeur épaisse d'exhalaisons sulfureuses ; dans les rares moments où l'on peut distinguer les objets, les parois des galeries brillent par places comme des murailles féeriques ; les filons de cuivre mêlés de fer, d'argent, d'or, de cobalt, de pyrite, d'arsenic (qui dans le commerce de bijoux prend le nom de marcassite), ont donné au minerai des teintes violacées, irisées, bronzées, chatoyantes, du plus superbe effet ; de temps en temps, un morceau de grenat ou de cristal de roche étincelle sous un rayon de lumière.

Vers le milieu de la mine, on a creusé un puits d'une immense profondeur et d'un diamètre de dix à douze pieds ; il reçoit les eaux des galeries de tous les étages, qui viennent y aboutir à cet effet ; il ressemble ainsi au tronc d'un arbre immense, dont ces salles, ces galeries et ces rues seraient les rameaux. Des fenêtres en voûtes s'ouvrent sur ce puits à tous les étages, et permettent aux mineurs d'y venir puiser, s'ils ont besoin d'eau, sans faire un trajet fatigant. Lorsque nous fûmes à une des fenêtres de l'étage inférieur, deux mineurs, placés à l'orifice du puits, y jetèrent d'énormes brassées de sapin enflammé ; les bûchettes, en s'éparpillant, lançaient de vives clartés, et, à mesure qu'elles passaient devant les grandes fenêtres, elles éclairaient les profondeurs mystérieuses des galeries. On avait alors, pendant quelques secondes, un coup d'œil fantastique et admirable ; le tourbillon de feu descendait en pétillant, faisant briller chaque goutte d'eau des murailles comme un diamant, et remplissant de lueurs éclatantes toutes ces sombres voûtes qui s'entrecroisaient ; puis il allait s'éteindre avec bruit dans l'eau plate et noire, et, lorsque la dernière flamme était éteinte, le silence des souterrains me semblait plus profond et ses ténèbres plus épaisses. Nous descendîmes à plus de trois cents pieds sous terre ; là, la route prend un autre aspect, celui d'une poutre traversée de branches de fer comme un perchoir de perroquet, et elle disparaît, sous cette forme, dans les entrailles de la mine. Je m'arrêtai là, pensant en avoir assez vu, et après m'être reposée un moment sur un bloc de pierre, j'entrepris de remonter au jour. Cette dernière partie de mon expédition ne fut pas la plus facile, et je souffris beaucoup de la boue glissante, de la vapeur empestée et des gouttes glacées ; en faisant cette ascension, ma fatigue s'augmentait, n'étant plus soutenue par ma curiosité. Je mis près de deux heures à venir retrouver l'air pur. J'arrivai enfin, je revis le ciel, la nature, les arbres, la lumière et la sauvage vallée de Fahlun, sa ville triste, laide, enfumée ; tout cela me parut un paradis, comparé à ce dédale de ténèbres d'où je sortais.

En jetant un dernier regard à ces gouffres malsains et horribles des mines, je me demandais avec stupeur comment il était possible qu'il y eût des mineurs. Oui il y en a, et des milliers ; des milliers d'existences s'écoulent dans ces enfers humides. Si l'on nous disait : en Chine, des multitudes d'hommes passent leur vie entière dans les profondeurs de la terre, au milieu d'une obscurité complète et de vapeurs suffocantes ; ils sont soumis à un travail dangereux et fatigant qui abrège leur existence ; ils le savent ! Voudrions-nous croire un pareil récit ? Et cela se fait sous nos yeux, en pleine Europe, en France même, et des populations entières languissent, souffrent et meurent sous ce travail accablant et, hélas ! nécessaire, jusqu'à ce que les machines, ces bienfaitrices de l'ouvrier, aient remplacé les mineurs. Oh ! martyrs de la pauvreté, que de noms à ajouter à vos annales !...

J'ai fait la route de Fahlun à Stockholm dans un nuage chargé d'eau ; j'ai en vain cherché à voir le paysage ; de temps en temps mon voile gris se déchirait et j'apercevais, entre deux averses, le jour une perspective de champs bien cultivés, ou le soir quelque feu placé à l'avant d'une barque de pêcheur, afin d'attirer les truites des lacs, qui venaient se faire prendre avec un petit trident fait pour cela.

Enfin, un matin j'entrai dans Stockholm, et dès le premier moment je fus charmée de son aspect ; je retrouvais enfin une belle grande ville, animée et élégante ; j'entrevoyais, en passant rapidement, de riches magasins, des églises, des palais, des statues, et je saluais joyeusement ces indices de la civilisation complète au milieu de laquelle j'allais me retrouver. Le lendemain, je fus bien autrement enchantée par ma première sortie : du sommet d'une haute colline nommée Mosebakkan, on a le panorama entier de la ville ; on voit Stockholm à vol d'oiseau, à peu près comme on découvre Paris du haut des buttes Montmartre ; de ce lieu, je dois le dire, la comparaison est toute à l'avantage de la capitale de la Suède. Stockholm possède toutes les beautés naturelles ; sa situation est sans doute unique dans le monde ; placée juste à l'endroit où le Melar se verse dans la Baltique, elle réunit les éléments les plus divers du pittoresque : un lac, la mer, des îles, des canaux, des touffes de verdure agréablement disséminées, puis, entourant tout cela, un horizon sans limites, où l'œil ne rencontre que les plaines agitées de la mer ou les sommets ondoyants des forêts. Les clochers des églises, les mâts des navires, la fumée du toit des maisons, ajoutent à ce splendide paysage le mouvement et la vie, et complètent sa grandiose harmonie. Stockholm, embrassée ainsi d'un regard, apparaît bien réellement comme la cité reine du nord ; elle serait la rivale de Constantinople, si elle avait le soleil. À l'intérieur, Stockholm peut se diviser en ville neuve et ville vieille. Le centre de la ville est, comme à Paris la Cité, bâti irrégulièrement en rues étroites ; les maisons y sont vieilles, mais la plupart manquent de ce caractère et de ce style auquel se prêtent les maisons de pierres et non les maisons de bois et de briques. Les faubourgs renferment les quartiers élégants et aristocratiques ; les rues y sont larges, propres, bordées d'habitations modernes, habitées par les gens riches, les étrangers et les nobles. Peu d'édifices attirent l'attention ; un seul, l'église de Riddardholm, ancienne sépulture des rois de Suède, est une belle et massive construction du XIVe siècle ; on la laisse dans un grand abandon, et le voyageur peut à peine lire, sous la poussière des siècles, les noms illustres inscrits sur ses dalles sépulcrales. Les places de la ville réparent en partie l'oubli qu'on constate à Riddardholm : j'ai vu la statue de bronze de Gustave-

Adolphe et celle de Charles XIII ; j'ai vainement cherché celle de Charles XII.

Le palais des rois de Suède, comme la ville elle-même, tire sa principale beauté de sa position : il est entre la mer et le lac ; il a la forme carrée ; une de ses façades domine un beau pont de pierre jeté sur le Melar. Ce pont, dont l'arche du milieu repose sur une petite île transformée en un charmant jardin, est d'un aspect ravissant. L'architecture du palais rappelle la cour du Louvre, modifiée par le goût lourd, sobre et froid du XVIIIe siècle ; les proportions de son ensemble peuvent seules être louées sans réserve ; la façade du côté de la mer, précédée d'un jardin, ornée d'un large balcon de pierre, est d'un bel effet, surtout vue de loin.

Le roi et la famille royale occupent une partie de ce vaste édifice ; les musées de peinture, de sculpture et d'antiquités, la bibliothèque royale, prennent le reste. Les appartements sont de ce style Empire qui trouve moyen de faire des choses disgracieuses, mesquines et pauvres avec de l'or, du marbre, des sculptures, des bois précieux et des soieries, parce qu'il répand l'or sur des cous de cygnes, sur des griffons, sur des flèches, sur des pommes de pin et sur des étoiles ; parce qu'il taille le marbre en vases dits Médicis ou en bustes drapés comme le faux romain du Directoire ; parce qu'il constelle les magnifiques étoffes de Lyon de rosaces insipides encadrées de hideuses palmettes. Tout cela, du reste, fait beaucoup plus penser au maréchal Bernadotte qu'au roi Charles-Jean.

Les musées de peinture et de sculpture contiennent un petit nombre d'œuvres assez choisies ; celui des antiquités scandinaves est aussi curieux, mais moins riche que le musée de Copenhague. Le musée qui m'a le plus intéressée n'est pas dans le palais : c'est un musée d'un genre inconnu chez nous, un musée de souvenirs, si je puis ainsi m'exprimer ; il offre la collection des vêtements historiques des souverains de la Suède, particulièrement de ceux qu'ils portaient le jour de leur couronnement et le jour de leur mort.

Cela présente un intérêt profond ; un semblable musée serait bien précieux chez nous. Quel prix aurait à nos yeux la toque qui couvrait le front de François Ier devant Charles-Quint, le pourpoint percé par Ravaillac, ou le manteau de Louis XIV le jour de son sacre, ou seulement la redingote de Napoléon à Sainte-Hélène[22] !... Depuis longues années les Suédois mettent à exécution cette pensée nationale et réunissent dans des armoires fermées par de grandes glaces tous ces vêtements, dont quelques-uns sont des reliques historiques. J'ai vu la chemise de Gustave-Adolphe à Lutzen ; le corps est déchiré, les manchettes sont en lambeaux, et partout le sang du héros de la guerre de Trente Ans forme de larges taches devenues brunes par le temps. Près de là est le costume entier de Charles XII le jour de sa mort ; je remarquai surtout son large chapeau de feutre tout bossué ; sur le devant, on voit le trou rond de la balle qui perça cette cervelle si fière, si héroïque et si folle à la fois. Charles XII a été atteint en brave, au milieu du front ; son dernier regard à Frédéricshall fut, comme toujours, tourné vers l'ennemi. Près des dépouilles de ces soldats illustres, on voit une grande robe de soie de couleur foncée, qui a une déchirure près du cœur : c'est le domino de Gustave III. La déchirure a été faite par le poignard de l'assassin Enkastrom. Ainsi de suite. L'histoire elle-même passe sous vos yeux sous une forme vive et saisissante, qui éveille en foule les souvenirs et s'empare des émotions. Ces vêtements font l'effet de spectres ; on regarde si un front pâle n'apparaît pas sous les chapeaux rabattus, si une main glacée ne soulève pas les plis roides des manteaux ! Les diadèmes, les colliers, les longues robes brodées d'or des reines laissent une impression plus mélancolique. Quelle femme ont-elles parée ? À peine sait-on quelques noms ; toutes ces pompes ne rappellent rien. Pauvres femmes ! elles ont eu pourtant la jeunesse, la beauté, la royauté,

---

[22] Un musée analogue a été récemment formé au Louvre ; il n'existait pas lors de mon séjour en Suède.

triple couronne ; et on les ignore ? Oui. Elles n'avaient que ce qui passe !

Deux noms surnagent sur tout cet oubli : la grande Marguerite et la grande Christine ; le grand guerrier, le grand politique. Ô femmes ! aimez et soyez heureuses dans la vie, ou souffrez, travaillez et faites-vous grandes pour la mort.

Dans la dernière armoire, à moitié occupée, on voit resplendir la robe lamée et le manteau de velours semé d'étoiles portés le jour de son couronnement par Mlle Clary, reine de Suède, femme du roi Charles-Jean.

Les autres vitrines sont tout à fait vides. Qui dirait, à voir une de ces belles armoires vernie, dorée, avec ses glaces et ses moulures, qu'elle est sœur jumelle d'un cercueil ? L'une et l'autre s'emplissent le même jour !

Après avoir parcouru la ville, on va visiter le parc de Diurgard, le Neuilly du roi de Suède, placé aussi aux portes de Stockholm ; le roi y passe une partie de la belle saison. Par une coutume qui a quelque chose de patriarcal, le jardin du roi est aussi la promenade du peuple ; point de grilles fermées, de guérites, de sentinelles, de gardes rangés en haie ; si le roi sort, il apparaît comme un promeneur mêlé aux autres promeneurs, devant lequel chacun s'incline avec respect. Le chef de l'État marche sans crainte au milieu de son peuple : une telle confiance honore à la fois un roi et une nation.

Le parc de Diurgard est magnifique ; j'y ai vu des chênes qui m'ont rappelé les chênes de Fontainebleau, des gazons dignes de Saint-James' Park, des parterres comme aux Tuileries ; devant l'habitation royale on a placé une vasque de porphyre rouge d'un seul morceau, qui a neuf pieds de diamètre et pèse neuf mille kilogrammes ; elle fut tirée des carrières du sud de la Suède, et on employa deux cents hommes à la transporter. Cette superbe vasque ne serait déplacée devant aucun palais, et elle fait peut-être paraître un peu mesquine la façade bourgeoise de la maison de campagne du roi de Suède.

Si Stockholm possède peu d'églises et de monuments intéressants pour le voyageur, en revanche elle a un grand nombre de salons, dont la plupart s'ouvrirent devant moi avec l'empressement le plus flatteur. Je me trouvai là comme chez moi, tout le monde parlant français ; des manières nobles et affables, un esprit de conversation vif et varié, des femmes jolies et élégantes, une France enfin à cinq cents lieues de la France : plusieurs de nos villes de province sont assurément plus loin de Paris que certains quartiers de Stockholm. J'aurais bien volontiers passé deux mois au milieu de toute cette bonne compagnie ; mais malheureusement l'hiver n'attend personne : il fallait partir ou rester jusqu'au mois de mai, à cause des glaces de la Baltique. Je partis donc, au bout d'une semaine, malgré de vives instances, malgré les attrayants récits des plaisirs que l'hiver amène dans la capitale du nord : courses en traîneaux, chasses aux flambeaux, bals éblouissants. Je partis, non sans regrets, et emportant de cette charmante société suédoise le souvenir le plus sympathique.

C'était vraiment grand dommage de courir si vite en quittant Stockholm ; car je devais, pour gagner le port d'Ystad, traverser les plus belles provinces de Suède : la fertile et héroïque Dalécarlie, la Sudermanie aux beaux lacs, la Scanie aux côtes heureuses. Nous ne nous arrêtâmes même pas pour dormir ; de temps en temps j'apercevais sur le pas d'un gaard rustique quelques-uns de ces blonds Dalécarliens qui, avec leurs grands chapeaux, leurs longs cheveux, leurs bas rouges, leurs souliers carrés à hauts talons, leurs braies larges, ont l'air de gentilshommes de la cour de Louis XIII devenus paysans sans avoir cessé d'être élégants.

La Suède méridionale offre d'admirables paysages. J'avais sans cesse sous les yeux un panorama dont les beautés variaient à chaque instant : les grandes forêts versaient leurs ombres sur d'agrestes vallées ; l'émeraude des lacs s'enchâssait dans les tons chauds des plaines couvertes de chaume ; quelque belle rivière allait rejoindre la mer entre deux rives de prairies, ou bien nous traversions Nykoping, Norkoping, villes grandes et gaies où les physionomies ont comme un reflet de la riante nature qui les entoure. Linkopig, commerçante et bien bâtie, est encore mieux située que les deux autres, étant placée sur le trajet que fait l'écoulement du lac Weter pour gagner la Baltique.

Une nuit, près de cette dernière ville, nous eûmes un spectacle merveilleux ; le ciel s'enflamma et une aurore boréale rouge vint y promener ses lueurs mouvantes. Au début, nous n'avions vu que de longues spirales d'un rose pâle tourmentées et tordues comme des joncs entrelacés ; puis le rose devint pourpre et les joncs devinrent les cordes d'une harpe gigantesque dont une main mystérieuse semblait remuer les cordes silencieuses ; enfin les contours se déplacèrent, le mouvement se ralentit, et il ne resta à l'horizon qu'une sorte de roue immense et rouge qui disparut lentement derrière les collines en les colorant de lueurs, comme l'aurait fait un incendie lointain.

Cette aurore boréale, remarquez-le, était rouge, différant en cela de toutes celles que j'avais observées dans les contrées de l'extrême nord, où elles nous apparurent toujours d'un jaune pâle un peu verdâtre couleur de soufre.

Bien nous en avait pris de nous tant hâter ; nous entrions à Ystad au moment où le bateau à vapeur chauffait sa machine, et ce bateau était le dernier qui dût faire le trajet cette année. À partir des premières glaces, les correspondances par mer sont interrompues, et Stockholm reçoit ses lettres par le Danemark. Ystad est un petit port à la pointe sud de cette immense presqu'île, qui comprend la Suède et la Norvège ; il est éloigné d'Helsingborg, où je posai pour la première fois le pied sur la grande terre du nord, de quelques milles ; j'ai donc fait bien complètement mon tour de Suède, puisque, ayant monté les côtes à l'ouest, je les ai descendues à l'est, et sous ce rapport je prétends en remontrer aux Suédois eux-mêmes, plus curieux, s'ils voyagent, de venir voir Londres ou Paris que d'explorer leurs huit cents lieues de côtes.

Tandis que l'alerte hôtesse d'Ystad mettait rapidement à la broche son meilleur poulet à notre intention, je regardai par la fenêtre de l'auberge et crus avoir sous les yeux une décoration d'opéra-comique. Une foule élégante, bariolée et pimpante, bourdonnait joyeusement sur une place entourée de maisons proprettes enjolivées de peintures. Des paniers, des chevaux, des baraques de toile et de bois encombraient le terrain ; c'était jour de foire ; et de plus fête au pays. Il fallait voir les belles robes, les colliers d'argent, les fines toiles à jour, les broderies de laine et tous les coquets ajustements qui s'étalaient là ! Ah ! cette fois les armoires, si discrètes pour moi, s'étaient enfin ouvertes, et avant de quitter ce beau pays dont j'avais si bien vu les paysages, je pouvais jeter un coup d'œil sur ses costumes pittoresques. Les femmes d'Ystad portent la longue robe de laine brune ou bleue, sur laquelle tranche un tablier de couleur très vive ; le corsage de la robe est orné de plusieurs rangs de chaînes d'argent et de plaques d'argent incrustées de verroteries qui font un effet riche et joyeux ; leur coiffure est délicieuse : c'est une sorte de béret en étoffe de laine rouge vif, monté en éventail, posé sur le côté de la tête ; cela ajoute un piquant particulier à ces placides et roses visages suédois, et relève un peu la fadeur des cheveux d'or et des yeux où semble se refléter l'azur pâle du ciel du nord. Je suis descendue et me suis mêlée un moment à cette multitude animée, gaie comme une foule méridionale ; j'ai acheté à une belle baraque, qui brillait comme un maître-autel espagnol, une parure de Scanienne bien complète ; j'ai eu pour cinquante-quatre francs une croix grande comme ma main, un collier à six chaînes et une douzaine de grands boutons de corsage, le tout en filigrane d'argent orné de pierres fausses et fabriqué dans un goût naïf et original, qui fera un très bon effet dans un bal costumé.

Il fallut partir ; le paquebot était prêt ; la vapeur grondait dans sa prison comme un monstre captif impatient de dévorer l'espace ; je m'embarquai, et en peu d'heures cette belle, poétique et hospitalière terre de Suède disparut à mes yeux. Cette courte traversée d'Ystad à Greiswald fut affreuse : la mer, tourmentée par le vent, nous secouait sur des vagues courtes et brusques, contre lesquelles la machine luttait en vain ; je ne puis vous dire à quel point le mal de mer m'accabla pendant seize heures, moi si bien aguerrie et qui avais si victorieusement résisté aux terribles caprices de l'océan Glacial. Peut-être étais-je à bout de forces ; le fait est que j'arrivai à Greiswald incapable de me tenir sur mes jambes, et je dus y garder le lit quarante-huit heures.

Greiswald est un petit port du Mecklembourg dont le commerce ne doit pas être fort actif, si j'en juge par son aspect paisible ; le plus beau de la ville est un magnifique jardin qui lui sert de promenade ; le reste se compose de rues régulières bordées de maisons blanches à contrevents verts, dont la physionomie prude, grave, roide et, comme on dit, tirée à quatre épingles, annonce le voisinage de la Prusse.

Un voiturier, possesseur d'une immense et détestable calèche, nous conduisit à petites journées de Greiswald à Berlin ; cette façon de voyager est, par un mauvais temps, le triomphe de l'ennui, surtout si on traverse un pays tel que ce côté de la Prusse. Figurez-vous la Beauce avec ses champs roux à perte de vue et ses longues lignes d'arbres bordant le pavé des routes ; de temps en temps cependant on trouve un village : alors c'est charmant. En Prusse, les chaumières ont toute la grâce, toutes les lignes rompues et harmonieuses qui manquent aux maisons ; les plus pauvres sont les plus jolies ; elles sont en torchis, soutenues par des pans de bois qui forment des zigzags capricieux sur toutes les murailles ; leurs grands toits de chaume sont plus hauts qu'elles-mêmes et les encapuchonnent de façon pittoresque. Entrez-y et, grâce à quelque monnaie, vous y trouverez toujours d'excellents laitages, du gros bon pain et un accueil cordial de la part de quelque robuste ménagère aux bras nus, entourée d'une armée de marmots ébouriffés et joufflus.

Berlin n'est pas dans les régions hyperborées : c'est une belle capitale très rapprochée de Paris ; maintenant trop de gens l'ont connue, dépeinte et explorée, pour que je prétende vous en donner une description ; je dois me borner au récit de mes impressions toutes personnelles.

Je vous engage même à vous méfier un peu de mon jugement ; je ne suis plus dans une bonne disposition d'esprit pour apprécier ce qui n'est plus hors des limites ordinaires du voyageur ; j'ai tant vu de pays, j'ai été émue par de si grands spectacles de la nature, que tout entière sous l'impression de mes récents souvenirs, je reste froide en présence de beaucoup de choses généralement admirées ; je suis émoussée. Tout ceci est probablement cause que Berlin, avec ses grandes rues, ses vastes places et sa population riche et civilisée, m'a néanmoins fort ennuyée. Je n'y fusse pas restée deux jours, si je n'y avais connu cet esprit profond et orné, cette conversation vive et intarissable, cet inépuisable savoir, cette persévérance glorieuse et éprouvée, ce voyageur illustre enfin, qui se nomme M. le baron de Humboldt. Notre maître à tous en voyages a bien voulu me servir de cicérone pour me faire visiter les musées et les palais de Berlin. Le musée de peinture, par lequel nous avons commencé, est fort vaste ; il est assez riche de belles œuvres ; on y arrive par une Coupole soutenue de colonnes, entourée de statues de marbre, qui a l'air d'un temple ; c'est en effet le portique du temple de l'art. Les galeries, divisées en compartiments ayant chacun leur fenêtre, sont parfaitement disposées pour faire valoir les tableaux. Si l'œuvre a un grand mérite, elle est fixée à un panneau mobile à charnières et se détache du mur de façon que le spectateur peut la placer sous le jour le meilleur pour l'admirer. Les galeries suivent un ordre chronologique, la peinture byzantine d'abord, puis la première manière allemande, puis enfin l'épanouissement complet de l'art : les écoles florentine, vénitienne, flamande et hollandaise.

Un Raphaël bien pâli, le portrait de la fille du Titien, et surtout deux Corrèges admirables sont, je crois, les principaux joyaux du musée prussien. Les deux Corrèges doivent être enviés par notre Louvre ; l'un est la *Léda* si fameuse et tant copiée, l'autre *Jupiter et Io.* On estime fort à Berlin un Rembrandt, *le duc de Gueldre insultant son père,* qui n'est pas à la hauteur des Rembrandts de Hollande. Ajoutez à cela un Claude Lorrain, deux Tintorets, etc. Le musée est pauvre en Rubens, au point qu'on a dû y admettre des copies. Les galeries de sculpture renferment un grand nombre de belles œuvres, parmi lesquelles j'ai remarqué deux *Victoires* antiques, l'une grecque, l'autre romaine, d'une exécution irréprochable, les originaux de *l'Adorateur* et de *la petite Joueuse d'osselets,* et une charmante *Nymphe qui rattache sa sandale.* La sculpture moderne oppose à ce groupe de chefs-d'œuvre une *Hébé* de Canova, dont la grâce un peu froide séduit pourtant par la perfection juvénile des formes. Le musée égyptien me fut montré par un amateur antiquaire ; c'est vous dire qu'on ne m'épargna ni une amulette, ni un papyrus, ni un sarcophage, ni une momie ; je vous les passe. Je m'arrêtai pourtant avec intérêt devant une colossale statue d'Anubis taillée dans un bloc de granit noir du poids de dix mille livres : le *Dieu-chien* est assis tout roide, formant un angle parfait comme toutes les idoles égyptiennes ; ses bras sont collés le long de son corps et se rejoignent devant lui ; la vie est concentrée dans sa tête de chien, singulier mélange de formes animales et de physionomie humaine ; on le regarde et il vous arrête comme une énigme de pierre, et on pense aux générations qui ont passé déjà devant ce visage ironique et impassible et à toutes celles qui passeront encore, le trouvant toujours le même, indéchiffrable et indestructible.

Après Paris, Versailles ; après Berlin, Potsdam ; la proportion est à peu près gardée entre les deux résidences royales comme entre les deux capitales ; le Château-Neuf de Potsdam a coûté, dit-on, vingt millions de thalers, ce qui répond aux innombrables millions engloutis par Versailles comme le nom de Frédéric II répond à celui de Louis XIV. Si Potsdam a l'infériorité en magnificence, il a l'avantage en monnaie : Potsdam renferme deux palais, il en a trois autres à ses portes ; aussi l'appelle-t-on les Cinq-Châteaux. Sans-Souci, le Château-Neuf et le Palais de Marbre sont les plus remarquables de ces demeures royales. Le Château-Neuf fut bâti par le grand Frédéric après la guerre de Sept Ans pour prouver, disait-il, qu'il n'était pas ruiné ; jamais protestation ne fut plus énergique, le Château-Neuf est une habitation digne du prince le plus magnifique ; les jardins sont superbes, les salons dorés et sculptés, remplis d'œuvres d'art, de bronzes et de porcelaines de Saxe exquises. Le plus charmant de ces salons est en même temps le plus original ; c'est le salon des coquilles. Figurez-vous une immense salle soutenue par de gros pilets de marbre blanc dans lesquels sont incrustés pêle-mêle, dans un harmonieux et gai désordre, les plus beaux minéraux, des topazes, des améthystes, du lapis-lazuli, du cristal de roche, du grenat, du porphyre de toutes nuances, des malachites, des agates irisées, des jaspes ; puis encore des coraux, de l'ambre et des nacres précieuses, et des fragments de ces minerais si riches de tons qu'on trouve dans les profondeurs des mines, et des madrépores bizarres, des onyx, des cornalines, des perles. Je n'en finirais pas en voulant tout nommer : d'ailleurs j'ignore probablement le nom de beaucoup de ces matières. Figurez-vous enfin cet écrin de la terre et de la mer répandu sur toutes les murailles, couvrant tous les piliers, et cela dans un intelligent pêle-mêle et par fragments de forme naturelle et capricieuse, taillés seulement assez pour faire jouir de tout leur éclat. Aux deux bouts du salon, sur des pyramides de coquilles rares, sont placées quatre fontaines dont la vasque est formée de grandes coquilles bénitiers ; au milieu du salon brillent, comme deux diamants des *Mille et une Nuits,* deux immenses coupes de cristal de roche, présent de l'empereur de Russie à son féal ami le roi de Prusse. On ne rêve pas le palais d'Amphitrite plus merveilleux, plus éclatant, plus féerique que ce splendide salon ! Il y a pourtant quelque chose de plus intéressant à voir à Potsdam ; je veux parler du cabinet de travail du grand Frédéric.

La pièce témoin des rêveries de l'écrivain conquérant et du roi philosophe a été conservée par un religieux respect telle qu'il l'a laissée ; elle est fort étroite, éclairée par une haute fenêtre, meublée de fauteuils recouverts d'un satin feuille morte tout usé ; près de la fenêtre est un petit canapé couvert d'une housse de toile blanche : c'est là que s'asseyait le roi. Devant le canapé, une table couverte d'un velours fané, près de la table un fauteuil de cuir, quelques livres reliés en maroquin rouge sur une planche, un buste de Cicéron au-dessus de la porte ; tout cela est nu, triste, froid et sec comme l'esprit philosophique. La bibliothèque communique avec le cabinet ; elle est spacieuse et encombrée, elle a aussi été gardée intacte. Sur un pupitre je vis un gros livre ouvert, c'étaient les œuvres françaises du héros de la Prusse, il a pour titre :

Épîtres familières, avec privilège d'Apollon.

Ce volume est sans prix ; il est annoté tout entier de la main de Voltaire. Je lus sur la première page :

Je vous recommanderai pour l'avenir d'éviter les redites, et d'élaguer ainsi les branches du plus bel arbre du monde !

Et plus loin :

Trop d'abondance est un défaut, mais c'est aussi le plus facile à corriger.

Il est impossible de mieux concilier la leçon du critique avec les devoirs du courtisan.

Ce livre doit être bien curieux à parcourir ; malheureusement on ne me laissa pas le temps d'y jeter un second coup d'œil ; l'heure pressait, il fallait retourner à Berlin, sous peine de manquer un dîner à l'ambassade de France. Je traversai donc en courant les délicieux jardins de Sans-Souci, encore beaux même sous le givre. J'entrevis, au jour tombant, les hautes statues qui ornent la cour d'honneur du grand château, et j'arrivai au chemin de fer... justement pour voir le panache blanc de la vapeur qui emportait le convoi. Vous dire notre désappointement est impossible ; vous le connaissez sans doute, il se compliquait pour nous de l'inquiétude de passer pour grossièrement impolis. Il fallut se résigner : le railway met trente-six minutes pour faire les huit lieues qui séparent Potsdam de Berlin ; une voiture nous demandait cinquante francs et trois heures : mieux valait attendre le convoi suivant, c'était deux heures qu'il fallait passer là. Je voulus les mettre à profit, et, malgré l'heure avancée, je me fis ouvrir l'église pour voir le tombeau du grand Frédéric. De l'église, je ne vous en dirai rien ; je l'ai traversée en suivant le pas hâté d'un sacristain malcontent d'avoir été dérangé au moment où il allait souper. J'ai donc entrevu l'édifice à la lueur tremblotante et douteuse d'un lumignon. Elle m'a semblé vaste et belle, elle a gagné sans doute à être vue ainsi : les églises protestantes sont si nues que l'ombre les pare.

Le tombeau de Frédéric II répond bien à son cabinet : c'est un petit caveau ouvrant de plain-pied sur l'église par deux portes de fer ; le caveau est en bas, voûté, bien blanchi à la chaux, propre et balayé comme le fruitier d'une ménagère ; le cercueil, supporté par deux appuis en maçonnerie, est recouvert de lames de plomb ; un autre cercueil revêtu de marbre noir est placé près de lui ; ce second cercueil renferme les restes de Frédéric Ier, le père de Frédéric II ; le père et le fils dorment là seuls et côte à côte. Du reste, pas une inscription, pas une de ces statues, froides filles de l'art, qui du moins font penser au mort et appellent la prière ; cela n'a ni la grandeur d'un monument, ni le charme triste que la nature sait répandre sur une tombe, ni même la poésie de l'abandon, la poignante mélancolie de l'oubli sur un grand nom. C'est un caveau bien entretenu, contenant deux bières en bon état, voilà tout ; c'est muet, positif et glacial.

La nudité de ce tombeau me rappela que je n'avais pas vu à Berlin de statue de Frédéric II. La Prusse me semble bien indifférente pour son héros, un des plus grands hommes du XVIIIe siècle. N'est-ce donc pas à elle à honorer sous toutes les formes l'homme qui a fait du marquisat de Brandebourg le second royaume d'Allemagne, et de quelques millions d'hommes peu comptés en Europe une nation forte, guerrière, puissante et respectée ? Cependant, ce n'est pas la coutume des peuples de se montrer ingrats envers leurs grands hommes morts ; vivants, c'est différent.

Les deux heures se passèrent enfin, nous revînmes à Berlin. J'allai dîner en habit de voyage et toute couverte de la poussière de l'empressement ; on voulut bien rire de ma mésaventure ; je ne sais si les femmes ne rirent pas un peu aussi de mon accoutrement : elles en avaient le droit. Je faisais un effet fort bizarre au milieu de leurs fraîches robes de gaze, de leurs dentelles et de leurs bijoux. Et dire que j'avais préparé une toilette digne de soutenir la réputation des Parisiennes ! Dieu dispose ! Pour ce soir-là, je dus me contenter de mon rôle de voyageur botté ; heureusement, si je n'avais rien à montrer, j'avais beaucoup à dire. Tout se passa fort bien.

Je partirai demain. Je ferai bien, je crois, cher frère, d'arrêter ici cette longue narration d'un voyage qui va avoir duré près d'une année ; mon retour en France s'effectuera par Dresde, Leipzig, Cassel, Mayence et Mulhouse, toutes ces villes sont trop connues pour que je puisse exciter votre intérêt en vous les dépeignant. Un grand talent d'écrivain peut seul rehausser le mérite de peintures auxquelles manque le charme de la nouveauté ; quant à moi, simple et obscur voyageur, ma tâche est accomplie, si j'ai pu vous donner une idée des lointaines régions dont je suis si heureusement revenue. Adieu donc, cher frère, à bientôt et à toujours !

TABLE DES MATIÈRES

LETTRE PREMIÈRE.

HOLLANDE.

De Paris à Hambourg.

LETTRE II.

DANEMARK, SUÈDE ET NORVÈGE.

De Hambourg à Christiania. .

LETTRE III.

De Christiania à Drontheim.

LETTRE IV.

De Drontheim à Hammerfest.

LETTRE V.

LES LAPONS.

LETTRE VI.

LE SPITZBERG.

D'Hammerfest à Hammerfest.

LETTRE VII.

LAPONIE.

D'Hammerfest à Mattaringuy.

LETTRE VIII.

LA FINLANDE.

LETTRE IX.

SUÈDE ORIENTALE. — PRUSSE.

Wilfrid Schueller – Nomades du Tien Shan – 15 jours en famille dans le nord du Kirghizstan.

Frédéric Ortoli – Contes populaires de l'île de Corse.

Wilfrid Schueller – Nasreddin Hodja : tombé parmi les hommes – 200 contes.

Olivier Ordinaire – Du Pacifique à l'Atlantique par les Andes péruviennes et l'Amazone.

Auguste Dozon – Contes albanais.

Jules Mourier – Contes et légendes du Caucase.

Georges Darien – Biribi : discipline militaire.

Marie-Félicité Brosset – Le Miriani, histoire du roi Miri.

Théodore Pavie – Récits d'Inde. (recueil)

Ivan Krylof – Fables. (traduction de Charles Parfait)

J-H. Rosny – Amour étrusque.

Gustave Aimard – L'aigle noir des Dacotahs.

Charles Nodier – Infernaliana – Anecdotes et contes sur les revenants, les spectres, les démons et les vampires.

Edmond About – Le roi des montagnes.

Alphonse de Beauchamp – Vie d'Ali pacha, visir de Janina, surnommé Aslan, ou le Lion.

Hippolyte Taine – Voyages aux Pyrénées.

Gustave Aimard – Le Guaranis – Les aventures de Zèno Cabral - tome 1.

Gustave Aimard – Le Montonero – Les aventures de Zèno Cabral - tome 2.

Gustave Aimard – Zèno Cabral – Les aventures de-Zèno Cabral - tome 3.

Baptistin Poujoulat – Voyage à Constantinople.

Achim d'Arnim – Contes bizarres.

Wilfrid Schueller – Récits d'entre terre.

Samuel-Henry Berthoud – Contes misanthropiques.

Contes et fables indiennes de Bidpaï et Lokman – Tome 1 (traduction d'Antoine GALLAND)
Contes et fables indiennes de Bidpaï et Lokman – Tome 2 (traduction d'Antoine GALLAND)

Printed in Poland
by Amazon Fulfillment
Poland Sp. z o.o., Wrocław

36286180R00150